Wie Angst und Aggression in der Gesellschaft entstehen

Dieter Sandner

Wie Angst und Aggression in der Gesellschaft entstehen

Kollektivpsychologische Befunde

 Springer

Dieter Sandner
Abteilung für Klinische Psychologie
Alpen-Adria-Universität Klagenfurt
Klagenfurt, Österreich

ISBN 978-3-658-36697-1   ISBN 978-3-658-36698-8   (eBook)
https://doi.org/10.1007/978-3-658-36698-8

Die Deutsche Nationalbibliothek verzeichnet diese Publikation in der Deutschen Nationalbibliografie; detaillierte bibliografische Daten sind im Internet über http://dnb.d-nb.de abrufbar.

Planung/Lektorat: Lisa Bender
Springer ist ein Imprint der eingetragenen Gesellschaft Springer Fachmedien Wiesbaden GmbH und ist ein Teil von Springer Nature.
Die Anschrift der Gesellschaft ist: Abraham-Lincoln-Str. 46, 65189 Wiesbaden, Germany

Inhaltsverzeichnis

Teil I
Grundlagen

Zur Einführung: kollektive Psychologie und Gesellschaft

▶ In diesem Kapitel wird ein zusammenfassender Überblick über die einzelnen Kapitel des Sammelbandes gegeben unter dem Blickwinkel „kollektive Psychologie und Gesellschaft". Es geht unter anderem um die psychologischen Grundlagen des kollektiven Unbewussten, psychoanalytische Befunde zu Aggressionen in Massenbewegungen, den Versuch einer kulturpsychologischen Gesamtanalyse der deutschen Gesellschaft sowie der USA am Beispiel des „Trumpismus", die Entstehung kollektiver aggressiver Gewalt durch staatliche Regelungen, die Kulturpsychologie der Wende als „feindliche Übernahme". Eine kollektivpsychologische Betrachtung des Zorns in der Gesellschaft sowie den Versuch einer kollektivpsychologischen Analyse der „Querdenker".

Die vorliegende Sammlung von Aufsätzen „Wie Angst und Aggression der Gesellschaft entstehen" beinhaltet die Ergebnisse einer mehr als zehnjährigen Unterrichtstätigkeit im Fach Kulturpsychologie an der Universität Klagenfurt. In einem 2017 erschienenen Sammelband „Die Gesellschaft und das Unbewusste" ging es darum, eine Kulturpsychologie der Gesellschaft darzustellen, an der alle Mitglieder kognitiv und emotional teilnehmen und auf deren Basis sie sich verhalten. Es stellt sozusagen das „kulturelle Gehäuse" dar, innerhalb dessen sie psychologisch reagieren und agieren (Sandner 2017a). An diesem psychologischen Gehäuse bzw. dieser sozialpsychologischen Konstellation nehmen natürlich nicht alle Mitglieder einer Gesellschaft gleichermaßen teil, sie führt aber regelmäßig zu spontanen, vielfach unbewussten gruppenpsychologischen Zusammenschlüssen, die als solche große „Sogwirkungen" erzeugen, weil es sich um für viele Menschen gemeinsame Problemlagen bzw. versuchte Problemlösungen handelt.

Bereits in den Untersuchungen zur Kulturpsychologie von 2017 wurde deutlich, dass eine Analyse solcher kollektivpsychologischer Prozesse nur unter Bezugnahme auf soziologische Prozesse möglich ist, denen die Menschen unterliegen und auf die sie

D. Sandner, *Wie Angst und Aggression in der Gesellschaft entstehen,*
https://doi.org/10.1007/978-3-658-36698-8_1

individuell, vor allem aber auch kollektivpsychologisch „antworten". Dies hat zu einer intensiven Beschäftigung mit der Frage geführt, wie diese Zusammenhänge kollektivpsychologisch zu verstehen sind und auch, wie kollektive psychologische Konstellationen entstehen. Im Rahmen der Analysen, die in diesem Band enthalten sind, wurde zunehmend deutlich, dass sich alle kollektivpsychologischen Bewegungen innerhalb einer Gesellschaft aufgrund von Ängsten und Aggressionen bilden, die als Antworten auf bestimmte soziostrukturelle Konstellationen entstehen, innerhalb derer sich die Menschen befinden und sich verhalten müssen. Die Beiträge in diesem Band umkreisen sozusagen diesen Befund und stellen unterschiedliche, möglichst an konkreten gesellschaftlichen Konstellationen festzumachende sozialpsychologische Phänomene in den Mittelpunkt der Analyse.

Im Kap. 2 geht es um den bislang wenig von sozialwissenschaftlicher Seite untersuchten Zusammenhang von gesellschaftlicher Struktur und individuellen oder kollektivpsychologischen Antworten. Es geht insbesondere um den Ansatz des Sozialpsychologen Klaus Horn (1985), der herausgearbeitet hat, „es gebe Gefühle, Wünsche, Wertvorstellungen und Zukunftsbezüge ... welche sozialen Einheiten gemeinsam sind". Es entstehen im Rahmen des politischen Geschehens Hoffnungen und Erwartungen der Menschen, in die Zukunft zu investieren. Wenn diese Erwartungen nicht erfüllt werden, kann man erkennen, „wie man sich das gesellschaftliche persönliche Verkommen von Wünschen und Hoffnungen zu erbitterter Wut und anderen Handlungskonsequenzen vorstellen kann" (Horn 1985, S. 128). Dieser sozialpsychologische Prozess wird in diesem Kapitel unter der Fragestellung „Schicksale der Aggressionen im Rahmen soziostruktureller Dynamik" gestellt und exemplarisch angegangen.

Die für eine sozialpsychologische Analyse erforderlichen psychologischen Grundlagen des kollektiven Unbewussten werden im Kap. 3 geschildert: In Auseinandersetzung mit Klassikern der kollektiven Psychologie wie Freud, Jung, W.R. Bion und Walter Schindler werden sozialpsychologische Mechanismen dargelegt, wie es zu kollektiven bzw. massenpsychologischen Zusammenschlüssen in Kleingruppen, aber auch in Großgruppen kommt. Es handelt sich um vorwiegend unbewusst vor sich gehende kollektive Gruppenprozesse (Bion).

Im Kap. 4 werden „die psychoanalytischen Befunde zu Aggressionen in Massenbewegungen" anhand der Entstehung und Aufrechterhaltung von individuellen, aber auch kollektiven Aggressionen erläutert. Die zentrale These ist: Kollektive Aggressionen entstehen in Gruppen, wenn berechtigte, geäußerte Bedürfnisse ganzer gesellschaftlicher Gruppen auf Ablehnung bzw. Nichtbeachtung bei der dominierenden Gruppe stoßen, die diese Bedürfnisse unterdrückt oder auch gar nicht zulässt.

Im Kap. 5 wird die Sozialpsychologie kollektiver Bewegungen bzw. von Massenbewegungen auf der Basis der gruppenpsychologischen Befunde von Bion über spontane, unbewusste und kollektive psychologische Prozesse in Kleingruppen dargelegt. Diese Theorie wird auch auf kollektive psychologische Prozesse in Großgruppen angewendet. Exemplifiziert werden diese Überlegungen auf der Basis kollektivpsychologischer Befunde über die Reaktionen großer gesellschaftlicher Gruppen in der

ehemaligen DDR nach der erlebten quasi „feindlichen Übernahme" durch die Bundesrepublik. Es wird ausgeführt, wie dies zu einer spontanen Solidarisierung großer
Bevölkerungsteile gegen die Repräsentanten, insbesondere die Politiker der alten
Bundesrepublik, geführt hat. Nachdem sich in den Jahren nach der Wende die soziale
Situation eines Großteils der Bevölkerung in den neuen Bundesländern nicht wesentlich
gebessert hatte, führte dies rasch mit dem Aufkommen der AfD zu einer Identifikation
von mindestens einem Viertel der Wähler in den neuen Bundesländern, die bis heute
anhält, mit den Inhalten dieser Partei und deren Devise „Deutschland zuerst".

In Kap. 6 wird der Versuch unternommen, eine Analyse der kulturpsychologischen
Strukturierung der Bundesrepublik zu erstellen aufgrund der von William McDougall
entwickelten sozialpsychologischen Theorie des „Group Mind". Dieser Autor führte
schon 1921 in einer umfassenden Monografie aus, dass sich in jeder Gesellschaft aufgrund der kollektiven historischen Erfahrung der Menschen kollektive Antworten herausgebildet haben, also kollektivpsychologische Strukturen. Auf der Basis dieser kollektiven
Antworten haben sich dann soziostrukturell verankerte Regelungen herausgebildet, die
als Bewältigung für erlebte gesamtgesellschaftliche Krisen als kulturpsychologisches
und soziologisches Modell im kollektiven Bewusstsein festgehalten wurden. Wie dieses
kulturpsychologische bzw. soziologische Modell jeweils konkret beschaffen ist, lässt
sich nur durch eine Analyse der aktuell vorfindlichen Struktur feststellen. In diesem
Kapitel wird deshalb versucht, die die kulturpsychologische bzw. kultursoziologische
Struktur Deutschlands zu schildern, insbesondere auf der Basis gesamtgesellschaftlicher
Umbrüche in den letzten 40 Jahren.

Im Kap. 7 erfolgt die Darstellung der kollektiven Psychologie einer ganzen weiteren
Gesellschaft, der USA, von Thomas Singer: Er hat eine kulturpsychologische Theorie
entwickelt in Anlehnung an die von C.G. Jung entwickelte Theorie zentraler „Komplexe"
im Sinne „unverarbeiteter Erlebnistatbestände" im einzelnen Menschen. Er postuliert
die Entstehung „kultureller Komplexe", d. h. das Bestehen von kollektiv unverarbeiteten
Erlebnistatbeständen in ganzen Gesellschaften, die im kollektiven Unbewussten
der Gesellschaft als zu lösendes gemeinsames Problem festgehalten werden. Seine
Theorie wendet Thomas Singer in beeindruckender Weise auf das „Phänomen" des
„Trumpismus" an und kommt zu beeindruckenden kollektivpsychologischen Befunden.

Im Kap. 8 wird in einer umfangreichen Untersuchung dem Problem nachgegangen,
wie das „kollektivpsychologische Kraftfeld" politischer Handlungsfähigkeit beschaffen
ist. Es besteht im Zusammenwirken von vier „psychologischen Kraftbündeln", die
bedeutsam sind, wenn es darum geht, bestimmte etablierte und kollektivpsychologisch
verankerte gesellschaftliche Verhältnisse zu verändern: Es ist erstens erforderlich, dass
große Teile der Bevölkerung für Veränderungen sind, zweitens, dass sich ein bestimmter
Politiker oder eine Gruppe diese Forderungen zu eigen macht, bestimmte politische
Parteien diese unterstützen und den bisherigen dominanten Gruppen kollektivpsychologisch entgegengetreten wird. Die jeweilige Stärke der einzelnen „psychologischen
Kraftbündel" lässt die politische Handlungsfähigkeit innerhalb des politischen Systems
entstehen. Es handelt sich immer um die Aktivierung kollektiver psychologischer

Zusammenschlüsse durch einzelne Führergestalten, politische Parteien, kollektive psychologische Mobilisierung großer gesellschaftlicher Gruppen bzw. der öffentlichen Meinung sowie von politischen Gruppen, die einer Veränderung entgegenstehen.

Das Kap. 9 enthält eine innerhalb der Sozialpsychologie eher ungewöhnliche Untersuchung, wie durch staatliche Regelungen in großen Gruppen der Bevölkerung kollektivpsychologisch Aggressionen entstehen. Sie entstehen aufgrund rechtlicher Vorgaben, denen alle Bürger unterliegen, insbesondere aber solche Gruppen, die in besonderer Weise von den Einschränkungen bzw. Beeinträchtigungen der eigenen sozialen Lage betroffen sind. Solche rechtlichen Regelungen werden als strukturelle aggressive Gewalt seitens der politisch dominanten Gruppen erlebt und es entstehen kollektive Ängste und Aggressionen innerhalb der betroffenen Gruppen.

In Kap. 10 „Das Unbehagen in der Gesellschaft…" wird dargelegt, wie gesamtgesellschaftliche soziostrukturelle Veränderungen in einer Gesellschaft, eingebettet in generelle internationale sozioökonomische Entwicklungen bzw. „Zugzwänge", zu einem generellen Unbehagen in der Bevölkerung führen, zu vielen Ängsten, aber auch zu Aggressionen. Es geht im Wesentlichen darum, dass bislang erreichte soziale bzw. gesellschaftliche Sicherungssysteme infrage gestellt oder gar weitgehend aufgelöst werden.

Im Kap. 11 wird exemplarisch geschildert, wie eine umfassende Auflösung bisher vorhandener sozialer Sicherungssysteme im Rahmen der sogenannten „Wende", der Übernahme bzw. Eingliederung der ehemaligen DDR in die Bundesrepublik, stattfand. Die kollektivpsychologische These ist, dass dieser Prozess im Bewusstsein großer Gruppen als eine Art „feindliche Übernahme" erlebt wurde mit kollektivpsychologischen Auswirkungen bis heute: Große Teile der Bevölkerung in den neuen Bundesländern betrachten sich heute noch als von dieser feindlichen Übernahme betroffen. Um dies „rückgängig" zu machen, schließen Sie sich rechten politischen Gruppierungen an, insbesondere der AfD, die „Deutschland zuerst" auf ihre Fahnen geschrieben haben. Gleichzeitig wenden Sie sich kollektiv gegen die herrschende Dominanz der Politiker „aus dem Westen" und das von diesen vertretene politische System, die das Versprechen „blühender Landschaften" für alle Deutschen, insbesondere der Deutschen in den neuen Bundesländern, nicht eingelöst haben.

Die soziostrukturellen politischen Veränderungen in Gesamtdeutschland insbesondere in den letzten 40 Jahren lassen ein „Aufbegehren der Gesellschaft des Zorns" entstehen. Dies wird in Kap. 12 anhand der umfassenden sozialpsychologischen Analyse von Cornelia Koppetsch (2011) dargelegt. Es wird dabei deutlich, wie die soziostrukturellen Bedingungen, die im Zusammenhang der Übernahme neoliberaler politischer Vorstellungen und deren sozioökonomischer Realisierung und den daraus sich ergebenden „Zugzwängen" massive Verschlechterung entstanden. Dadurch entstehen kollektiv große Ängste, aber auch Aggressionen, in diesem System unterzugehen oder mindestens nicht mithalten zu können.

Innerhalb der kollektivpsychologischen Dynamik der „Gesellschaft des Zorns" stellt sich natürlich die Frage: „Warum schweigen die Lämmer?", wie sie Rainer Mausfeld (2018) in seiner gleichnamigen Monografie untersucht hat. Im Kap. 13 wird dieser Frage nachgegangen mit der kleinen Änderung: „Warum schweigen nicht nur die Lämmer?" Die These ist, dass nicht nur die von den sozialen und wirtschaftlichen Verschlechterungen Betroffenen schweigen, weil sie ohnmächtig zusehen müssen, dass keine Veränderungen möglich scheinen. Aber auch vom neoliberalen System Profitierende streben keine Veränderungen an, weil dies bedeuten könnte, dass ihre Privilegien angegriffen werden müssten. Und dies auch dann, wenn vielen deutlich wird, dass ihre eigene soziale Lage immer prekärer wird (Kohlrausch 2018).

In der gesamtgesellschaftlichen kollektivpsychologischen Konstellation, wie sie in den vorherigen Kapiteln beschrieben wurde, wird sozialpsychologisch verständlich, wie aktuell eine kollektive psychologische Gruppierung wie die „Querdenker" entstehen und „wirkmächtig" werden kann. Es wird deshalb im Kap. 14 dargelegt, wie diese Gruppe, die fast ein Viertel der Bevölkerung umfassen dürfte, zustande kam und weiterhin stabil bleibt: Es ist sehr wahrscheinlich der kollektive psychologische Versuch des mehr oder weniger unbewussten Zusammenschlusses von Menschen, die nicht mehr an die offiziellen Verlautbarungen der dominanten politischen Gruppen glauben, diese vielmehr als aggressiv, die individuellen Freiheiten einschränkend, ungerecht oder gar gefährlich erleben und deshalb angreifen (Reichardt 2021).

Wie gefährlich und sozial ungerecht die neoliberale Politik im nationalen, aber auch internationalen Rahmen ist, zeigte sich bei der Finanzkrise im Jahr 2008. Damals bestand die Gefahr, dass das gesamte Finanzsystem zusammenbricht und weltweit katastrophale soziale und wirtschaftliche Verhältnisse entstehen. Der Dynamik dieser hochgefährlichen Entwicklung wird im Kap. 15 unter kollektivpsychologischem Blickwinkel nachgegangen. Dabei wird deutlich, dass die aktuelle kollektivpsychologische Konstellation des Finanzkapitalismus das kollektivpsychologisch etablierte System „patriarchal organisierter Gesellschaften" ist: Es ist ein gesellschaftliches und politisches System, dessen zentrales Ziel die Erringung und Aufrechterhaltung von Macht ist von der Anfangsphase kriegerischen Machtstrebens in kleinen Gruppen und die Entstehung militärischer Macht in kleinen Staaten über das Streben nach wirtschaftlicher Macht ganzer Gesellschaften bzw. Staaten bis hin zur Entfaltung bzw. Dominanz finanz-politischer Macht weltweit.

Die Beiträge in diesem Sammelband sind im Rahmen einzelner Vorträge bzw. Untersuchungen von konkreten, kollektivpsychologisch bedeutsamen Fragestellungen entstanden. Sie wurden meist in der ursprünglichen Form belassen, was bisweilen zu gewissen Überschneidungen führt. Alle Beiträge sind aber so gestaltet, dass vom jeweiligen spezifischen Blickwinkel aus deutlich wird, was kollektivpsychologisch bedeutsam ist.

Literatur

Bion WR (1971) Erfahrungen in Gruppen und andere Schriften. Klett, Stuttgart
Freud S (1921) Massenpsychologie und Ich-Analyse, GW XIII:71–161

Horn Horn k (1985) Aggression und Gewalt. Vom gegenwärtigen Schicksal menschlicher Expressivität. In: Schöpf A.(Hrsg.) Aggression und Gewalt. Anthropologisch-sozialwissenschaftliche Beiträge. Königshausen + Neumann, Würzburg, (S. 123–142)

Jung CG (1936) Der Begriff des kollektiven Unbewussten. GW 9/I:55–66

Koppetsch C (2011) (Hrsg.) Nachrichten aus den Innenwelten des Kapitalismus. Vs Verlag, Wiesbaden.

Kohlrausch B (2018) Abstiegsängste in der Arbeitswelt von heute, Präsentation Prof. Dr. Bettina Kohlrausch. https://www.fes.de/index.php?eID=dumpFile&t=f&f=31424&token. Zugegriffen: 27. Jan. 2019

McDougal W (1920) The group mind, New York, Putnam`s Sons (Nachdruck Bibliolife,LLC)

Mausfeld R (2018) Warum schweigen die Lämmer? Wie Elitendemokratie und Neoliberalismus unsere Gesellschaft unsere Lebensgrundlagen zerstören. Westend, Frankfurt a. M.

Reichardt, S (Hg.) die Misstrauensgemeinschaft der Querdenker. Campus, Frankfurt a. M.

Sandner D (2017a) Die Gesellschaft und das Unbewußte. Springer, Berlin

Sandner (2017b) Das psychologische Gehäuse unserer Kultur. In: Sandner D (Hrsg.) Die Gesellschaft und das Unbewußte (S. 21–30). Springer, Berlin.

Schindler W (1979) Das Borderland Syndrom – ein Zeichen unserer Zeit. Ztschr. f. Psychosomatische Medizin und Psychoanalyse 25(1979):363–372

Aggression und Gesellschaft – Schicksale der Aggression im Rahmen der sozio-strukturellen gesellschaftlichen Dynamik

▶ Das Entstehen kollektiver Aggressionen in der Bevölkerung wird dargelegt vor dem Hintergrund der soziostrukturellen Bedingungen, unter denen die Menschen in der Bundesrepublik leben: der soziologischen Struktur der materiellen Produktion („Durchökonomisierung" der Gesellschaft), den Reproduktionsbedingungen insbesondere in Familien mit minderjährigen Kindern, der Versorgung der Menschen im Alter und bei Pflegebedürftigkeit sowie der sozialen Absicherung bei Arbeitslosigkeit und im Alter. Ergebnis der Untersuchung ist: Besonders die Menschen im unteren Einkommensdrittel leben unter schier unerträglichen sozialen und psychischen Bedingungen, was zu gesteigerter kollektiver Aggression angesichts erlebter ungerechter sozialen Bedingungen führt. Es entstehen aber auch kollektiv zunehmend Depressionen, weil keine Abhilfe in Sicht ist durch individuelles persönliches Engagement, vor allem aber auch durch die dominanten gesellschaftlichen Gruppen (Gewerkschaften, Parteien, Regierung). Die Angst vor sozialem Abstieg verbreitet sich aber auch in mittleren und sogar oberen Einkommensschichten der Gesellschaft mit entsprechenden Ängsten und Aggressionen.

Was die gesellschaftliche Bedingtheit menschlicher Aggressionen anbelangt, ist vonseiten der Psychologie, aber auch von Psychoanalytikern bisher wenig Interesse vorhanden. Natürlich sind im Hinblick auf individuelle Aggressionspotenziale vielfache Überlegungen oder Untersuchungen angestellt worden. Aber es fehlen umfassende systematische sozialwissenschaftliche Ansätze, auf welche Weise bestimmte soziologische

---

Vortrag auf der 36. Arbeitstagung der Gesellschaft für Psychoanalyse und Psychotherapie (GPP) vom 21-23.09.2018 in Speyer.

Bedingungen sich auf die individuelle Aggressionsbereitschaft und deren Ausprägung auswirken. Andererseits hat die Soziologie beziehungsweise Gesellschaftsanalyse wenig Aufmerksamkeit darauf verwendet, die Auswirkungen sozio-struktureller Bedingungen auf die Entstehung menschlicher Aggressivität hin zu untersuchen.

Auffallend ist, dass bisher sogar konzeptionell wenige Ansätze vorliegen, wie die Verknüpfung von psychologischen und soziologischen Daten im Hinblick auf menschliche Aggressionen begrifflich erfolgversprechend in Angriff genommen werden könnte. Es reichen ja nicht die Ansätze der psychologischen Theorie, wonach Aggression vermehrt durch soziale Frustration entsteht oder auch im Wechselspiel von sozialer Frustration und unterschiedlichem individuellen Aggressionspotenzial.

Bei meiner Suche nach entsprechenden konzeptionellen Ansätzen bin ich auf einen Sammelband gestoßen, der bereits 1985 unter dem Titel „Aggression und Gewalt" erschienen ist und unterschiedliche Beiträge zur Anthropologie von Aggression und Gewalt enthält. Er wurde herausgegeben vom damaligen Professor für Philosophie an der Universität Würzburg, Alfred Schöpf, selbst ausgebildeter Psychoanalytiker, dessen Schwerpunkt die Sozialphilosophie war.

In diesem Band sind zwei Aufsätze enthalten, die eine gute konzeptionelle Grundlage bilden können für die begriffliche Erfassung und wissenschaftliche Untersuchung des Zusammenhangs von gesellschaftlichen Bedingungen und individueller, aber auch kollektiver psychischer menschlicher Aggression. Der eine Aufsatz stammt von Schöpf selbst und trägt die Überschrift „Aggression als Zerstörung von Anerkennung". Er vertritt die These: Individuelle wie kollektive Aggression entsteht, wenn grundlegende individuelle oder auch kollektiv vorhandene Bedürfnisse der Menschen nicht anerkannt werden. Dies geschieht besonders, wenn sie weitgehend zerstört werden durch kollektive gesellschaftliche, aber auch schlicht individuelle soziale Unterdrückung. So entstehen in den Menschen Aggressionen, die allerdings sehr unterschiedlich ausgeprägt sein und eine nicht immer als Aggression erkennbare Gestalt annehmen können.

Die sozialphilosophische Konzeption von Schöpf wird im zweiten einschlägigen Beitrag des genannten Readers aus soziologischer beziehungsweise sozialpsychologischer Sicht differenziert und für die sozialwissenschaftliche Aggressionsforschung präzisiert. Die Überschrift lautet „Aggression und Gewalt. Vom gegenwärtigen Schicksal menschlicher Expressivität". Der Beitrag stammt von Klaus Horn, dem damaligen Leiter der Abteilung für Sozialpsychologie am Sigmund Freud Institut in Frankfurt. Schon die die Verwendung der Begrifflichkeit „Schicksal menschlicher Expressivität" verrät, dass Horn Soziologie ist. Was versteht er unter menschlicher Expressivität? Ich zitiere:

> „Hinweisen möchte ich zunächst darauf, dass in der Soziologie solche kulturellen Momente als expressiv bezeichnet werden, die Gefühle, Wünsche, Wertvorstellungen und Zukunftsbezüge symbolisieren, welche sozialen Einheiten gemeinsam sind. Dazu gehören…auch politische Rituale beziehungsweise das an der Politik, was die Menschen dort (über institutionelles Handeln hinaus) an Hoffnung und Erwartungen in ihre Zukunft

investieren. Die weitere Argumentationsgang wird deutlich werden lassen, wie man sich das gesellschaftliche persönliche Verkommen von Wünschen und Hoffnungen zu erbitterter Wut und entsprechenden Handlungskonsequenzen vorstellen kann" (Horn 1985, S. 128).

Es geht um „Gefühle, Wünsche, Wertvorstellungen und Zukunftsbezüge, die jeweils sozialen Einheiten (d. h. sozialen Gruppen) gemeinsam sind" (Horn 1985, S. 128) beziehungsweise was Menschen an Hoffnung und Erwartung in die Zukunft investieren. Da diese Erwartungen und Hoffnungen nicht allein individuell realisiert werden können, erwarten die Menschen dies – wohl zu Recht – von der Politik. Das ist das Spannungsfeld, in dem die individuellen und kollektiven Ausprägungen von Aggression sich bewegen: die individuellen und kollektiv vorhandenen Wünsche und Hoffnungen auf der einen Seite, die gesellschaftliche Realität, in der sie leben, andererseits und schließlich die politisch ermöglichte oder versperrte Realisierung der Wünsche und Hoffnungen.

Wenn die gesellschaftliche Bedingtheit individueller oder kollektiver Aggressivität untersucht werden soll, ist es deshalb wesentlich, folgende fünf Fragenkomplexe zur gesellschaftlichen Struktur, in der die Menschen leben, zu untersuchen:

- die soziologische Struktur der materiellen Produktion in der Gesellschaft, die heute als „Durchökonomisierung" charakterisiert wird,
- die Reproduktionsbedingungen der Menschen insbesondere in Familien mit minderjährigen Kindern,
- die Versorgung der Menschen im Alter und bei Pflegebedürftigkeit,
- die soziale Absicherung bei Arbeitslosigkeit, Krankheit und Alter,
- last, but not least, muss untersucht werden, was im politischen Bereich an Kräften vorhanden ist, die eine Verbesserung oder aber eine weitere Verschlechterung der Lebensbedingungen ermöglichen innerhalb des Rahmens, der sozio-ökonomisch möglich wäre. Letzteres ist besonders wichtig, weil die Kluft zwischen möglichem politisch beziehungsweise sozio-strukturell Angestrebtem und Realisiertem wesentlich sein dürfte für die Schicksale menschlicher Aggressivität.

2.1 Die Durchökonomisierung der Gesellschaft im Bereich der Produktion

Die Durchökonomisierung der Gesellschaft führt dazu, dass sowohl die Struktur der Produktion als auch die Struktur der Arbeitswelt und der Arbeitsanforderungen ständig im Fluss sind. Gesellschaftliche Produktion, die sich nicht den neuen Anforderungen der internationalen Konkurrenz anpasst, droht unterzugehen und die Basis für die individuelle Reproduktion durch Arbeitslosigkeit und die Basis der jeweiligen Güterproduktion durch Entwertung der produzierten Güter zu verlieren: Sie werden nicht mehr nachgefragt und erzielen keinen Preis mehr, mit dem die Arbeitskräfte bezahlt werden können. Wegen dieser ökonomischen Zugzwänge sind die Betriebe beziehungsweise Produktionsein-heiten gezwungen, ständig zu rationalisieren, mehr gute Produkte zu geringeren Kosten zu produzieren. Die Produktion wird deshalb immer wieder den neuen Erfordernissen des Marktes angepasst, die Betriebe werden organisatorisch und räumlich umstrukturiert bis zur Verlagerung in andere Länder mit kostengünstigeren Produktionsbedingungen. Dies führt für die betroffenen Arbeitskräfte zu einem ständigen Veränderungsdruck, zu sozialer Unsicherheit wegen möglicher Arbeitslosigkeit und permanenter Notwendigkeit der Weiterbildung. Staatlicherseits werden die Betriebe in ihrem Konkurrenzkampf unter-stützt, indem zum Beispiel in der BRD bereits 1985 die rechtlichen Grundlagen für eine Flexibilisierung des Arbeitsmarktes und des Arbeitsrechtes geschaffen wurden, wodurch anstelle rechtlich gesicherter Arbeitsverhältnisse sogenannte „Zeitverträge", Jobsharing, Arbeit auf Abruf, Leiharbeit usw. möglich wurden (Beck 1986, S. 234).

Dies führt zu einer massiven Kostensenkung und Ertragssteigerung bei den Betrieben, aber auch zu einer massiven Verringerung des Arbeitseinkommens der Beschäftigten, vor allem in Zeiten drohender Arbeitslosigkeit oder schlicht fehlender Alternativen auf dem Arbeitsmarkt: Alle Betriebe bedienen sich der Möglichkeit des „Lohn-Dumpings".

Die Struktur der Arbeitsbedingungen bürden den Beschäftigten vermehrte Anstrengungen auf, was die berufliche Leistung anbelangt, die Notwendigkeit der ständigen Fortbildung und der fraglosen Annahme schlechter oder unterbezahlter Arbeit. Diese Situation trifft im Prinzip für alle Beschäftigten zu, wobei Menschen mit geringerer schulischer und beruflicher Qualifikation gerade durch die rasanten Ver-änderungen beruflicher Anforderungen vielfach mehr betroffen sind, insbesondere bei Verlust des Arbeitsplatzes. Aber auch gut Qualifizierte sind vom Verlust des Arbeits-platzes betroffen, sofern ganze Bereiche von Firmen abgebaut oder ins Ausland verlagert werden. Bei Arbeitsplatzverlust vor allem im mittleren Alter steht ihnen meist nur ein sogenanntes „prekäres Arbeitsverhältnis" zur Auswahl. Ähnlich geht es gut qualifizierten Frauen nach einer Rückkehr von der „Kinderpause" ins Berufsleben (Sandner 2015).

2.2 Die Veränderung der Reproduktionsbedingungen

Die unbezahlte Reproduktionsarbeit in der Familie umfasst die Sorge beziehungsweise die erforderlichen Tätigkeiten für alle Mitglieder der Familie: alle hauswirtschaft-lichen Tätigkeiten, Einkaufen, Kochen, die Betreuung und Erziehung der Kinder, die Versorgung von Familienmitgliedern bei Krankheit, die Lösung familiärer sozialer Konflikte sowie in zunehmendem Maße die Versorgung und Pflege der Eltern oder des Ehepartners. In dem Maß, in dem es aus finanziellen Gründen erforderlich ist, dass beide Ehepartner berufstätig sind, lastet die „Reproduktionsarbeit" hauptsäch-lich auf den Frauen, insbesondere betrifft es berufstätige Frauen mit kleinen Kindern, da sie wegen fehlender Kindertagesstätten oder auch von Ganztagsschulen ihre Arbeit ganz oder teilweise aufgeben müssen, um die Kinder zu betreuen. Dies führt in großem

Umfang zu einer massiven Verschlechterung der finanziellen Situation der Familien und einer übermäßigen psychischen Belastung vor allem der Mütter bei gleichzeitiger Verschlechterung der erforderlichen eigenen reproduktiven Sorgearbeit der Mütter.

Wie groß die finanzielle und psychische Belastung der so entstehenden Sorgearbeit bei Eltern mit kleinen Kindern heute ist, hat Gabriele Winker in ihrem Buch „Care Revolution" zusammen getragen. Auf der Basis von Daten des statistischen Bundesamtes von 2014 unterscheidet Winker vier unterschiedliche Modelle der Reproduktion von Familien mit minderjährigen Kindern (Winker 2015, S. 56–71).

2.2.1 Das ökonomisierte Reproduktionsmodell

„Unter dem ökonomisierten Reproduktionsmodell fasse ich zunächst alle Familien, in denen Erwerbstätige unbefristet und voll beschäftigt in sozial abgesicherten Normalarbeitsverhältnissen tätig sind, sofern deren verfügbares Familieneinkommen 120 % des mittleren Nettoäquivalenzeinkommens übersteigt. Da in diesem Modell einer hohen Fixierung auf die Erwerbsarbeit keine Zeit bleibt, die anfallende Reproduktionsarbeit in hinreichendem Umfang selbst zu erbringen, wird diese zum Teil ökonomisiert und an „Care-Beschäftigte" abgegebenen, sowohl an Erzieher_innen und Lehrer_innen im Ganztagskindergärten und -Schulen als auch an Haushaltsarbeiter_innen im privaten Haushalt. Das vergleichsweise hohe Einkommen ermöglicht diese Ökonomisierung" (Winker 2015, S. 58 f.).

Dieses Reproduktionsmodell funktioniert in der Regel, weil wegen eines hohen Haushaltseinkommens die „Care-Arbeit" an „Haushaltsarbeiter" abgegeben werden kann, die im Niedriglohnsektor bereit sind, zu arbeiten. „Dies sind oft Migrantinnen, die zu niedrigen Löhnen ohne soziale Absicherung und Urlaubsansprüche beschäftigt werden" (Winker 2015, S. 59). Winker ordnet 13,8 % aller Familien mit minderjährigen Kindern diesem ökonomisierten Reproduktionsmodell zu.

2.2.2 Das paarzentrierte Reproduktionsmodell

„Im paarzentrierten Reproduktionsmodell sind idealtypisch zwei Elternteile aktiv erwerbstätig, allerdings nur einer, meist der Mann, in Vollzeit, während die andere, meist die Frau, teilzeitbeschäftigt ist. Zum paarzentrierten Reproduktionsmodell gehören Haushalte, die mit dieser Konstellation einen mittleren bis gehobenen Lebensstandard erreichen. Um dieses Modell nach unten zum prekären Reproduktionsmodell abzugrenzen, setze ich hier ein Nettoäquivalenzeinkommen von mindestens 80 % des Medians. Diese Haushalte können aus finanziellen Gründen die anfallende Reproduktionsarbeit nur für bestimmte Aufgaben oder eine bestimmte Zeitspanne an Haushaltsarbeiter_innen abgeben. Der große Teil der Reproduktionsarbeit wird von den Familienmitgliedern selbst in Doppelbelastung getätigt. Dabei legt ein Familienmitglied, zumeist die Frau, häufig den Schwerpunkt auf die Reproduktionsarbeit. Dieses paarzentrierte Modell kann auf der Grundlage der geschlechterhierarchischen Arbeitsteilung stabil sein, zumindest solange nicht eine Person erwerbslos wird oder sich das Paar trennt" (Winker 2015, S. 61).

Dies ist die größte Gruppe der Familien mit minderjährigen Kindern: Winker rechnet 38 % dieser Familien dieser Gruppe zu. Hier wird bereits deutlich, dass die finanzielle und emotionale Belastung vor allem der Frauen durch die familiäre Reproduktionsarbeit beträchtlich ist. Noch größer wird sie in der dritten Gruppe, die Winker das „prekäre Modell" familiärer Reproduktion in Familien mit minderjährigen Kindern bezeichnet.

2.2.3 Das prekäre Reproduktionsmodell

„Viele Familien mit minderjährigen Kindern befinden sich im prekären Reproduktions-modellen, indem die Familienmitglieder nicht in der Lage sind, sich über Erwerbsarbeit eine stabile, die Existenz sichernde Perspektive zu erarbeiten. Diese Gruppe ist zwar nach offizieller Definition nicht armutsgefährdet, hat aber nur 60–80 % des mittleren Nettoäquivalenzeinkommens zur Verfügung. Dies betrifft einen großen Teil der Allein-erziehenden sowie der Haushalte, in denen ein Elternteil, meist der Mann, erwerbstätig ist. Seit dem Abbau des Familienernährerlohns reicht ein Erwerbstätiger in der Regel nur zu einem niedrigen Lebensstandard, der täglich durch die Suche nach Sonderangeboten oder anderen Möglichkeiten, Ausgaben zu verringern, gesichert werden muss. Aber es gibt in diesem Modell auch Haushalte, die selbst mit zwei Gehältern ihre Existenz kaum sichern können. Dies sind dann häufig Niedriglohnbeschäftigte, die für einen Stundenlohn unter-halb der statistischen Niedriglohnschwelle von 9,30 € im Jahr 2012 erwerbstätig sind. Über die Forschung zu Niedriglohnbeziehenden ist bekannt, dass Niedriglöhne keineswegs nur gering Qualifizierte betrifft. Vielmehr hat die große Mehrheit der Niedriglohnbeschäftigten (66,8 %) eine abgeschlossene Berufsausbildung. Frauen stellen mit einem Anteil von über 62 % den überwiegenden Teil der Niedriglohnbeschäftigten (Kalina/Weinkopf 1014). Da geringe finanzielle Ressourcen bei Niedriglöhnen durchaus mit langen Arbeitszeiten und vor allem hohen Flexibilitätsanforderungen einhergehen können, ist die Versorgung, Erziehung und Betreuung von Kindern in diesem Fall sehr schwer" (Winker 2015, S. 64).

Winker rechnet 28,8 % der Familien mit minderjährigen Kindern diesem prekären Reproduktionsmodell zu.

2.2.4 Das subsistenzorientierte Reproduktionsmodell

Unter extremen finanziellen und emotionalen Belastungen leben 19,4 % der Familien, die Winker dem sogenannten „subsistenzorientierten Reproduktionsmodell" zuordnet:

„Mit dem Begriff der Subsistenzorientierung schließe ich inhaltlich an die Subsistenz-produktion an, unter der Maria Mies (1983) die Ökonomie des Überlebens versteht. Das bedeutet, dass im subsistenzorientierten Reproduktionsmodell all das im Vordergrund steht, das Familienmitglieder notwendigerweise zum alltäglichen Überleben benötigen. Das ist neben Essen, Kleidung und Wohnung auch die Sorge für sich sowie für andere. In dieser Hinsicht erfahren Menschen häufig Mangel, wenn ihr Leben in diesem Reproduktions-modell dadurch geprägt ist, sich um die Beschaffung eines Jobs zu bemühen, irgendwo etwas dazu zu verdienen und weitere Möglichkeiten zu finden, Ausgaben zu verringern.

Oft arbeiten diese an der Armutsgrenze lebenden Menschen in sozial nicht abgesicherten Jobs, die von staatlichen Stellen aufgestockt werden müssen, da der Lohn nicht zum Überleben ausreicht. In diesen Familien werden die Entwicklungschancen und gesellschaftlichen Teilhabemöglichkeiten aller Familienmitglieder erheblich eingeschränkt. Dies betrifft insbesondere auch Kinder, zumal ein hoch selektives Schulsystem die familiäre Ausgangssituation häufig noch zementiert (Lutz 2012)" (Winker 2015, A. 67).

Winker betont:

„Die Lebenssituation in diesem subsistenzorientierten Reproduktionsmodell betrifft überproportional Alleinerziehende. Über 46% aller Alleinerziehenden sind hier zu finden, während bei den Paaren in Lebensgemeinschaften 17,0 % und bei den Ehepaaren 12 % dem subsistenzorientierten Modell zuzuordnen sind. Ebenfalls überproportional betroffen sind Familien mit drei und mehr Kindern. Während zu dieser Gruppe gesamtgesellschaftlich gesehen 9,9 % der Familien gehören, ist sie im subsistenzorientierten Reproduktionsmodell mit 32,1 % deutlich überrepräsentiert" (Winker 2015, S. 67 f.).

2.3   Die Versorgung der Menschen bei Pflegebedürftigkeit und im Alter

Durch die erhöhte Lebenserwartung benötigen die Menschen im Alter vielfach Pflege und Unterbringung in einem Altenheim. Dies führt zu einer zunehmenden Belastung der Familien, vor allem der Frauen, weil sich viele Familien die Unterbringung ihrer alten Eltern oder pflegebedürftigen Familienmitglieder weder leisten können noch genügend adäquate Einrichtungen vorhanden sind. Gutverdienende können kostengünstig vor allem fremdländische oder asylsuchende Sorgearbeiterinnen einstellen, die unter schlechten finanziellen und sozialen Versorgungsbedingungen arbeiten. Bei fehlenden finanziellen Mitteln führt dies aber dazu, dass über 1,3 Mio. Pflegebedürftige mit einer anerkannten Pflegestufe in Deutschland zuhause ohne zusätzliche ambulante Pflege gepflegt werden (Winker 2015, S. 79). Dies geschieht vorwiegend von Frauen, die ihrerseits dann nur eingeschränkt berufstätig sein können beziehungsweise übermäßig belastet sind durch Arbeit und Pflege.

Die sogenannten Pflegearbeiter, die haupt- oder nebenberuflich gegen Arbeitslohn die Versorgung von Kindern, Kranken oder Alten übernehmen, befinden sich ihrerseits in einer schwierigen finanziellen emotionalen und extrem stressbedingte Situation. Winker schreibt: „Care-Beschäftigte arbeiten in privaten Haushalten, in staatlichen Organisationen, bei Wohlfahrtsverbänden und auch in privatwirtschaftlichen Unternehmen. Sie sind vor allem in den Bereichen Erziehung und Bildung Gesundheit und Pflege beschäftigt. Sie stellen mindestens 19 % aller Erwerbstätigen (statistisches Bundesamt 2013a, S. 343). Als Haushaltsarbeiter_innen, Pflegekräfte, Erzieher_innen, Sozialarbeiter_innen oder Lehrer_innen sind sie im Alltag vieler Menschen präsent. Viele dieser Berufsgruppen verbindet, dass sie weit über proportional weiblich und gering entlohnt sind" (Winker 2015, S. 71).

Etwa die Hälfte der in der Bundesrepublik berufstätigen weiblichen Personen üben ihre Arbeit in einem schlecht oder niedrig bezahlten beruflichen Bereich aus bei gleichzeitiger übermäßiger Belastung im Beruf, weil zu wenige Stellen im Care-Bereich vorhanden sind oder nicht besetzt werden können. Zurzeit können wenigstens 27.000 Stellen im Pflegebereich nicht besetzt werden und die Arbeitsbedingungen im Pflegebereich sind so belastend, dass der größte Teil der ausgebildeten Pflegekräfte nach wenigen Jahren den Beruf aufgibt.

2.4   Die soziale Absicherung bei Arbeitslosigkeit, Krankheit und im Alter

Soziostrukturell gesehen hat sich für alle Mitglieder unserer Gesellschaft in den letzten 50 Jahren die soziale Absicherung bei Arbeitslosigkeit und im Alter massiv verschlechtert: Durch das „Beschäftigungsförderungsgesetz", das im Mai 1985 in Kraft getreten ist, wurde „die rechtliche Grundlage für eine Flexibilisierung des Arbeitsmarktes und des Arbeitsrechts (Zeitverträge, Job-sharing, Arbeit auf Abruf, Leiharbeit) geschaffen" (Beck 1986, S. 233 f.).

Auf diese Weise wurde die Sicherheit im Bereich der bezahlten Arbeit stark verringert, was sich heute, 40 Jahre später, bereits bei einem erheblichen Teil der Arbeitsverhältnisse auswirkt und zu einer generellen Bedrohung der sozialen Sicherung und dem Gefühl der individuellen und familiären Sicherung bei einem Großteil der Beschäftigten führt.

In extremer Weise hat sich die soziale Sicherheit 2003 durch die Agenda 2010 und die Hartz-IV-Gesetze verändert: Bei Arbeitsplatzverlust werden die finanziellen Leistungen dermaßen gekürzt, dass auch bei relativ gutem vorherigem Einkommen die Arbeitslosen nach einem Jahr in Hartz IV fallen: Es bleibt dann nur eine extrem niedrige soziale Notversorgung, wobei die Betroffenen jede Arbeit annehmen müssen, die ihnen angeboten wird und sie deshalb im Zweifelsfall im Niedriglohnsektor landen. Darüber hinaus wurden die Bezüge bei den Rentnern schrittweise von 62 % auf heute 49 % des Durchschnittseinkommens reduziert und soll in den nächsten Jahren auf 43 % weiter gesenkt werden. Verknüpft mit dem immer größeren Heer der Berufstätigen, die sich in schlecht bezahlten Arbeitsverhältnissen befinden, die durch das Beschäftigungsförderungsgesetz von 1985 entstehen, besteht nach vorsichtigen Schätzungen aus dem Jahre 2012(!) für 50 % der Rentner_innen im Jahre 2030 Altersarmut (Armut im Alter 2012): In diesem Jahr ist damit zu rechnen, dass etwa die Hälfte der Senioren eine Rente beziehen werden, die kaum höher als die Grundsicherung sein wird (zur Zeit etwa 690 €).

In dieser sozialen und damit auch psychischen Situation befindet sich die überwiegende Mehrheit in unserer Gesellschaft, vor allem die Frauen, die wegen unzureichender und schlecht bezahlter beruflicher Arbeit und entsprechenden Unterbrechungen der Berufstätigkeit wegen „Care-Arbeit" zum Teil jetzt schon unter Armutsbedingungen leben und im Alter schlechthin sein werden.

Natürlich trifft die geschilderte generelle soziostrukturelle Situation nicht auf alle Mitglieder unserer Gesellschaft gleichermaßen zu. Aber die Soziologen sprechen heute schon von einer noch relativ gut lebenden 2/3-Gesellschaft, wobei sich allerdings ein Drittel davon in bereits „prekären" Verhältnissen befindet (Koppetsch 2011, S. 9). Aber die geschilderten soziostrukturellen Veränderungen betreffen nichtsdestoweniger alle Mitglieder der Gesellschaft. Die verbreiteten Ängste, ins soziale und finanzielle Abseits zu gelangen, sprechen eine deutliche Sprache. Und die Anzahl der „sozialen Absteiger" wächst von Jahr zu Jahr. Die statistischen Daten von der Vollbeschäftigung täuschen: Minder- und Schlechtbezahlte werden immer mehr bei gleichzeitigem unaufhörlichem Wachstum des Sozialprodukts und Vergrößerung des Reichtums im oberen Drittel der Gesellschaft (Nachtwey 2016).

2.5   Fazit: Aggressionsgesellschaft heute

Was haben die geschilderten soziologischen Daten mit dem vermehrten Entstehen von Aggressionen zu tun und wie sehen diese aus?

Der zentrale psychologische Befund aus diesen Daten ist, dass sich in unserer Gesellschaft generell und in zunehmendem Maße existenzielle Unsicherheit und Angst entwickelt, wie es weitergehen wird. Es entsteht, wie Nachtway (2012) in seiner soziostrukturellen Analyse der heutigen gesellschaftlichen Dynamik zusammenfassend charakterisiert, eine „Abstiegsgesellschaft" in der jeder im Prinzip davon bedroht ist, abzusteigen und trotz großer individueller Anstrengungen in die Notversorgung zu geraten. Das macht nicht nur Angst, es entsteht ständig Wut angesichts der Tatsache, dass es wenigstens im oberen Drittel beständig aufwärts geht, aber sogar in diesem Segment der Gesellschaft Abstieg droht. Diese Wut dürfte zu einem gut Teil in depressives Verhalten kanalisiert werden, da kulturell dominant die Vorstellung besteht, jeder ist seines Glückes Schmid. Wer nicht vorankommt ist selber schuld. Dies führt sowohl zu vermehrten psychischen Erschöpfungszuständen beziehungsweise Burn-out. Aber die so kanalisierte Wut drückt sich auch aus, indem die Menschen von der Politik, besonders den politischen Parteien, nichts mehr erwarten und in passive Aggressivität beziehungsweise Apathie verfallen. Lediglich wenn Situationen entstehen wie zum Beispiel mit der Aufnahme einer Vielzahl von Asylanten und politischen Strömungen und diesen die Schuld gegeben wird an der eigenen prekären Lage, entsteht manifeste Wut. Dann werden die politischen Parteien und die Asylanten angegriffen und für die eigene soziale Lage verantwortlich gemacht. Es entstehen rechte nationalistische Bewegungen, wie wir sie gerade in den USA und auch bei uns und vermehrt in der EU erleben (Sandner 2016).

Psychologisch gesehen wäre es sinnvoll, diese rechten Bewegungen auf die zugrunde liegenden bedrohlichen sozioökonomischen Bedingungen zu untersuchen und politisch dafür zu sorgen, dass die ungerechten sozialen Verhältnisse gerechter werden. Und auch die Kräfte zu identifizieren, die permanent diese Verhältnisse stabilisieren und weiter vorantreiben (Horn 1985). Denn: Es gibt auch unter unseren gesellschaftlichen

Bedingungen vielfältige Möglichkeiten, ungerechte und unmenschliche Verhältnisse zu verbessern beziehungsweise zu verringern. Hierfür wäre es nicht nur lohnenswert, sondern auch erforderlich, die vorhandenen Aggressionen zu verwenden.

Literatur

Armut im Alter (2012) www.armut-und-alter.de

Beck U (1986) Risikogesellschaft. Auf dem Weg in eine andere Moderne. Suhrkamp, Frankfurt.

Freedland J (2016) Im Zeichen der Abstiegsangst. Der Freitag 28 v. Zugegriffen: 14. Juli 2016

Horn k (1985) Aggression und Gewalt. Vom gegenwärtigen Schicksal menschlicher Expressivität, in: Schöpf A.(Hrsg.) Aggression und Gewalt. Anthropologisch-sozialwissenschaftliche Beiträge (S. 123–142). Königshausen + Neumann, Würzburg.

Koppetsch C (2011) (Hrsg.) Nachrichten aus den Innenwelten des Kapitalismus. Vs Verlag, Wiesbaden,

Nachtwey O (2016) Die Abstiegsgesellschaft. Suhrkamp, Frankfurt a. M.

Sandner D (2015) Das Unbehagen in der Gesellschaft oder – die Verschiebung der soziostrukturellen Grenzen. Vortrag auf der 33. Arbeitstagung der Gesellschaft für Psychoanalyse und Psychotherapie vom 25.-27.09.2015 in Speyer, in diesem Band, Kap. 10

Sandner D (2016) Die psychologischen Grundlagen des kollektiven Unbewussten. Unveröffentlichtes Manuskript, München in diesem Band, Kap. 2

Schindler W (1979) Das Borderland Syndrom – ein Zeichen unserer Zeit. Ztschr. f. Psychosomatische Medizin und Psychoanalyse 25:363–372

Schöpf A (1985) Aggression als Zerstörung von Anerkennung. In: ders (Hrsg) Aggression und Gewalt. Anthropologisch-sozialwissenschaftliche Beiträge (S. 65–84). Königshausen + Neumann, Würzburg.

Stieglitz J (2012) Der Preis der Ungleichheit. Siedler, München

Winker G (2015) Care Revolution. Schritte in eine solidarische Gesellschaft. Transcript, Bielefeld.

Die psychologischen Grundlagen des kollektiven Unbewussten

3

> In dem Beitrag wird versucht, die psychologischen Grundlagen des kollektiven Unbewussten herauszuarbeiten anhand der Schrift von Freud „Massenpsychologie und Ich-Analyse", dem Konzept des kollektiven Unbewussten von C.G. Jung und dem frühen psychoanalytischen Ansatz von Trigant Burrow von 1927 in seinem Werk „The social basis of consciousness". Es folgen die kulturpsychoanalytischen Hypothesen von Walter Schindler (1979), wonach auf die Gesellschaft kollektiv Mutterübertragungen und auf den Staat Vaterübertragungen ausgelöst werden sowie die Befunde von W.R. Bion über unbewusste Grundannahmen in Gruppen mit wenig Binnenstruktur, die regressive unbewusste Konstellationen wie Kampf, Flucht und Abhängigkeit vom Leiter entstehen lassen, an denen alle unbewusst teilhaben.

3.1 Siegmund Freud: Massenpsychologie und Ich-Analyse

Die erste umfassende psychologische Betrachtung des kollektiven Unbewussten stellt sicherlich die Schrift „Massenpsychologie und Ich-Analyse" von Sigmund Freud im Jahre 1921 dar: Freud setzt sich darin als Psychoanalytiker mit der Frage auseinander, wie es möglich sei, angesichts des Zusammenbruchs der wichtigsten herkömmlichen Systeme der gesellschaftlichen Ordnung nach dem Ersten Weltkrieg die „massenpsychologischen" Unruhen großer Menschenmassen in Österreich-Ungarn, dem Deutschen Reich und dem zaristischen Russland psychologisch zu verstehen. Dabei knüpft er an wichtige Vorgänger aus Frankreich und Italien an, die sich um die Jahrhundertwende intensiv mit der Frage massenpsychologischer Prozesse im Zusammenhang mit der aufkommenden Arbeiterbewegung auseinandergesetzt haben, insbesondere mit der 1895 erschienenen Arbeit „Psychologie der Massen" des Franzosen Le Bon (Le Bon 1911).

© Der/die Autor(en), exklusiv lizenziert durch Springer Fachmedien Wiesbaden GmbH, ein Teil von Springer Nature 2022
D. Sandner, *Wie Angst und Aggression in der Gesellschaft entstehen,*
https://doi.org/10.1007/978-3-658-36698-8_3

Die psychologischen Befunde Le Bons fasst Freud wie folgt zusammen:

„Die Masse ist impulsiv, wandelbar und reizbar. Sie wird fast ausschließlich vom Unbewussten geleitet. Die Impulse, denen die Masse gehorcht, können je nach Umständen edel oder grausam, heroisch oder feige sein, jedenfalls aber sind sie so gebieterisch, dass nicht das persönliche, nicht einmal das Interesse der Selbsterhaltung zur Geltung kommt. Nichts ist bei ihr vorbedacht. Wenn sie auch die Dinge leidenschaftlich begehrt, so doch nie für lange, sie ist unfähig zu einem Dauerwillen. Sie verträgt keinen Aufschub zwischen ihrem Begehren und der Verwirklichung des Begehrten. Sie hat das Gefühl der Allmacht, für das Individuum in der Masse schwindet der Begriff des Unmöglichen.

Die Masse ist außerordentlich beinflussbar und leichtgläubig, sie ist kritiklos, das Unwahrscheinliche existiert für sie nicht. Sie denkt in Bildern, die einander assoziativ hervorrufen, wie sie sich beim einzelnen in Zuständen des freien Fantasierens einstellen, und die von keiner verständigen Instanz an der Übereinstimmung mit der Wirklichkeit gemessen werden. Die Gefühle der Masse sind stets sehr einfach und sehr überschwänglich. Die Masse kennt also weder Zweifel noch Ungewissheit…

Da die Masse betreffs des Wahren oder Falschen nicht in Zweifel ist und dabei das Bewusstsein ihrer großen Kraft hat, ist sie ebenso intolerant wie autoritätsgläubig. Sie respektiert die Kraft und lässt sich von der Güte, die für sie nur eine Art von Schwäche bedeutet, nur mäßig beeinflussen. Was sie von ihren Helden verlangt, ist Stärke, selbst Gewalttätigkeit. Sie will beherrscht und unterdrückt werden und ihren Herrn fürchten. Im Grunde durchaus konservativ, hat sie tiefen Abscheu vor allen Neuerungen und Fortschritten und unbegrenzte Ehrfurcht vor der Tradition" (Freud 1921).

Die Beschreibung der massenpsychologischen Phänomene von Le Bon stellt den ersten Versuch dar, das „kollektive Unbewusste " in Massenbewegungen, das heißt gesamtgesellschaftlich bedeutsame sozialpsychologische Vorgänge, zu beschreiben. An die Charakterisierung der psychologischen Prozesse in großen Gruppen kann Freud mühelos anknüpfen: Ganz offensichtlich – so Freud – handelt es sich um kollektive, regressive psychologische Prozesse, unbewusste, allen gemeinsame Vorgänge, die sich unter bestimmten Bedingungen in großen Gruppen beziehungsweise in einer ganzen Gesellschaft spontan einstellen. Sie entstehen, wenn staatliche Ordnungsstrukturen zusammenbrechen und auf diese Weise kollektiv unbewusst vorhandene, regressive Prozesse nicht mehr in Schach gehalten werden können.

Angesichts der revolutionäre Unruhen in seinem Vaterland Österreich-Ungarn war Freud natürlich in erster Linie daran interessiert, wie diese regressiven massenpsychologischen Prozesse eingedämmt, ja überhaupt generell in geordnete Bahnen gebracht werden konnten und wie dies bisher in der Geschichte psychologisch gesehen möglich wurde. Er kommt dabei zu dem Ergebnis, dass es geschichtlich nur zwei kollektive Organisationsstrukturen gegeben hat, die es ermöglichten, die grundsätzlich immer und überall vorhandenen regressiven, vor allem destruktiven Prozesse in Massenbewegungen zu kanalisieren und zu ordnen: Die Struktur der katholischen Kirche und des Heeres.

Nur indem es gelang, die wechselseitigen zerstörerischen Kräfte der Menschen in Gruppen dazu zu bringen sich einem Oberhaupt, einem Führer unterzuordnen, freiwillig, aber auch durch den vom Führer ausgeübten Machtmitteln, ließe sich die destruktive

Dynamik der Menschengruppen eindämmen und in einigermaßen gedeihliche Bahnen kanalisieren. Nur wenn sich die Menschen dann – wie Freud sagt – mit ihrem Ich-Ideal mit dem Ich-Ideal des jeweiligen Führers identifizieren, seien konstruktiv-harmonische Gruppenprozesse möglich. Anders ausgedrückt: Wenn sich alle Gruppenmitglieder dem unterordnen, was der jeweilige Führer für gut und richtig findet und wenn dieser Führer auch über entsprechende Machtmitteln verfügt, seine Vorstellungen durchzusetzen, lassen sich die immer vorhandenen destruktiven Tendenzen der Menschen, wie Le Bon sie beschrieb, psychologisch gesehen „neutralisieren". Historisch gesehen war dies der Fall in der katholischen Kirche und dem Heer, also in hierarchaisch organisierten militärisch strukturierten Großgruppen. Dies ist die Vorstellung, die Freud von der psychologischen Funktionsweise des archaischen kollektiven Unbewussten hatte und wie dieses Unbewusste durch kollektivpsychologisch geteilte Fantasien beziehungsweise akzeptierte staatliche und gesellschaftliche Strukturen psychologisch zu erreichen sei.

Ein psychologisches Problem blieb für Freud und seine Psychoanalyse hierbei allerdings ungelöst: Wie war es möglich, dass ein Führer oder ein Oberhaupt Vorstellungen eines gedeihliches Zusammenlebens der Menschen herausfinden könnte, da ja nach Freud jeder Mensch den archaisch-destruktiven Tendenzen seiner Psyche unterworfen ist?

Freud löst dieses Problem auf seine Weise: Er nahm an, dass es – aus welchem Grund auch immer – „große Männer" gibt, die über den archaisch-destruktiven Tendenzen aller Menschen stehen und deshalb Vorstellungen über Ordnungsstrukturen entwickelten, die für alle vermeintlich zu einem gedeihlichen Miteinander führen; wie der Papst oder der General beziehungsweise generell ein Patriarch. Freud sagte es nicht, aber er meinte es wohl: Das ist der Preis, die immer vorhandenen destruktiven Tendenzen der Menschen einzudämmen. Ein Blick auf die geschichtliche Entwicklung zeigt denn auch, dass dieses „patriarchale Modell" generell die gesamte Entwicklung unserer Kultur und Gesellschaft bestimmte. Eine andere Frage ist, ob dies wirklich das „alternativlose" Modell gedeihlichen menschlichen Zusammenlebens darstellt oder das einmal etablierte und beständig auch mit Zwang aufrechterhaltene Modell ist und überdies nur vordergründig das massenpsychologische Problem löst.

3.2   Trigant Burrow: Psychoanalyse in Gruppen

Mit dieser Frage hat sich fast zur gleichen Zeit wie Freud, nämlich in den 1920er-Jahren, einer der frühen amerikanischen Psychoanalytiker, der 1875 geborene Trigant Burrow, auseinandergesetzt. Er gelangte zur Frage der Gestaltung beziehungsweise Struktur des „kollektiven Unbewussten" aber auf einem ganz anderen Weg als Freud: Burrow interessierte früh die Frage, wie die „einseitige" Interpretation des unbewussten Geschehens durch den Analytiker bei seinen Patienten wissenschaftlich objektiver vonstatten gehen könnte und wie es möglich wäre, seelische Störungen auf dem Hintergrund gesellschaftlicher Normierungen zu verstehen, in die jeder Mensch, auch jeder Psycho-analytiker, von Geburt an eingebunden ist.

Bezogen auf die Frage der Einseitigkeit des einzelanalytischen Behandlungs-settings kam Burrow zu dem Ergebnis, die Psychoanalyse müsse von der Analyse eines Einzelnen durch einen Analytiker erweitert werden zu einer Gruppenanalyse, der Psychoanalyse in einer Gruppe, der gemeinsamen Analyse aller Gruppenmitglieder einschließlich des Gruppenleiters. Nur so könne die Einseitigkeit, der auch jeder Ana-lytiker unterworfen ist, verringert und durch konsensuelle Validierung des Wahr-genommenen objektiver und wissenschaftlicher werden (Sandner 2001).

Burrow hat seine Überlegungen auch nach und nach in die Praxis umgesetzt, die Psychoanalyse zur Gruppenanalyse weiterentwickelt und dabei durchweg „Psycho-analyse in der Gruppe" durchgeführt. Dabei stellten er und die Mitglieder der Gruppe, mit denen er arbeitete, nicht nur fest, dass jeder zum Teil unterschiedliche Wahr-nehmungen und Gefühle bezogen auf ein und denselben Prozess in der Gruppe hatten, sondern auch, dass bestimmte individuelle Verhaltensweisen und Einschätzungen des Geschehens sich kollektiv – ohne Absprache – in der gesamten Gruppe einstellten. Die Teilnehmer stellten gemeinsam fest, dass alle sozusagen von gemeinsamen „social images" – wie Burrow es nannte – bestimmt waren: was gut oder schlecht war, Rivalität als Machtmittel, Verleugnung offensichtlicher Motive, Abwertung des Bedürfnisses nach Harmonie und der Möglichkeit gleichberechtigter dialogischer Lösungen, beständige Orientierung an Autoritäten, Kampf gegen vermeintliche Feinde oder Schuldige usw. Es handelte sich um dominante kulturelle und kognitive Strukturen, wie sie in der US-amerikanischen Gesellschaft weit verbreitet waren. Auf diese Strukturen der Kommunikation kamen die Gruppenteilnehmer – so Burrow –, weil sie diese **gemeinsam** in der Gruppe vermehrt erlebten, aber auch Abweichungen davon. Diese Abweichungen wurden deutlicher sichtbar, weil einzelne Teilnehmer oder auch die Gruppe insgesamt im Verlaufe des Gruppenprozesses vom gemeinsamen kulturellen Hintergrund auch abweichende Verhaltensweisen zeigten. Diese Abweichungen wurden sichtbar, weil von der Struktur gleichberechtigte Beziehungen in der Gruppe vor allem die individuellen Tendenzen gefördert wurden, wie sie im kulturellen Kanon einer Gesellschaft auch immer vorhanden sind, aber keine dominante kulturelle Bedeutung haben.

Auf diese Weise wurde es in den Gruppen von Burrow möglich, andere Weisen des Umgangs miteinander zu erproben und als real mögliche Verhaltensweisen miteinander zu realisieren. Ein wichtiger Befund war, dass mit herrschenden Vorstellung wie z. B. „der Mächtigste setzt sich durch" oder auch „nur wenn die Menschen sich ganz bestimmten kulturellen Gesetzen unterordnen, was sie tun und lassen sollen, werden die Beziehungen gut" ganz bestimmte gesellschaftliche Machtverhältnisse aufrecht erhalten werden. Er kam zu dem Ergebnis, dass in den normalerweise sich einstellenden Vor-stellungen in der Gruppe typische Verhaltensweisen, wie sie in patriarchal organisierten Gesellschaften entstehen (Burrow 1927). Kollektiv abgewehrt werden hierbei – so Burrow – besonders alle Weisen gemeinschaftlicher, gleichberechtigter Gestaltung des gesellschaftlichen Zusammenlebens.

Bezogen auf die Vorstellung Freuds, wonach gedeihliches Zusammenleben nur durch Unterordnung unter bestimmte Führerfiguren und Kontrolle der ansonsten immer destruktiven Tendenzen aller Menschen psychologisch möglich ist, kam Burrow zu dem durchaus „revolutionären" Ergebnis: Was Freud als unabdingbar für gedeihliche gesellschaftliche Beziehungen beachtet hat, stellt vor allem die Aufrechterhaltung bestimmter Machtverhältnisse dar. Darüber hinaus war er der Auffassung, dass die Phänomene, die Le Bon in Massenbewegungen festgestellt hat, große Ähnlichkeit aufwiesen mit den kriegerischen Auseinandersetzungen im Zweiten Weltkrieg sowie der darauf folgenden Situation des beginnenden kalten Krieges. Kriege und militärische Auseinandersetzungen generell sind seiner Auffassung nach das Ergebnis beständiger ungerechter und bei Strafe geforderter Unterordnung unter ganz bestimmte Machtverhältnisse, die zu einem Kampf jeder gegen jeden führen und zu einer beständigen Verstärkung des Unterordnungsdruckes und kriegerischer Gewalt, von Einzelnen und Gruppen an der Macht zu bleiben oder an die Macht zu kommen. Was innergesellschaftlich gilt, gilt auch und besonders zwischen den Nationen. Burrow war der Überzeugung, Gesellschaft könnte auch gemeinschaftlich-kooperativ gestaltet werden. Dies entspräche auch der Natur des Menschen, die durch pathologische gesellschaftliche Entwicklungen in der Geschichte in einem patriarchalen „Gehäuse" eingeschlossen wurde (Sandner 1998).

Burrow war sich bei seiner Vorstellung eines möglichen gemeinschaftlich und gedeihlich strukturierten „kollektiven Unbewussten" natürlich bewusst, dass das existierende patriarchale „kollektive Unbewusste" nicht so gestaltet ist. Aber er hat für die Kulturpsychologie einen wissenschaftlichen „Denkweg" entwickelt, dass die menschliche Natur nicht so sein muss, wie Freud oder auch Le Bon und die gesamte herkömmliche psychologische Kulturtheorie behaupten.

3.3   C. G. Jung: Das kollektive Unbewußte

Fast gleichzeitig mit Freud und Burrow hat ein weiterer ehemaliger Psychoanalytiker, C.G. Jung, sein Konzept des „kollektiven Unbewussten" entwickelt und diesen Begriff als solchen überhaupt geprägt (Jung 1936a, b).

Aufgrund seiner Erfahrungen als Psychoanalytiker und einem ausgesprochenen Interesse für kulturpsychologische Zusammenhänge kam er auch durch eigene völkerpsychologische Untersuchungen zu dem Ergebnis, dass in unterschiedlichen Völkern jeweils ein gemeinsames „kollektives Unbewusstes" vorhanden ist, das aufgrund der gemeinsamen Geschichte des Volkes Niederschlag gefunden hat in gemeinsam gehegten Fantasien und einer kollektiv entwickelten Psychologie des Volkes. So haben zum Beispiel, wie Jung ausführt, die Germanen, die Juden, die Engländer, die Indianer oder die Neger (wie es damals hieß) eine voneinander unterschiedliche Psychologie (Jung 1936a).

Aufgrund gemeinsamer vielfältiger Erfahrungen bilden sich sogenannte Archetypen, Muster bzw. „patterns of behaviour". Diese Archetypen treten besonders in Erscheinung beziehungsweise werden nach Jung kollektiv wirksam, wenn besondere Notsituationen oder kollektiv schwer zu bewältigende Aufgaben anstehen. Sie helfen dem Volk, diese Aufgabe zu bewältigen vor dem Hintergrund kollektiv erlebter früherer Erfahrungen. Dieses völkerpsychologische Konstrukt vom Vorhandensein kollektiver Fantasien im unbewussten kollektiven Erfahrungsschatz eines Volkes hat Jung schon vor der Machtergreifung von Hitler auf das deutsche Volk angewandt und kam dabei bereits 1936 zu einem verblüffenden Ergebnis: Er vertrat die Hypothese, dass das deutsche Volk nach dem verlorenen Ersten Weltkrieg, der Auferlegung riesiger Reparationszahlungen durch die Siegermächte und der Weltwirtschaftskrise vom Archetypen „Wotan" erfasst worden sei: So wie die Germanen als Volk von den Römern und ihrem damaligen Staatschristentum zwangsmissioniert wurden, ihr Gott Wotan mit Stumpf und Stiel ausgemerzt und sie brutal militärisch unterjocht worden waren, befanden sich die Deutschen nach dem Ersten Weltkrieg als Germanen. In einer solchen Situation entstand kollektiv die Hoffnung, diesmal von ihrem ehemaligen Gott Wotan errettet zu werden. Deshalb haben sie sich in einer kollektiven Fantasie und schließlich in einer Art Massenpsychose Hitler angeschlossen, einem lange erhofften Retter. Die Deutschen befanden sich zu einem Gutteil in einem kollektiven, massenpsychologischen Sog, in dem massenweise unbewusste Tendenzen der Rettung aus der Not und der Tilgung dem Volk widerfahrender Schmach mobilisiert wurden.

Die Vorstellung, das deutsche Volk sei vom Archetypen „Wotan" besessen gewesen, erscheint zunächst absurd, aber wie sich im Laufe des Dritten Reiches herausstellte, scheint sich die archetypische archaische Vorstellung vom Kriegsgott Wotan, der als grausiger Berserker das Volk rettet durch Krieg und Zerstörung, realiter ereignet zu haben. Besonders verblüffend aus psychologischer Sicht ist, dass Jung diese Entwicklung bereits zu einer Zeit, als die reale Entwicklung des Deutschen Reiches bis hin zur Katastrophe von 1945 und den vorhergehenden blutigen Katastrophen des Holocaust und des Völkermordes an den Russen noch nicht einmal denkbar war, schon Anfang der 1930er-Jahre vorausgesagt hatte.

Am Ende seines Aufsatzes „Wotan" bringt Jung ein Zitat aus der Edda, der Geschichte des germanischen Glaubens und des Gottes Wotan:

„Was murmelt noch Wodan mit Mimes Haupte?
Schon kocht es im Quell: die Krone des Weltbaums
erglüht beim Klange des Gellerhorns,
das Heimdold zum Heerruf erhoben hält.
Der Baum erbebt; doch bleibt er noch stehen
Mit rauschendem Laurath, bis Loge sich löst.
Wild heult der Hund vor der Hellaklamm,
bis dem frechen Renner die Fessel auch reisst.
Von Morgen heran fährt ein Riese, beschildet,
dass Jotenwüthig der Weltwurm sich bäumt:
er schlägt die Wellen, es schreien die Weihen,
neidisch um Leichen, weil Nagelfahr (Totenschiff) los.
Von Morgen durchs Meer, wann die Muspiler nahen,

lenket Loge den laufenden Kiel;
am Borde den Wolf und die völkische Brut bringt
Wettersturms Bruder des Weges herbei" (Jung 1936a).

Was die Geschichte der Psychologie des „kollektiven Unbewussten" anbelangt ist fest-
zuhalten, dass Jung kollektiv erworbene Fantasien postulierte, die unter bestimmten
bedrohlichen äußeren Bedingungen, denen ein Volk unterworfen ist, aktiviert werden
und als gemeinsames „kollektives Unbewusstes" beziehungsweise gemeinsam gehegte,
emotional besonders besetzte kollektive Fantasien, wirksam werden.

3.4   Walter Schindlers Kulturpsychologie: Mutterübertragungen auf die Gesellschaft, Vaterübertragungen auf den Staat

Auf dieser Linie hat ein weiterer Psychoanalytiker, Walter Schindler, Anfang der 1050er-
Jahre die Hypothese vorgetragen, die Mitglieder einer Gesellschaft entwickelten auf die
Gesellschaft insgesamt „Mutterübertragungen" und auf den Staat „Vaterübertragungen"
(Sandner 1981; Schindler 1979).

Wie diese Übertragungen aussehen hängt davon ab, welche Erfahrungen die Menschen
mit der konkreten Gesellschaft machen, was die erforderliche mütterliche Versorgung und
die gerechte oder ungerechte väterliche Verteilung der gesellschaftlichen Güter angeht.
Daraus ergeben sich kollektive Vorstellungen von einer beschützenden, gut oder schlecht
versorgenden Muttergesellschaft und eines gut oder schlecht ausgleichenden Vaters, aber
auch die Hoffnung, eine liebevolle „Good-enough"-Muttergesellschaft und ein fürsorg-
licher und gerechter Vaterstaat errette die Menschen aus einer schlechten und ungerechten
Situation.

Ob die Hypothesen von Walter Schindler zutreffen, ist weiter empirisch zu klären.
In jedem Fall verknüpfen sie kollektiv unbewusste Vorstellungen und das Entstehen
eines kollektiven Unbewussten mit der realen erlebten individuellen psychologischen
Situation, in der sich die Menschen kollektiv befinden und kollektive gesellschaftliche
Prozesse mit zentralen Bedürfnissen aller Menschen, eine gute mütterliche Versorgung
und gerechten väterlichen Schutz zu erhalten.

Als Beispiel für die kollektive psychologische Bedeutung der Überlegungen von
Schindler lässt sich die vermutete kollektivpsychologische Beziehung zwischen der
Bundeskanzlerin Angela Merkel und großen Teilen der deutschen Bevölkerung sehen:
Wie der Psychoanalytiker Tilmann Moser (2013) zu Recht hervorgehoben hat, wurde
Frau Merkel vielfach in Anführungszeichen „Mutti" genannt. Wie kam es dazu, dass
viele, die mit ihrer Politik nicht einverstanden waren, sie weiterhin als Mutti betrachten,
die es schon richten werde? Sogar dann, als viele der Meinung waren, dass ihre Asylpolitik, die zu 1,1 Mio. aufgenommenen Flüchtlingen allein im Jahr 2015 geführt
hatte, ganz schlecht war? Das führte zwar zu einer kurzzeitigen Verschlechterung der

Umfragewerte für Frau Merkel, aber keinesfalls für ihre Partei, obwohl die Partei die Politik von Frau Merkel unterstützte. Offenbar blieb trotzdem die Vorstellung „die Mutti wird schon richten", auch wenn sie bisweilen einen Fehler machte.

In seinem Beitrag „Die Mutti wird uns doch nicht verlassen" führte Moser aus, dass Frau Merkel sich offensichtlich als gute Mutter inszenierte. Er schrieb:

> „Nimmt man das Modell der politischen Regression einmal ernst – und an einer gewissen kindlichen Anhänglichkeit an der Kanzlerin kann kaum Zweifel sein, dann spielen tiefere Mechanismen der Bindung, der Loyalität und der Sehnsucht nach Ruhe eine wichtige Rolle. Man lässt nichts mehr auf die Zentralfigur kommen, spaltet innere Zweifel ab, fühlt sich getragen von einer unerklärlichen Zuversicht in ihre Kraft und ihre Weisheit. Ganz Fromme fühlen sich vielleicht sogar geborgen unter dem Schutzmantel einer fast madonnenhaften Figur, die sie gar nicht darstellen will, die aber im kollektiven Unbewussten vorhanden ist als ein archaisches Bild der schützenden und versorgenden Mutter. Es immunisiert gegen die Anfechtungen einer undurchsichtigen und gefährlichen Realität. Es wird mit ihr kein durchdachtes Programm gewählt, sondern eine tief in der Seele verankerte Sehnsuchts-gestalt, die so unaufdringlich Stärke vorspielt, dass kein aufbegehrender Trotz oder ein Wunsch nach kantiger Väterlichkeit mehr entsteht" (Moser 2013).

Verständlich ist diese Grundannahme von Merkel als einer beschützenden Mutter schon, denn im kollektiven Bewusstsein der Deutschen hatte sie die weltweite Finanzkrise des Jahres 2008 für die deutsche Bevölkerung passabel gelöst: Deutschland steht weiterhin gut da, auch wenn die Bedingungen, die zur Finanzkrise geführt haben, in keiner Weise politisch verändert oder gelöst wurden und wichtige Länder der Europäischen Union zugunsten der Bankenrettung fast in den Staatsbankrott getrieben wurden und die Kluft zwischen arm und reich seit 2008 viel größer geworden ist. In der Wahrnehmung der Bevölkerung, das heißt im kollektiven Unbewussten, galt Merkel offenbar als eine Art Mutter und Vater zugleich: Sie beschützte die Bevölkerung vor größeren Katastrophen und zwang den Menschen mit eiserner Hand finanzkapitalistische Erfordernisse für Deutschland, die EU und die ganze Welt auf. Die Menschen ließen sich das vermutlich gefallen, weil beides mindestens für die wirtschaftliche Position und die Gesamtlage Deutschlands und damit für einen Gutteil der deutschen Bevölkerung akzeptabel und gut erschien. Und das war es auch, wenn Länder wie Italien, Spanien, Portugal, Griechen-land und auch Frankreich als mahnende Beispiele herangezogen werden. Es tat dann auch der „guten Mutti" keinen Abbruch, wenn in Deutschland die Reichen immer reicher und die Armen immer ärmer werden, bis 2030 50 % der Rentner im Bereich der Alters-armut prognostiziert werden, ganz abgesehen von der zunehmenden Verschlechterung der sozialen Bedingungen von Alleinerziehenden und Familien mit Kindern (Sandner 2017).

Für das psychologische und psychoanalytische Verständnis massenpsychologischer Phänomene, das heißt die motivationale Basis kollektiver Bewegungen und der dabei wirksamen kollektiven Fantasien, sind die Überlegungen von Walter Schindler in mehr-facher Hinsicht interessant und methodisch hilfreich: Mit ihrer Hilfe werden massen-psychologische Bewegungen verständlich als motivationale psychologische Prozesse, die gemeinhin als politische oder soziologische oder allein wirtschaftliche Bedingungen kollektiven Verhaltens verstanden werden. Es lohnt sich deshalb, psychologische und politische Kollektivphänomene unter dem Gesichtspunkt zu betrachten, inwiefern die Gesellschaft insgesamt die berechtigten Bedürfnisse nach mütterlicher Fürsorge erfüllt und der Staat und die staatlichen Organe für eine gerechte, für alle möglichst gedeihliche Ordnung und Berücksichtigung der Bedürfnisse aller Gesellschaftsmitglieder sorgt (Sandner 2017).

3.5 W. R. Bion: Unbewusste Grundannahmen in Gruppen

Bisher ist die Frage unbeantwortet, ob es kollektiv unbewusstes Geschehen überhaupt gibt und wie dies psychologisch nachweisbar ist. Diese Frage hat Anfang der Fünfzigerjahre ein weiterer Psychoanalytiker, W. R. Bion, aufgrund seiner Schrift „Erfahrungen in Gruppen" empirisch beantwortet: Bion hatte im Zweiten Weltkrieg als Armeepsychiater bei der Offiziersauslese mit sogenannten „führerlosen Gruppen" experimentiert: Er brachte die Kandidaten in eine völlig unstrukturierte Gruppensituation, die Teilnehmer mussten selbst dafür sorgen, wie sie in dieser Gruppensituation miteinander und den in der Gruppe auftretenden Beziehungsproblemen umgehen. Nach dem Krieg hat Bion diese Arbeitsweise auf therapeutische Gruppen übertragen, sich als Analytiker weitgehend zurückgehalten und dann die entstehenden Prozesse beziehungsweise Konstellationen interpretiert. Dabei machte er einige für die gesamte Gruppenpsychologie und die Psychodynamik in Gruppen wegweisende Erfahrungen:

Obwohl in den therapeutischen Gruppen klar war, dass es darum ging, die jeweiligen Probleme der Teilnehmer zu thematisieren und miteinander und dem Gruppenleiter zu klären, fand dies nicht statt. Ohne dass die Gruppenteilnehmer sich abgesprochen haben, stellten sich abwechselnd drei Konstellationen in der Gruppe ein, an denen alle Teilnehmer gleichermaßen teilnahmen und festhielten:

1. Es kam zu einem lähmenden Schweigen, keiner rührte sich mehr und jeder, der versuchte, das Schweigen zu brechen, erhielt keinerlei Unterstützung oder Beachtung. Dieses Schweigen konnte über die ganze Sitzung anhalten.
2. Noch öfter versuchten die Teilnehmer gemeinsam den Gruppenleiter zum Sprechen zu bringen, sie appellierten an ihn, ihnen zu helfen und ihnen zu sagen, wie sie miteinander arbeiten könnten oder sollten, aus der lähmenden Unsicherheit der völlig ungewissen Gruppensituation zu kommen. Jeder Teilnehmer, der versuchte, selbst aktiv zu werden, sich an andere Gruppenmitglieder zu wenden und sich nicht an den Gruppenleiter wandte, erhält keinerlei Beachtung beziehungsweise Unterstützung. Es schien, als ob sich die Gruppenmitglieder unbewusst darüber verständigt hätten, nur der Gruppenleiter könnte die Teilnehmer aus der ängstigenden unstrukturierten Situation herausführen.
3. Schließlich stellte sich immer wieder eine dritte Gruppenkonstellation ein, vor allem wenn die geschilderten beiden „Gruppenaktionen" nicht dazu führten, dass der

Gruppenleiter die Leitung übernahm und die Teilnehmer durch seine Interventionen aus der unerträglichen dritten guten Situation „erlöste": Einzelne Teilnehmer oder Untergruppen oder alle Teilnehmer wurden aggressiv und suchten sich einen Gegner oder eine gegnerische Gruppe, die sie angriffen, weil sie sich von ihnen bedroht fühlten oder dieselbe verantwortlich für die entstehende unerträgliche Gruppensituation machten. Es entstand, wie Bion diese Konstellation nannte, die unbewusste von allen geteilte die Annahme durch „Kampf", Bekämpfung angeblicher Feinde beziehungsweise „Saboteure" müsste die angstmachende Situation überwunden und aufgelöst werden. Auch hier war es einzelnen nicht möglich mit anderen Interaktionen beziehungsweise Initiativen eine Veränderung der Kampfsituation herbeizuführen: Es schien nur Kampf möglich.

Seine Erfahrungen in unstrukturierten Gruppen brachten Bion zu der Annahme, dass sich in diesen Gruppen spontan und unbewusst „kollektive Konstellationen" einstellten und dass alle Teilnehmer völlig unbewusst daran teilhatten und festhielten: Die Gruppen strukturierten sich psychologisch gesehen zu einer Kampf-, Flucht- oder Abhängigkeitskultur. Es entstanden, wie Bion dieses Phänomen bezeichnete, gemeinsame unbewusste „Grundannahmen" in der Gruppe: Nur mithilfe dieser gemeinsamen Grundannahmen seien die entstehenden Ängste zu bewältigen oder wenigstens erträglich zu gestalten. Zu Recht hielt er seine „Erfahrungen in Gruppen" für den empirisch psychologischen Beweis dafür, dass es Konstellationen in Gruppen gibt, die kollektiv von allen geschaffen und geteilt werden und wirklich vorhanden sind: Sie werden von allen geschaffen, wirken auf alle und es ist schwer möglich, aus diesen Konstellationen als Einzelner auszuscheren. Die unbewusste gemeinsame Annahme ist: Nur durch Kampf, Flucht oder Abhängigkeit vom Gruppenleiter lasse sich die psychologische Situation in der Gruppe bewältigen.

Was bedeutet dieser psychologische Befund von Bion für die Frage der Entstehung und Aufrechterhaltung kollektiv unbewusster Fantasien beziehungsweise Annahmen in Großgruppen beziehungsweise einer ganzen Gesellschaft? Zu erwarten ist, dass sich auch in solchen Gruppen unbewusst, ohne bewusstes Dazutun der Mitglieder, gemeinsame Fantasien einstellen, wenn sich die Gruppe in einer gemeinsamen extremen sozialen Situation befindet, die dies erfordert: Zum Beispiel die Situation in Deutschland gegen Ende der Weimarer Republik, als die gesamte Gesellschaft von einer wirtschaftlichen Depression betroffen war, ein Heer von Arbeitslosen entstand und die politische Führung nicht nur bei dieser Krise versagte, sondern auch schon vorher in den zwanziger Jahren bei der Inflation, die den Geldbesitz des gesamten Mittelstands vernichtete, sowie den aufgezwungenen riesigen Reparationszahlungen. Bei all diesen Katastrophen hatte die politische Führung der Weimarer Republik nach Meinung und der Erfahrung der Bevölkerung versagt. Keine Rettung war in Sicht. Lediglich einer versprach Erlösung aus dem Jammertal: Adolf Hitler.

Deshalb fand ein unbewusst kollektiv-emotionaler Zusammenschluss eines Gutteils der Bevölkerung statt, immerhin 1932 etwa 40 % der Wähler: Es entstand spontan die Grundannahme der Abhängigkeit nach Bion, der kollektiv-emotionalen Abhängigkeit und rückhaltlosen Unterstützung dieses Führers, von dem allein die Rettung erwartet wurde. Hitler war geeignet, für die deutsche Bevölkerung ein weiteres kollektives Unheil zu beheben: Die Schmach des verlorenen Krieges und die kollektive Demütigung aller Deutschen durch die Sieger. Er wollte Deutschland wieder militärisch stark machen, machte es stark und überzog die Welt mit einem Angriffskrieg, der seinesgleichen sucht. Das heißt, Hitler versorgte das Volk mit der „rettenden Grundannahme Kampf" mit einer vermeintlich für alle Deutschen gedeihlichen Lösung. Vielleicht gab es im deutschen Volk auch deshalb nicht wirklich Widerstand gegen den Krieg, obwohl die Bevölkerung 20 Jahre nach dem Ersten Weltkrieg sicher kriegsmüde war. Hitler verschaffte dem deutschen Volk auch noch einen Feind, der an allem schuld war, den man aber relativ leicht bekämpfen und „eliminieren" konnte: die Juden.

Ähnliche kollektivpsychologische Analysen beziehungsweise Anwendungen der gruppenpsychologischen Theorie von Bion ließen sich aktuell vergleichen mit dem Erfolg von Donald Trump in den vereinigten Staaten, der schon fast bedrohlichen Stärkung rechter nationalistischer Parteien innerhalb der EU (Österreich, Frankreich, osteuropäische Staaten, Großbritannien), den wirtschaftlichen und politischen Spannungen innerhalb der EU und des Euroraums, aber auch zum Beispiel bei dem ungeheuren Wahlerfolg der japanischen Konservativen (Zwei-Drittel-Mehrheit in beiden Häuser des Parlaments!) trotz oder gerade wegen der ausgesprochen schwierigen wirtschaftlichen Lage des Großteils der japanischen Bevölkerung. Zu untersuchen ist, wie diese politischen Verwerfungen im Wahlverhalten der Bevölkerung zusammenhängen, mit der Situation, in der sich die Bevölkerung befindet, welche spezifischen sozioökonomischen Spannungen innerhalb der jeweiligen Gesellschaft bestehen, beziehungsweise in welcher Situation sich unterschiedliche Bevölkerungsgruppen sich unter welcher politischen Dominanz welcher Gruppe befinden.

Die von Bion festgestellten unbewussten Grundannahmen Kampf, Flucht und Abhängigkeit gelten sehr wahrscheinlich auch für **kollektivpsychologische Phänomene in Großgruppen:** Es ist eine fruchtbare Hypothese, dass große Gruppen die Grundannahme Abhängigkeit entwickeln, solange sie in einer kollektiv schwierigen Situation die Lösung der Probleme von einem Führer erwarten. Wenn dies nicht mehr der Fall ist, führt es vermutlich zu einer kollektiven Hoffnungslosigkeit oder sogar zur Apathie politischen Fragen gegenüber und es entsteht die Grundannahme Flucht (zum Beispiel vollständige Wahlenthaltung). Wenn aber die Situation unerträglich wird und kein Führer in Sicht ist, kann es leicht zur Grundannahme Kampf kommen: Es kommt zu kollektiv aggressiven Ausbrüchen den politischen Führern gegenüber oder jeglicher Gruppe, die für das eigene Desaster verantwortlich gemacht wird.

Es ist zu erwarten, dass sich die Mitglieder von Gruppen, die unterprivilegiert sind oder sich in sozial prekärer Lage befinden, kollektiv spontan zusammenschließen und sich bestimmten Führern beziehungsweise politischen und sozialen Bewegungen anschließen, von denen sie sich eine Verbesserung der sozialen Lage erhoffen. Auf diese Weise entsteht kollektiv sozial Unbewusstes mit großer emotionaler Wirksamkeit bei den Mitgliedern.

3.6   Kollektivpsychologische Zusammenschlüsse in Großgruppen

Nach dieser Schilderung der verschiedenen kollektivpsychologischen Ansätze ist es möglich zu verstehen, was Freud in Anlehnung an Le Bon schon festgestellt hat, aber bei ihm zunächst lediglich als Ausfluss primitiver archaischer Prozesse verstanden wurde:

> „Die Masse ist impulsiv, wandelbar und reizbar. Sie wird fast ausschließlich vom Unbewussten geleitet. Die Impulse, denen die Masse gehorcht, können je nach Umständen edel oder grausam, heroisch oder feige sein, jedenfalls aber sind sie so gebieterisch, dass nicht das persönliche, nicht einmal das Interesse der Selbsterhaltung zur Geltung kommt…" (Freud 1922, S. 16).

Diese Prozesse, so Freud, müssen kontrolliert und in geregelte Bahnen gelenkt werden durch „große Männer" wie er sagt. Dabei bleibt völlig unberücksichtigt, dass die Masse offenbar kollektiv ganz bestimmte Ziele anstrebt und diese Ziele sozusagen ohne Rücksicht auf die individuellen Bedürfnisse von der Masse auf diese Ziele hin strukturiert werden. Offenbar ist hierbei eine unbewusste gleichgerichtete kollektive Tendenz am Werk, die keineswegs archaisch und ungeordnet ist, sondern ausgesprochen zielorientiert etwas anstrebt, was kollektiv psychologisch bedeutsam, oft überlebensnotwendig scheint. Es ist eine Tendenz, wie sie Bion in seinen Gruppen festgestellt hat: In angstmachenden beziehungsweise bedrohlichen Situationen schließen sich die Gruppenteilnehmer unbewusst zu kollektiven Schutz- und Trutzbündnissen zusammen, die durchaus zielgerichtet sind, aber für die Bewältigung der eigentlichen Aufgabe der Gruppe kontraproduktiv sind und deshalb als irrational und archaisch erscheinen, was sie bezogen auf die Aufgaben, die eigentlich anstehen, zur Lösung des sozialen Problems auch sind.

Kollektivpsychologische Zusammenschlüsse sind in Großgruppen zu erwarten, wenn diese kollektiv in einer schwierigen oder lebensbedrohlich erscheinenden Situation sind. Es überrascht nicht, dass sich solche Gruppen an einen Führer anschließen oder auch an eine Bewegung, die einen rettenden Ausweg anbieten, so unvernünftig, irrational und realitätsfern oder auch hochgradig pathologisch ein solcher Führer oder eine solche Bewegung auch sein mögen. So ist zum Beispiel zu verstehen, dass ein Präsidentschaftskandidat wie Donald Trump eine riesige Gefolgschaft aus Schichten der Bevölkerung für sich mobilisieren konnte, die von ihm als Präsidenten überhaupt nichts für sich erwarten konnten, sofern er nur versprach, alles anders zu machen, Amerika wieder groß zu machen, das unfähige Establishment hinwegzufegen und alle „Parasiten am Sozialkörper" zu vertilgen. Wenn viele Menschen von ihm die eigene und kollektive Rettung erhofften, engagierten sie sich kollektiv für ihn, auch wenn er abstruse, chauvinistische, aggressiv-unterdrückende, bis zur „Vertilgung der Parasiten" gehende Auffassungen vertrat, was die Beziehungen in der Gesellschaft und zwischen Staaten anbelangte. Dabei hilft es wenig, wenn die Gegner von Trump ihm nachwiesen, dass er das alles vertritt und dass dies gerade viele seiner Unterstützer mit betrifft und ihnen aus ihrer sozialen und ökonomischen Misere nicht heraushilft, die Situation eher schlimmer macht. Es hilft auch wenig, wie Freud bei solchen kollektiv psychologischen Konstellationen vorschlägt, das ein religiöser oder politischer Führer auftritt, der „vernünftige Vorschläge" für eine für viele gedeihliche Lösung der sozialen und ökonomischen Situation hat. Er wird in der Gruppe, die besonders unter den vorhandenen unsozialen und ungerechten Verhältnissen leidet, keinen Anklang finden.

Der riesige Erfolg von Donald Trump lässt darauf schließen, dass die soziale Situation eines Großteils der amerikanischen Wahlbevölkerung sich seit den beiden Wahlen zur Präsidentschaft von 2008 und 2012 massiv verschlechtert hat, die Menschen auch nicht mehr an eine Verbesserung ihrer Situation durch Hillary Clinton oder Sanders glauben. Im Jahr der Finanzkrise von 2008 war die Hoffnung auf „yes we can" des demokratischen Bewerbers Barack Obama konzentriert. Inzwischen wurde deutlich, dass Obama die Prekarisierung großer Gruppen nicht aufhalten konnte, auch wenn er die Arbeitslosigkeit massiv verringern konnte.

Die feststellbaren kollektiven Fantasien in bestimmten Gruppen oder einer ganzen Gesellschaft geben Rückschlüsse auf die realen sozialen Bedingungen großer Gruppen der Bevölkerung sowie die Ängste und Hoffnungen, die kollektiv entstehen. Aufgrund von Analysen der zugrunde liegenden soziostrukturellen Situation und daraus entstehenden kollektivpsychischen Reaktionen lassen sich immerhin realistische Vorstellungen über die realen Anliegen der Menschen und über die erforderlichen politischen Prozesse für eine Veränderung der sozialen Situation bilden. In diesem Sinne kann die kollektivpsychologische Analyse einen wesentlichen Beitrag liefern für eine Humanisierung der Gesellschaft und die einer humaneren Gestaltung der Gesellschaft entgegenstehenden Hindernisse (Sandner 2017).

Literatur

Bion WR (1971) Erfahrungen in Gruppen und andere Schriften. Klett, Stuttgart

Burrow T (1924) Social images versus reality. J. Abnorm. Psychol. Soc. Psychol. 19:230–235

Burrow T (1927) The social basis of consciousness. Kegan Paul, London

Freud S (1921) Massenpsychologie und Ich-Analyse, GW XIII:71–161

Jung CG (1934) Über die Archetypen des kollektiven Unbewussten, GW 9/I:13–51

Jung CG (1936a) Wotan, GW 10:2203–2218

Jung CG (1936b) Der Begriff des kollektiven Unbewussten. GW 9/I:55–66

Le Bon G (1911) Psychologie der Massen. Nikol, Hamburg 2009 (Nachdruck der Ausgabe von 1911)

Moser T (2013) Mutti wird uns doch nicht verlassen. Angela Merkel und der Mutterkomplex der Deutschen. http://www.tilmanmoser.de/site/neue_texte/mutti_wird_uns_doch_nicht_verlassen

Sandner D (1981) Walter Schindlers Beitrag zur gruppenanalytischen Theorie und Technik. Gruppenpsychotherapie und Gruppendynamik 17:137–141

Sandner, (1998) Vortrag an der Hochschule für Film und Fernsehen „Konrad Wolf" Potsdam Babelberg am 23.10.1998

Sandner D (2001) Die Begründung der Gruppenanalyse durch Trigant Burrow – seine Bedeutung für die moderne Gruppenanalyse. In: Pritz A, Vykoukal E (Hrsg.) Gruppenpsychoanalyse,

Wien, Fakultas, 135–160. Auch abgedruckt in: Sandner D (2013) Die Gruppe und das Unbewusste (S. 13–31). Springer, Berlin

Sandner D (2017) Sozio-strukturelle Grundlagen des kollektiven Unbewussten in unserer Gesellschaft, in: Sandner D, Die Gesellschaft und das Unbewußte (S. 137–148). Springer, Berlin

Schindler W (1979) Das Borderland Syndrom – ein Zeichen unserer Zeit. Ztschr. f. Psychosomatische Medizin und Psychoanalyse 25:363–372

Psychoanalytische Befunde zur Aggression in Massenbewegungen (Massenpsychologie)

▶ In der triebpsychologischen psychoanalytischen Theorie von Freud ist „der Mensch dem Menschen ein Wolf". Die ständig lauernde Aggression bei Behinderung der Befriedigung eigener Bedürfnisse durch andere lässt sich lediglich eindämmen, indem der entsprechende Partner („das Triebobjekt") sie mit Macht unterdrückt. Demgegenüber hat sich in der psychoanalytischen Objektbeziehungstheorie von Wolfgang Trauth eine andere Theorie der Aggression herausgebildet: Die menschliche Aggression wird betrachtet als Reaktion des Einzelnen, wenn seine berechtigten geäußerten Bedürfnisse beim Partner (dem Triebobjekt nach Freud) auf Ablehnung bzw. Nichtbeachtung stoßen. Es entstehen dann „reaktiv" aggressive Gefühle, die eingedämmt werden können, wenn im Dialog mit dem wichtigen Anderen die wechselseitig vorhandenen Bedürfnisse einer konstruktiv ausgleichenden Lösung zugeführt werden. Für kollektiv entstehende Aggression wird in dieser Theorie die Situation analog gesehen, wenn wichtige Grundbedürfnisse ganzer gesellschaftlicher Gruppen keine Berücksichtigung finden, in dem die dominierende Gruppe diese unterdrückt bzw. gar nicht zulässt. Es kommt dann zu destruktiven Aggressionen sowohl in der unterdrückten als auch in der unterdrückenden Gruppe.

In der triebpsychologischen psychoanalytischen Theorie von Freud ist „der Mensch dem Menschen ein Wolf". Die ständig lauernde Aggression bei Behinderung der Befriedigung eigener Bedürfnisse durch andere lässt sich lediglich eindämmen, indem der entsprechende Partner („das Triebobjekt") sie mit Macht unterdrückt (Freud 1921, 1927). Demgegenüber hat sich in der psychoanalytischen Objektbeziehungstheorie von Wolfgang Trauth (1997) eine andere Theorie der Aggression herausgebildet: Die menschliche Aggression wird betrachtet als Reaktion des Einzelnen, wenn seine berechtigten geäußerten Bedürfnisse beim Partner (dem Triebobjekt nach Freud)

D. Sandner, *Wie Angst und Aggression in der Gesellschaft entstehen*, https://doi.org/10.1007/978-3-658-36698-8_4

auf Ablehnung bzw. Nichtbeachtung stoßen. Es entstehen dann „reaktiv" aggressive
Gefühle, die eingedämmt werden können, wenn im Dialog mit dem wichtigen Anderen
die wechselseitig vorhandenen Bedürfnisse einer konstruktiv ausgleichenden Lösung
zugeführt werden. Für kollektiv entstehende Aggression wird in dieser Theorie die
Situation analog gesehen, wenn wichtige Grundbedürfnisse ganzer gesellschaftlicher
Gruppen keine Berücksichtigung finden, in dem die dominierende Gruppe diese unterdrückt bzw. gar nicht zulässt. Es kommt dann zu destruktiven Aggressionen sowohl in
der unterdrückten als auch in der unterdrückenden Gruppe.

Sigmund Freud hat sich in seiner wohl wichtigsten gruppenpsychologischen Arbeit
„Massenpsychologie und Ich-Analyse"(1921) eingehend mit der Frage wie es in großen
Gruppen zu kollektiven Aggressionen aller Beteiligten kommt, wie diese verhindert
werden können oder wenigstens abgemildert. Grundsätzlich, stellt Freud fest, handelt
es sich bei diesen Aggressionen um dieselben Aggressionen, die in jedem Menschen
lauerten und sofort anspringen, wenn dem jeweiligen Menschen bei der Realisierung
wichtiger, essenzieller Bedürfnisse Hindernisse in den Weg gelegt werden. Er spricht
davon, dass schlichtweg gilt: „Der Mensch ist dem Menschen ein Wolf". Diese Grund-
tendenz im Menschen lässt sich nur kontrollieren beziehungsweise abmildern, wenn
Strafen oder Sanktionen anderer Menschen befürchtet werden, das heißt durch äußere
Strafandrohungen und letztlich Gewaltanwendung. Unter welchen Bedingungen im
einzelnen Menschen Aggressionen entstehen, wie stark diese sind und schwer eingedämmt werden können, sagt Freud nicht (Freud 1927).

In Gruppen, besonders in großen, wenig strukturierten Gruppen entstehen nach
Freud Aggressionen aus denselben Gründen wie beim Einzelnen: Wenn durch äußere
Kontrollen, zum Beispiel staatliche Kontrollorgane, die Aggressionen, die ständig
latent vorhanden sind, nicht zuverlässig eingedämmt werden, brechen sie hervor und
nehmen einen unkontrollierbaren Verlauf. Sie können nur wieder kontrolliert und in
ihren destruktiven Effekten verringert werden, wenn durch die Autorität eines Führers
oder auch funktionierende staatliche Organe die Kontrolle der großen Gruppe in der
psychologischen Masse wieder hergestellt wird. Eine andere Möglichkeit sieht Freud
nicht. Sein Fazit ist: Nur wenn sich die Mitglieder einer Gruppe allesamt mit ihrem Ich-
Ideal mit dem Ich-Ideal des Führers identifizieren, kommt es dazu, dass die kollektiven
Aggressionen in der Gruppe in die Richtung des Ich-Ideals des Gruppenführers gelenkt
werden, die Teilnehmer ihre Aggressionen auf diese Ziele hinlenken und dadurch beitragen, dass sie zur Realisierung dieser Ziele verwendet werden. Freud lässt bei seinen
Überlegungen offen, welche Ziele der Führer der Gruppe anstrebt. Wenn nicht alles
trügt ist er der Auffassung, dass es bei heftigen, unkontrollierten Aggressionen in großen
Gruppen unbedingt erforderlich ist, dass diese auf die geschilderte Weise durch einen
Führer kanalisiert und ihres diffus aggressiven Charakters beraubt werden. Es besteht
kein Zweifel, dass Freud seine massenpsychologischen Anschauungen entwickelt hat
in einer Situation nach dem Ersten Weltkrieg, in der praktisch alle Monarchien sowie
die damit verbundenen staatlichen Strukturen weitgehend zusammengebrochen waren.
In dieser zunehmend anarchischen Situation hat Freud sein Modell entwickelt. Aber er

bezog dieses Modell nicht nur auf eine solche anarchische Situation, sondern betrachtete es als grundlegend für die Eindämmung und Kanalisierung menschlicher Aggressionen sowohl individuell als auch in Gruppen, insbesondere in Großgruppen.

In den letzten 50 Jahren hat sich die klassische psychoanalytische Theorie von Freud, insbesondere die sogenannte Triebtheorie, aber auch die Strukturtheorie, das heißt die Unterteilung des „psychischen Apparates" (Freud) in Es, Ich und Überich, stark in Richtung auf die psychoanalytische Objektbeziehungstheorie (Kernberg) weiterentwickelt. Die psychische Struktur des Menschen wird gesehen als Niederschlag interpersoneller, aus der Beziehung zwischen dem bedürftigen psychischen Organismus (dem sogenannten Selbst) und wichtigen Beziehungspartnern.

In besonderer Weise hat sich hierbei Wolfgang Trauth um eine Klärung der wechselseitigen Anpassungsprozesse zwischen dem bedürftigen Organismus und der bedürfnisbefriedigenden sozialen Umwelt bemüht (Trauth 1997). In diesem Prozess entsteht – im günstigen Fall – eine „kommunikative Strukturbildung", das heißt eine psychische Struktur des Individuums, die es in die Lage versetzt, Konflikte mit bedeutsamen Anderen kommunikativ und unter Berücksichtigung der Anliegen beider Seiten zu lösen. Ein solches aus den positiven Beziehungserfahrungen des Individuums gewonnenes „kommunikatives" Beziehungsmodell wird als solches verinnerlicht und dient als Basis aller späteren Beziehungen. Eine solche individuelle Persönlichkeitsstruktur muss sich allerdings in einer für den bedürftigen Organismus wohlwollenden und gedeihlichen Umgebung bilden, die eine Anerkennung der Bedürfnisse beider Beziehungspartner zulässt.

Im ungünstigen Fall führt die Entwicklung des psychischen Organismus dazu, eine „gespaltene, kommunikationspathologische Struktur" (Trauth) zu entwickeln. Notgedrungen, denn die Bedürfnisse des Individuums stoßen auf keine positive Resonanz in seiner Umwelt, sie müssen unterdrückt, abgewehrt und an die Bedürfnisse des Partners angepasst werden.

Wie dieser Prozess vor sich geht, soll hier an einer zentralen Funktion des bedürftigen Organismus dargelegt werden, dem existenziellen Grundbedürfnis, in seinen einzelnen Bedürfnissen berücksichtigt zu werden. Hierbei spielt Aggression die zentrale Rolle.

Im Bezugsrahmen der Objektbeziehungstheorie entstehen Aggressionen grundsätzlich, wenn der psychische Organismus an der Realisierung wichtiger Grundbedürfnisse behindert wird. Dies führt (so Trauth) zu sogenannten „bestandssichernden" aggressiven Bewegungen. Wenn diese – eigentlich konstruktiven – Aggressionen nicht zu einer Lösung des interpersonellen Konflikts führen, werden sie leicht destruktiv: Sie werden gegen das Subjekt gerichtet, um dieses daran zu hindern, als manifeste Aggression das Beziehungsobjekt anzugreifen, ja im Extremfall zu zerstören, wobei die Beziehung zum Objekt verloren gehen könnte oder würde. Wenn der andere die zentrale Beziehungsperson ist, wird der aggressive Angriff nicht riskiert, das Subjekt unterwirft sich dem ursprünglichen lieblosen Anderen, wird depressiv, aber bleibt gleichzeitig latent extrem aggressiv gegen diesen.

In diesem Modell von Trauth ist Aggression sozusagen kein frei flottierender Affekt, der ständig vorhanden ist und lediglich durch äußere Verbote, Sanktionen oder Machtmittel eingeschränkt beziehungsweise kanalisiert werden kann. Aggression, vor allem destruktive Aggression, entsteht vielmehr, wenn berechtigte, sozusagen konstruktive Aggressionen nicht zu einer Lösung finden unter Berücksichtigung der psychischen Anliegen des Subjekts in Auseinandersetzung mit dem Anderen, der oder die dies erlaubt oder gewährt.

Was geschieht in großen Gruppen, wenn wichtige kollektiv vorhandene Bedürfnisse in der Gesellschaft nicht oder nur unzureichend befriedigt werden? Es entsteht kollektive Wut gegen die behindernden Umstände, das heißt gegen dominierende oder herrschende Gruppen und deren bestimmende Regeln beziehungsweise Machtmittel. Wenn die unzureichende soziale Situation einer großen Gruppe prekär lebender Menschen nicht verändert wird oder sich nicht ändern lässt, entstehen kollektive Aggressionen in der unterdrückten Gruppe. Da diese sich nicht äußern dürfen aufgrund von Sanktionen der herrschenden Gruppe, reagieren die in der Auseinandersetzung Unterliegenden mit Ohnmacht, gleichzeitig aber mit untergründigen destruktiven Aggressionen, die in Schach gehalten werden müssen, weil die Gefahr besteht, von der dominanten Gruppe noch mehr abgelehnt oder gar bestraft zu werden. Es entsteht in der dominierten Gruppe manifeste Angst und Flucht bei gleichzeitig starken latenten Aggressionen, das heißt eine latente Tendenz, gegen die dominante Gruppe zu kämpfen.

Andererseits entstehen auch in den Mitgliedern der dominierenden Gruppe Aggressionen gegen die unterliegende Gruppe, weil diese sich ja gegen die Interessen, den etablierten „Bestand", der dominanten Gruppe wehren. Sofern kein Interessenausgleich zwischen den Konfliktparteien zustande kommt, steigern sich die manifesten, vor allem aber latenten Aggressionen. Es kommt zu ständig sich erneuernden wechselseitigen, destruktiven Aggressionen, zu chronischen Konfliktkonstellationen, die nicht aufgelöst werden können und dann an Stellen hervorbrechen, die in irgendeiner Weise eine Lösung für die aufgestauten Aggressionen versprechen, meist in kollektiv destruktiver Art.

Es entsteht die Situation, die Freud als grundsätzlich in menschlichen Gruppen bestehende Konstellation beschreibt: Ständig vorhandene Aggressionen anderen gegenüber, die die eigenen Bedürfnisse behindern. Diese Aggressionen können jederzeit durchbrechen, sofern sie nicht durch staatliche Zwangsmaßnahmen daran gehindert werden. Nach Freud gibt es kein anderes Modell, die ständig vorhandenen Aggressionen (der Mensch ist dem Menschen ein Wolf) einzugrenzen.

In dem oben skizzierten psychoanalytischen Modell von Trauth wird die Konzeption von Freud in ein interpersonelles Modell der Entstehung und Bewältigung von Aggressionen eingefügt: Aggression entsteht, wenn der Berücksichtigung eigener Bedürfnisse Hindernisse im Weg stehen. Sie ist aber zunächst nicht gegen den anderen gerichtet, sondern ein Versuch, der Bewältigung des Problems in Auseinandersetzung mit dem möglichen bedürfnisbefriedigenden Anderen. Wenn es in dieser Auseinandersetzung zu einer wechselseitigen Anerkennung und gemeinschaftlich gedeihlichen Lösung der vorhandenen Konflikte führt, dient die Aggression dem anderen gegenüber der Überwindung des Konflikts.

Bezogen auf das Phänomen Aggression generell bedeutet dies: Die Lösung zwischenmenschlicher Konflikte im Sinne einer wechselseitigen Berücksichtigung der Bedürfnisse der Beteiligten kann – idealtypisch betrachtet – entweder durch eine „gespaltene Strukturbildung" (Trauth) vorgenommen werden: Einer dominiert den anderen und das wird in der individuellen psychischen Struktur oder der soziologischen gesellschaftlichen Struktur als „Beziehungsmodell" verankert (institutionalisiert). Oder aber in einer beständig aufrechterhaltenen „kommunikativen Strukturbildung", innerhalb derer kommunikativ, unter Berücksichtigung der wechselseitigen Bedürfnisse und Anliegen, der jeweilige Interessenkonflikt „ausgehandelt", konstruktiv gemeinschaftlich angegangen und einer für beide Parteien akzeptablen Lösung zugeführt wird. Das ist das „kommunikative Beziehungsmodell".

Letztere Variante könnte als generelles Bewältigungsmodell für interpersonelle Konflikte gesellschaftlich festgehalten oder mindestens als erstrebenswert institutionalisiert werden. Auch in diesem Modell wird es zu Interessenkonflikten kommen, aber hierbei hätten die individuellen oder kollektiven vorhandenen Aggressionen die Funktion, bestehende Widersprüche beziehungsweise Ungerechtigkeiten zu signalisieren und dann einer gemeinsamen gedeihlichen Lösung zuzuführen. Unter unseren gesellschaftlichen Bedingungen bilden solche kommunikativen, auf wechselseitigen Ausgleich abzielende Bewältigungsmodelle eher die Ausnahme. Die sozialen Beziehungen sind vielmehr auf ein Beziehungsmodell angewiesen, in Konfliktsituationen die Oberhand zu behalten. Wenn soziostrukturell durch Etablierung institutionell verankerter Herrschaft die Oberhand bereits erreicht ist, sie in jedem Fall zu behalten. Anders ausgedrückt: Jeder muss zusehen, im Konflikt mit anderen die Oberhand zu behalten oder zu gewinnen, und wenn er schon die Oberhand hat, sie auf keinen Fall zu verlieren.

Dieses Modell führt zu ständigem Kampf um Sieg oder Niederlage. Deshalb ist es erforderlich, dass die dominante Gruppe die beherrschte Gruppe unter Kontrolle behält und die dominante Gruppe nicht zulässt, ihrer Herrschaft verlustig zu gehen. Dieser Kampf findet in der Regel nicht zwischen Einzelnen statt, sondern zwischen etablierten und beherrschten Großgruppen. Dabei spielen massenpsychologische Prozesse eine zentrale Rolle. Denn gesellschaftliche Strukturen entstehen oder werden verändert, wenn große Gruppen mobilisiert werden können, um diese Veränderungen zu unterstützen oder zu behindern (Sandner 2022).

Literatur

Freud S (1921) Massenpsychologie und Ich-Analyse. GW XIII:71–161
Freud S (1927) Die Zukunft einer Illusion, GW XIV:325–380
Sandner D (2017) Die psychologischen Grundlagen des kollektiven Unbewussten, in: Sandner D. Die Gesellschaft und das Unbewusste (S. 89–102). Springer, Berlin

Sandner D (2022) Zur Sozialpsychologie kollektiver politischer Bewegungen (Massenbewegungen), Unveröffentlichtes Manuskript, München 2019. In diesem Band, Kap. 5

Trauth W (1997) Zentrale psychische Organisations- und Regulationsprinzipien und das Verständnis von Abwehr und Regulation, Dissertation, Zeitschrift für Psychoanalytische Psychotherapie
XIX, Sonderheft 1

Sozialpsychologie kollektiver politischer Bewegungen (Massenbewegungen)

5

▶ Auf der Grundlage eigener gruppenpsychologischer Befunde und der daraus entwickelten Theorie von W. R. Bion wird dargelegt, wie es zu kollektivpsychologischen Konstellationen in Gruppen kommt, wenn eine Gruppe bedrohlichen Situationen gegenübersteht, für die keine Lösung vorhanden scheint. Bion hat drei kollektivpsychologische Konstellationen herausgefunden, die spontan und völlig unbewusst entstehen. Es bilden sich dann allen gemeinsame „Grundannahmen" für die Lösung der schwierigen Situation, die er Flucht, Abhängigkeit und Kampf nennt: Die Gruppenteilnehmer stellen sich tot, alle schweigen, damit nichts Falsches passiert (Grundannahme Flucht), erwarten sich ausschließlich vom Gruppenleiter, dass er sie aus der Misere führt (Grundannahme Abhängigkeit) oder aber sie schließen sich zu gemeinsamen Kampfmaßnahmen zusammen gegenüber einem vermeintlichen Gegner, der sie zu bedrohen scheint (Grundannahme Kampf). Es wird dargelegt, inwiefern sich diese Befunde auch auf große Gruppen anwenden lassen. Am Beispiel kollektiver psychologischer Entwicklungen infolge der Wiedervereinigung (einer Art „feindlichen Übernahme" des Ostens durch den Westen), der Wahl von Donald Trump zum amerikanischen Präsidenten sowie dem Aufstieg Hitlers zur Macht wird geschildert, wie kollektive psychologische Prozesse entstehen und welche Rolle hierbei Angst und Aggression spielen.

In mehreren Beiträgen zur Kulturpsychologie haben wir die These vertreten, dass kollektivpsychologische Massenbewegungen vor allem rechter Provenienz entstehen, wenn für bestimmte Gruppen der Gesellschaft sozial prekäre bis unerträgliche Verhältnisse aufkommen, für die es von den bestehenden Parteien und politischen Gruppen keine Abhilfe oder wenigstens Verbesserung der sozialen Situation gibt.

© Der/die Autor(en), exklusiv lizenziert durch Springer Fachmedien Wiesbaden GmbH, ein Teil von Springer Nature 2022
D. Sandner, *Wie Angst und Aggression in der Gesellschaft entstehen*,
https://doi.org/10.1007/978-3-658-36698-8_5

Die Arbeit ist in sechs Abschnitte gegliedert:

1. Die gruppenpsychologische Theorie und kollektivpsychologischen Befunde von
   W. R. Bion.
2. Wie lassen sich die Befunde von Bion auf große Gruppen anwenden?
3. Die qualitative psychologische Untersuchung von Kliche (2019) über kollektivpsychologische Prozesse in der Altenmark (Sachsen- Anhalt).
4. Die AfD als Rettung – wie lassen sich die hohen Wahlergebnisse für die AfD
   kollektivpsychologisch verstehen?
5. Welche Rolle spielen hierbei latente und manifeste kollektive Aggressionen?
6. Gibt es realisierbare Möglichkeiten, solcher Art angestaute kollektive Aggressionen in
   gedeihlicher Weise zu kanalisieren und zu verwenden?

5.1   Die gruppenpsychologischen Befunde von W. R. Bion

Für das Verständnis kollektivpsychologischen Verhaltens sind die empirisch-psycho-
logischen Befunde von BION über das Verhalten von Menschen in wenig strukturierten
Gruppensituationen von großer Bedeutung:

Bisher ist die Frage unbeantwortet, ob es kollektiv unbewusstes Geschehen überhaupt gibt und wie dies psychologisch nachweisbar ist. Diese Frage hat Anfang der
1950er-Jahre ein Psychoanalytiker, W. R. Bion, aufgrund seiner Schrift „Erfahrungen in
Gruppen" empirisch beantwortet: Bion hatte im Zweiten Weltkrieg als Armeepsychiater
bei der Offiziersauslese mit sogenannten „führerlosen Gruppen" experimentiert: Er
brachte die Kandidaten in eine völlig unstrukturierte Gruppensituation, die Teilnehmer
mussten selbst dafür sorgen, wie sie in dieser Gruppensituation miteinander und den
in der Gruppe auftretenden Beziehungsproblemen umgehen. Nach dem Krieg hat
Bion diese Arbeitsweise auf therapeutische Gruppen übertragen, sich als Analytiker
weitgehend zurückgehalten und dann die entstehenden Prozesse beziehungsweise
Konstellationen interpretiert. Dabei machte er einige für die gesamte Gruppenpsychologie und die Psychodynamik in Gruppen wegweisende Erfahrungen.

Obwohl in den therapeutischen Gruppen klar war, dass es darum ging, die jeweiligen
Probleme der Teilnehmer zu thematisieren und miteinander und dem Gruppenleiter zu
klären, fand dies nicht statt. Ohne dass die Gruppenteilnehmer sich abgesprochen haben,
stellten sich abwechselnd drei Konstellationen in der Gruppe ein, an denen alle Teilnehmer gleichermaßen teilnahmen und festhielten:

1. Es kam zu einem lähmenden Schweigen, keiner rührte sich mehr und jeder, der versuchte, das Schweigen zu brechen, erhielt keinerlei Unterstützung oder Beachtung.
   Dieses Schweigen konnte über die ganze Sitzung anhalten.
2. Noch öfter versuchten die Teilnehmer gemeinsam, den Gruppenleiter zum Sprechen
   zu bringen, sie appellierten an ihn, ihnen zu helfen und ihnen zu sagen, wie sie

miteinander arbeiten könnten oder sollten, um aus der lähmenden Unsicherheit der völlig ungewissen Gruppensituation zu kommen. Jeder Teilnehmer, der versuchte, selbst aktiv zu werden, sich an andere Gruppenmitglieder zu wenden oder sich nicht an den Gruppenleiter wandte, erhielt keinerlei Beachtung beziehungsweise Unterstützung. Es schien, als ob sich die Gruppenmitglieder unbewusst darüber verständigt hätten, nur der Gruppenleiter könnte die Teilnehmer aus der ängstigenden unstrukturierten Situation herausführen.

3. Schließlich stellte sich immer wieder eine dritte Gruppenkonstellation ein, vor allem wenn die geschilderten beiden „Gruppenaktionen" nicht dazu führten, dass der Gruppenleiter die Leitung übernahm und die Teilnehmer durch seine Interventionen aus der unerträglichen Situation „erlöste": Einzelne Teilnehmer oder Untergruppen oder alle Teilnehmer wurden aggressiv und suchten sich einen Gegner oder eine gegnerische Gruppe, die sie angriffen, weil sie sich von ihnen bedroht fühlten oder dieselbe verantwortlich machten für die entstehende unerträgliche Gruppensituation. Es entstand, wie Bion diese Konstellation nannte, die unbewusste, von allen geteilte Annahme, durch „Kampf" oder Bekämpfung angeblicher Feinde beziehungsweise „Saboteure" müsste die angstmachende Situation überwunden und aufgelöst werden. Auch hier war es Einzelnen nicht möglich, mit anderen Interaktionen beziehungsweise Initiativen eine Veränderung der Kampfsituation herbeizuführen. Es schien nur Kampf möglich.

Seine Erfahrungen in unstrukturierten Gruppen brachten Bion zu der Annahme, dass sich in diesen Gruppen spontan und unbewusste „kollektive Konstellationen" einstellten und dass alle Teilnehmer völlig unbewusst daran teilhatten und festhielten: Die Gruppen strukturierten sich psychologisch gesehen zu einer Kampf-, Flucht- oder Abhängigkeitskultur. Es entstanden, wie Bion dieses Phänomen bezeichnete, gemeinsame unbewusste „Grundannahmen" in der Gruppe: Nur mithilfe dieser gemeinsamen Grundannahmen seien die entstehenden Ängste zu bewältigen oder wenigstens erträglich zu gestalten. Zur Recht hielt er seine „Erfahrungen in Gruppen" für den empirisch psychologischen Beweis, dass es kollektive Konstellationen in Gruppen gibt, die unbewusst von allen geschaffen und geteilt werden und wirklich vorhanden sind: Sie werden von allen geschaffen, wirken auf alle und es ist schwer möglich, aus diesen Konstellationen als einzelner auszuscheren. Die unbewusste gemeinsame Annahme ist: Nur durch Kampf, Flucht oder Abhängigkeit vom Gruppenleiter lasse sich die psychologische Situation in der Gruppe bewältigen.

5.2 Wie lassen sich die Befunde von Bion auf große Gruppen anwenden?

Was bedeutet dieser psychologische Befund von Bion für die Frage der Entstehung und Aufrechterhaltung kollektiv unbewusster Fantasien beziehungsweise Annahmen in Großgruppen beziehungsweise einer ganzen Gesellschaft? Zu erwarten ist, dass sich auch in solchen Gruppen unbewusst, ohne bewusstes Dazutun der Mitglieder, gemeinsame Fantasien einstellen, wenn die Gruppe sich in einer gemeinsamen extremen sozialen Situation befindet, die dies erfordert: Zum Beispiel die Situation in Deutschland gegen Ende der Weimarer Republik, als die gesamte Gesellschaft von einer wirtschaftlichen Depression betroffen war, ein Heer von Arbeitslosen entstand und die politische Führung nicht nur bei dieser Krise versagte, sondern auch schon vorher in den zwanziger Jahren bei der Inflation, die den Geldbesitz des gesamten Mittelstands vernichtete, sowie den aufgezwungenen riesigen Reparationszahlungen. Bei all diesen Katastrophen hatte die politische Führung der Weimarer Republik nach Meinung und der Erfahrung der Bevölkerung versagt. Keine Rettung war in Sicht. Lediglich einer versprach Erlösung aus dem Jammertal: Adolf Hitler.

Deshalb fand ein unbewusst kollektiv-emotionaler Zusammenschluss eines Gutteils der Bevölkerung statt, immerhin 1932 etwa 40 % der Wähler: Es entstand spontan die Grundannahme der Abhängigkeit nach Bion, der kollektiv-emotionalen Abhängigkeit und rückhaltlosen Unterstützung dieses Führers, von dem allein die Rettung erwartet wurde. Hitler schien geeignet, für die deutsche Bevölkerung ein weiteres kollektives Unheil zu beheben: Die Schmach des verlorenen Krieges und die kollektive Demütigung aller Deutschen durch die Sieger. Er wollte Deutschland wieder militärisch stark machen, machte es stark und überzog die Welt mit einem Angriffskrieg der seinesgleichen sucht. Das heißt, Hitler versorgte das Volk mit der „rettenden Grundannahme Kampf" mit einer vermeintlich für alle Deutschen gedeihlichen Lösung. Vielleicht gab es im deutschen Volk auch deshalb nicht wirklich Widerstand gegen den Krieg, obwohl die Bevölkerung 20 Jahre nach dem Ersten Weltkrieg sicher kriegsmüde war. Hitler verschaffte dem deutschen Volk auch noch einen Feind, der an allem schuld war, den man aber relativ leicht bekämpfen und „eliminieren" konnte: Die Juden.

Ähnliche kollektivpsychologische Analysen beziehungsweise Anwendungen der gruppenpsychologischen Theorie von Bion ließen sich aktuell anstellen mit dem Erfolg von Donald Trump in den Vereinigten Staaten, der schon fast bedrohlichen Stärkung rechter nationalistischer Parteien innerhalb der EU (Österreich, Frankreich, osteuropäische Staaten, Großbritannien), den wirtschaftlichen und politischen Spannungen innerhalb der EU und des Euroraums, aber auch zum Beispiel bei dem ungeheuren Wahlerfolg der japanischen Konservativen (Zwei-Drittel-Mehrheit in beiden Häuser des Parlaments!) trotz oder gerade wegen der ausgesprochen schwierigen wirtschaftlichen Lage des Großteils der japanischen Bevölkerung.

Zu untersuchen ist, wie diese politischen Verwerfungen im Wahlverhalten der Bevölkerung zusammenhängen mit der Situation, in der sich die Bevölkerung befindet, welche spezifischen sozioökonomischen Spannungen innerhalb der jeweiligen Gesellschaft bestehen beziehungsweise in welcher Situation sich unterschiedliche Bevölkerungsgruppen sich unter welcher politischen Dominanz welcher Gruppe befinden.

Die von Bion festgestellten unbewussten Grundannahmen Kampf, Flucht und Abhängigkeit gelten sehr wahrscheinlich auch für **kollektivpsychologische Phänomene in Großgruppen:** Es ist eine fruchtbare Hypothese, dass große Gruppen die

Grundannahme „Abhängigkeit" entwickeln, solange sie in einer kollektiv schwierigen Situation die Lösung der Probleme von einem Führer erwarten. Wenn dies nicht mehr der Fall ist, führt es vermutlich zu einer kollektiven Hoffnungslosigkeit oder sogar zur Apathie politischen Fragen gegenüber und es entsteht die Grundannahme Flucht (zum Beispiel vollständige Wahlenthaltung). Wenn aber die Situation unerträglich wird und kein Führer in Sicht, kann es leicht zur Grundannahme „Kampf" kommen: Es kommt zu kollektiv-aggressiven Ausbrüchen politischen Führern oder den sog. „Altparteien" oder jeglichen Gruppe gegenüber, die für das eigene Desaster verantwortlich gemacht werden.

Solche kollektivpsychologischen Konstellationen (Bion nennt sie gemeinsame kollektive „Grundannahmen") entstehen spontan und werden unbewusst von allen geteilt. Sie stellen sich spontan ein, wenn Gruppenteilnehmer in eine extrem ängstigende Situation gebracht werden beziehungsweise kommen, aus dem die Teilnehmer keinen Ausweg sehen. Wenn nicht alles trügt, ist dies genau der Fall, wenn Gruppen von Menschen gemeinsam in eine soziale Situation gebracht werden, die für sie besonders angstmachend beziehungsweise sozial bedrohlich sind, zum Beispiel in sozialen Umbruchsituationen oder Situationen, in denen massive soziale Abstiege drohen (Sandner 2022a).

5.3 Die Entstehung und Veränderung kollektivpsychischer Phänomene am Beispiel einer besonders unterprivilegierten Region Ostdeutschlands

Die Untersuchung des Sozialpsychologen Kliche (2019) wurde in einer Region der neuen Bundesländer durchgeführt, in der durch die politischen und sozialen Umwälzungen seit 1990 von Anfang an große soziale Ängste, vor allem Abstiegsängste, entstanden sind. Diese Ängste sind auch noch 30 Jahre nach der Wiedervereinigung vorhanden und werden immer noch von der aktuellen sozialen Situation der Menschen aufrechterhalten. Kliche hat qualitative Interviews über ihre psychische Befindlichkeit mit 120 Bewohnern unterschiedlicher Soziallage durchgeführt.

Kliche schreibt: „Wir haben 2014, also vor dem Anstieg der Flüchtlingszahlen, mit unseren Untersuchungen begonnen und uns auf die Altmark konzentriert, eine der strukturschwächsten Regionen in Deutschland mit Kinderarmut und Hartz-IV-Abhängigkeit auf Rekordniveau" (Kliche 2019, S. 4).

Zentrales Ergebnis der Befragung ist, „dass wir Folgen der 28 Jahre zurückliegenden Vereinigung und die damit verbundenen sozialen Traumatisierungen bis heute feststellen können und dass sie in die jeweils nächste Generation weitergegeben worden sind. Diese tief sitzenden Erfahrungen verschwinden nicht einfach mit der Zeit. Unserer Befragung zufolge haben die Menschen den sozialen Wandel als Zerstörung von so ungefähr allem erfahren, was ihr Leben ausgemacht hat: von wirtschaftlichen Aussichten, von politischen Zusammenhängen, von eigenen Handlungsansätzen und Lebensmöglichkeiten und von sozialen Beziehungen. In diesem Prozess haben sie sich selbst als ohnmächtig erlebt". Die Befragten geben dem „System" die Schuld für das, was in den letzten 28 Jahren passiert ist: „Mit System meinen sie mehrheitlich nicht Kapitalismus und Sozialismus, sondern ein Gesamtgemenge von Politik, Medien, Unternehmen, Management, Wissenschaft, die aus dem Westen importierten Juristinnen und Juristen, Lehrerinnen und Lehrer, also alle, die etwas zu sagen haben und Definitionsmacht beanspruchen" (Kliche, S. 4 f.).

Was die grundlegenden Einstellungen zu eigenem politischen Engagement oder überhaupt politischem Verhalten angeht, drückten die Befragten folgende Einstellung aus: „Einerseits bin ich verantwortlich, ich sollte wählen gehen. Aber ich kann ja sowieso nichts ändern, also gehe ich nicht wählen." Kliche schreibt weiter: „Das einzige, was wir bei denen, die in Arbeit sind und Karriere machen, im Grunde durchgehend als Handlungsraum gefunden haben, ist die Überzeugung, für sich selber sorgen zu müssen. Man muss eine Arbeitsstelle suchen, pendeln, sich anpassen." Die Fantasien und Vorstellungen der Untersuchten gehen in die Richtung: „Das System wird als hermetisch, in sich kreisend erlebt. Daher kommt die Fantasie, man müsse alle Dazugehörenden wegjagen, alles umschmeißen, wieder auf die Straße gehen und – wie damals 1989 – Revolution machen. Dann – so die Annahme – würde alles anders. Die Straße ist ein magischer politischer Ort" (Kliche, S. 6).

Kliche betont:

> „Das ist ein Widerspruch, mit dem die Menschen leben. Auf der einen Seite erwarten sie viel von der Gesellschaft, auf der anderen sagen sie: das System ist sowieso manipuliert, korrupt, unzuverlässig und egoistisch; von dem kann man nichts erwarten. An seiner Stelle sollte ein tüchtiges, fürsorgliches volksnahes System treten. Dadurch beschränkt sich das eigene Handeln im Grunde auf die Systemfrage: Bin ich dafür oder dagegen? Und wenn ich dagegen bin, warte ich so lange, bis die Mehrheit auf die Straße geht. Wir haben in unseren Befragungen – selbst bei Bessergestellten – verbreitet Fantasien von Bürgerkrieg gefunden, zum Teil ergänzt durch den Hinweis, dass ‚viele schon Knarren im Keller' hätten. Dieser Bevölkerungsteil erwartet in absehbarer Zeit massive Zusammenbrüche, was aus psychologischer Sicht Vertrauensverlust verstärken und selbsterfüllend wirken kann. Das erschreckt. Doch ist es ganz verständlich, wenn man das System für so hermetisch hält, dass man es nur durch ein anderes ablösen kann. Diese Menschen nehmen sich vor, solange zuhause zu bleiben, bis Pegida oder wer auch immer die Massen auf die Straße bekommt und einen Umsturz einläutet. Dann werden sie dabei sein. Ein Interviewter fantasierte sinngemäß: ‚Dann kippt es.' Wir lassen gerne die Bürgerrechtler vor. Wenn die ihren Job gemacht haben, gehen wir auf die Straße und schieben sie beiseite. Denn danach haben die auch in Ostdeutschland keinen Fuß mehr auf den Boden gekriegt" (Kliche 2019, S. 7).

Wie sind die psychologischen Befunde von Kliche kollektivpsychologisch zu verstehen?

Offenbar sind die Befragten auch 30 Jahre nach der „Wende" psychologisch traumatisiert von den realen sozialen Umbrüchen, in denen sie sich nach wie vor befinden. Anzunehmen ist, dass die Befragten nach der Wiedervereinigung die große Hoffnung hatten, dass trotz des Zusammenbruchs fast aller gesellschaftlichen Strukturen der Anschluss an die BRD rasch, wenigstens nach wenigen Jahren erreicht werden könnte, und es zu „blühenden Landschaften" käme, wie es der damalige Bundeskanzler Kohl versprochen hatte. Die neuen Bundesbürger haben deshalb vor allem die CDU gewählt, allenfalls auch die SPD, aber auch noch einige Zeit vermehrt die neue entstandene Linke. Als zunehmend keine besonderen Verbesserungen der sozialen Situation eintrat, vielmehr in manchen Gegenden massive Verschlechterungen der sozialen und beruflichen Situation aufkamen, hat dies zunehmend zu einer Abkehr von den etablierten Parteien geführt, was sich vor allem in der niedrigeren Wahlbeteiligung ausdrückte. Es fand eine kollektiv resignative Fluchtbewegung statt. Untergründig ist zu erwarten, dass massive Frustrationsaggressionen dem neuen Staat und seinen Parteien und den Eliten aus dem Westen gegenüber entstanden. Diese Aggressionen konnten sich erst dann entladen, als über eine Million Asylsuchende ins Land gelassen wurden, eine riesige unbekannte Gruppe von Fremden, der die Schuld an der unzureichenden eigenen sozialen Lage zugeschrieben werden konnte.

Just zu dieser Zeit meldete sich rasch eine neue Partei, die AfD, die dies so propagiert hat mit der Zielrichtung: Schuld an der ungerechten Asylpolitik und der lieblosen Behandlung vor allem der Ostdeutschen seien die sogenannten „Altparteien". Es gelte in jedem Fall wieder oder überhaupt mehr für die Deutschen zu sorgen, nicht für Ausländer.

5.4   Die AfD als ‚Retterin' – wie lassen sich die hohen Werte für die AfD kollektivpsychologisch verstehen?

Die neue Partei (AfD) hat sich nicht nur in ausgesprochener aggressiver Weise gegen Asylsuchende ausgesprochen, sondern auch zunehmend für umfangreiche politische Maßnahmen zur Verbesserung der sozialen Situation „für alle Deutschen", insbesondere die Ostdeutschen, für alle Schichten der Bevölkerung (Butterwege 2019). Die AfD übernahm bzw. erhielt aus der Sicht der Bürger der neuen Bundesländer die rettende Rolle des alleinigen Vertreters ihrer Interessen, ja der Interessen aller Deutschen. Eine Rolle, in der die etablierten Parteien alle versagt hatten. Die Verschlechterung der sozialen Situation der Menschen in den alten Bundesländern, die diese „Altparteien" in den letzten 20 Jahren zugelassen beziehungsweise durch rechtliche Maßnahmen den Menschen aufoktroyiert hatten (Sandner 2022b), hat die Menschen in den neuen Bundesländern in besonderer Weise getroffen: In den letzten 30 Jahren haben die Menschen in den neuen Bundesländern das neue System der Bundesrepublik in verschärfter Form erfahren. Nachdem das vorherige sozialistische System der sozialen Sicherung zusammengebrochen, aber auch vom Westen zusätzlich systematisch zerstört wurde und die neuen Gebiete wirtschaftlich, rechtlich und sozial sozusagen kolonial übernommen wurden (Sandner 2022c), wurde die Bevölkerung in den neuen Bundesländern übergangslos in das Wasser des „Kapitalismus" geworfen.

Diese gesamtgesellschaftliche Situation in den neuen Bundesländern, das heißt auch die kollektivpsychologische Grundannahme, verraten und verkauft worden zu sein, hat in weiten Teilen der Bevölkerung dazu geführt, dass bei den letzten Landtagswahlen in Sachsen und Brandenburg die AfD 25 % beziehungsweise 27,5 % Stimmen bekommen hat. Gleichzeitig entsteht eine zunehmend aggressiv aufgeladene Stimmung gegen die

„Altparteien" und eine aggressive menschenverachtende politische Einstellung gegen
Asylsuchende und alle, die für eine humane Behandlung der Asylsuchenden sind.
Interessant ist in diesem Zusammenhang auch, dass die Linke, die in den neuen Bundesländern lange Zeit durchaus beachtliche Stimmenanteile hatte, in letzter Zeit massive
Einbußen zugunsten der AfD hinnehmen musste. Diese Partei, die für einen nicht
geringen Teil der neuen Bundesbürger durchaus als „Klientelpartei" betrachtet wurde,
hat diese Einschätzung weitgehend verloren. Lediglich in Thüringen scheint sie durch
die Politik der linken Regierung bei den Wahlen im Oktober jetzt die voraussichtlich
stärkste Partei zu werden. Zu vermuten ist, dass die thüringische Landesregierung eine
besonders akzentuierte Berücksichtigung sozial benachteiligter Gruppen vorgenommen
hat beziehungsweise dies von ihr weiterhin für möglich gehalten wird.

5.5   Welche Rolle spielen in dieser kollektivpsychologischen Konstellation latente und manifeste Aggressionen?

Offensichtlich spielen in der derzeitigen politischen Landschaft in Ostdeutschland
massive Aggressionen den etablierten politischen Parteien gegenüber die zentrale Rolle;
und dies nicht nur von Anhängern der AfD. Wie insbesondere in der Studie von Krische
deutlich geworden ist, sind solche Aggressionen auf breiter Basis in der gesamten
Bevölkerung verbreitet, verständlicherweise, denn staatliche Maßnahmen haben in den
letzten 20 Jahren in der Bundesrepublik generell zu Verschlechterungen der sozialen
Lage eines Gutteils der bundesrepublikanischen Bevölkerung geführt (Sandner 2022b).
Solche Aggressionen dem politischen System der BRD gegenüber führen zum Beispiel
auch dazu, dass 40 % der Befragten in den neuen Bundesländern sich eine autoritäre
Regierungsform wünschen, keine demokratische.

Frustrationsaggressionen richten sich aber auch gegen notwendige soziale und öko-
logische Reformen beziehungsweise Einschränkungen, was den Besitzstand Wohlsituierter im oberen Drittel der Gesellschaft angeht. Das dürfte damit zusammenhängen,
weil ein Gutteil noch relativ wohlhabender Menschen in der Bundesrepublik sich in ihrer
Kritik an staatlichen Maßnahmen zurückhält (zum Beispiel an der Null-Zinspolitik der
EZB), weil sie andernfalls befürchten, dass ihre soziale Situation noch misslicher werden
könnte. Ganz im Gegenteil: Sie sind zum Beispiel gegen eine gerechte Erbschaftsteuer,
eine Vermögensteuer oder eine wirkliche Besteuerung von Finanzvermögen.

Wir können annehmen dass in vielen Teilen unserer Gesellschaft, die mittlerweile
keine „Aufstiegsgesellschaft", sondern zunehmend eine manifeste „Abstiegsgesellschaft" auch für wohlsituierte Schichten ist (Nachtwey 2016) mit einer extremen Schere
zwischen Reich und Arm, dass massive Frustrationsaggressionen vorhanden sind,
besonders zunehmende Ängste vor sozialem Abstieg und Altersarmut. Diese Ängste,
aber auch die Aggressionen werden noch in Schach gehalten von der allgemeinen Vorstellung, die soziale Situation, wie sie nun mal ist, sei „alternativlos".

Aber wenn sich die wirtschaftliche und soziale Situation in unserer Gesellschaft massiv verschlechtern sollte, könnten die Abstiegsängste und die vielfach latenten Aggressionen durchaus zu einem autoritären, vor allem nationalistischen politischen System führen. Dies nicht nur in den neuen Bundesländern sondern in der gesamten Bundesrepublik (Sandner 2022b).

5.6   Gibt es realisierbare Möglichkeiten, angestaute kollektive Aggressionen in gedeihlicher Weise zu kanalisieren und zu verwenden?

Um diese Frage zu beantworten lohnt es sich, den realen kultur- bzw. kollektivpsychologischen Prozess in den USA von der Wahl Donald Trumps zum Präsidenten bis zu seiner Abwahl im Herbst 2020 zu betrachten.

Donald Trump wurde 2007 gewählt als politisch völlig unerfahrener Unternehmer, weil er versprochen hatte, alles auf „America First" zu setzen. Der gesellschaftlich massenpsychologische Hintergrund war, dass sich in den acht Amtsjahren des vorherigen Präsidenten Barak Obama die amerikanische Bevölkerung, vor allem die weniger begüterten Schwarzen, von ihm große Fortschritte erhofft hatten was die generelle soziale Lage anbelangt nach den massiven wirtschaftlichen Einbrüchen, die im Zuge der Finanzkrise von 2008 und danach entstanden waren.

Obwohl Obama mit seinem Projekt der „Obama Care" für 30 Mio. Amerikaner eine Krankenversicherung ermöglichte, hatte sich in seinen Amtsjahren die soziale Situation für wenigstens die Hälfte der Bevölkerung nicht sonderlich verbessert. Wie war die Situation? Davis schreibt 2020 in seinem Aufsatz „das klägliche Ende des amerikanischen Traums":

> „In den 1950ern lag der Grenzsteuersatz für die Reichen bei 90 Prozent. Die Gehälter in der Führungsetage waren im Schnitt nur 20mal so hoch wie die der Angestellten im mittleren Management. Heute ist das Grundgehalt der Chefs für gewöhnlich 400mal höher als das der angestellten Mitarbeiter und dazu kommen noch erhebliche Beiträge an Aktienanteilen und Vergünstigungen. Das eine Prozent der amerikanischen Elite kontrolliert 30 Billionen Dollar an Vermögenswerten, wohingegen die untere Hälfte mehr Schulden als Vermögen besitzt. Die drei reichsten Amerikaner verfügen über mehr Geld als die ärmsten 160 Millionen ihrer Landsleute. Ein ganzes Fünftel der amerikanischen Haushalte hat eine Reinvermögen, das bei null liegt oder negativ ist, und diese Zahl steigt bei schwarzen Familien auf 37 Prozent. Das Medianvermögen schwarzer Haushalte beträgt ein Zehntel von dem der weißen. Die übergroße Mehrheit der Amerikaner – weiß, schwarz und braun – ist nur zwei Monatsgehälter vom Bankrott entfernt. Obwohl sie in einem Land leben, das sich selbst als das reichste der Geschichte feiert, vollführen die meisten einen Drahtseilakt, ohne ein Sicherheitsnetz, das ihren Fall bremsen würde" (Davis 2020, S. 57).

Welche weitverbreitete Mentalität hat besonders seit den 1980er-Jahren diese Situation erzeugt und erzeugte sie auch in den acht Amtsjahren von Obama? Hierzu noch einmal Davis:

„Der amerikanische Kult des Individuums verleugnet nicht nur Gemeinschaftlichkeit, sondern die Idee der Gesellschaft selbst. Niemand ist irgendjemandem etwas schuldig. Alle müssen bereit sein, für alles zu kämpfen: Bildung, Obdach, Essen, medizinische Versorgung. Was jede wohlhabende und erfolgreiche Demokratie als fundamentale Rechte – ein allgemeines Gesundheitswesen, gleicher Zugang zu qualitativ hochwertige Bildung, ein soziales Sicherheitsnetz für die Schwachen, Alten und Gebrechlichen, tut America als sozialistischen Luxus ab, wie ein Zeichen von Schwäche" (Davis 2020, S. 59).

Dieses politische Defizit auch unter Obama machte Trump zu seinem Projekt „America First" und seinem Angriff auf die Demokraten, speziell auf Obama und die Kandidatin Hillary Clinton: Die Demokraten als langjährige politische Führungsmacht seien mit dem Wirtschaftsklüngel der Wall Street daran schuld, dass es einem Großteil der Bevölkerung schlecht ging. Zudem rühre das daher, weil Obama als Farbiger auf der Seite nicht weißer Teile der Bevölkerung gestanden habe (Levitsky und Ziblatt 2020). All das wollte Trump ändern, insbesondere durch massive Einschränkung bei den Einwanderern bzw. Asylsuchenden. Durch seine erklärte wirtschaftspolitische Devise „Amerika zuerst" versprach er, viele Arbeitsplätze in den USA zu schaffen. Vor allem aber verkündete er, die gesamte wirtschaftliche und soziale Misere in den USA zu lösen, sozusagen die Menschen hiervon zu erlösen. Mit diesem „Programm" wurde Trump gewählt und es gelang ihm auch durch massive Steuersenkungen für Unternehmen, die Arbeitslosigkeit etwas zu verringern (Galbraith 2020).

Obwohl Trump in seiner ganzen Amtszeit nicht mehr für eine soziale Verbesserung der Lage vieler seiner Wähler getan hat und er zudem während der Corona-Pandemie durch Verleugnung der Gefahr und Untätigkeit bei der Wahl 2020 verantwortlich war für bereits 400.000 Tote, wählten ihn im November 2020 fünf Millionen Wähler mehr als 2016. Wie war das möglich? Offenbar war in der amerikanischen Bevölkerung die kollektivpsychologische verbreitete Annahme „ungebrochen", Trump könnte durch „Amerika zuerst" die miserable Lage eines Gutteils vor allem der weißen Bevölkerung verbessern, entgegen der konkreten ökonomischen Erfahrung der Menschen. Das war möglich, wie Wruble (2018) in seiner Analyse von Trump betont:

Es gelang zwar den Demokraten mit Joe Biden ein Sieg bei der Präsidentschaftswahl 2020, wobei dieser immerhin fünf Millionen Wähler mehr als Trump auf sich vereinigte. Die kollektivpsychologische Frage ist aber: Wie war es möglich, dass Trump trotz seiner innenpolitisch aggressiven unzähligen Lügen, was mit Biden schreckliches für Amerika zu erwarten sei, trotzdem 70 Mio. Wählerstimmen erhielt? Vor allem aber, dass von seinen Anhängern nach der Wahl immer noch 60 % der Auffassung waren, die Wahl sei von den Demokraten gestohlen worden und sie müssten aggressiv gegen die siegreichen Demokraten vorgehen, gegen das Establishment in Washington sowie die vielen Einzelstaaten, die dieses gestohlene Ergebnis bestätigt hatten.

Was bedeuten die geschilderten Prozesse für die Beantwortung der Frage, wie gefährliche politische, autoritäre Prozesse, wenn sie denn einmal massenpsychologisch verbreitet sind, eingedämmt bzw. verändert werden könnten?

Die Erfahrung aus den vier Jahren Präsidentschaft von Trump zeigt, dass eine politische Veränderung der autoritären und auch unsozialen Politik fast unmöglich ist, solange in der Bevölkerung die Stimmung besteht, Trump oder jeder andere Führer könne alles zum Besseren verändern, auch wenn dies realiter nicht zutrifft (Singer 2018). Sozialpsychologische Untersuchungen zeigen auch, dass die Vorstellung bzw. latent vorhandene These von Trump, die weiße Bevölkerung der USA werde von den Farbigen, vor allem den Schwarzen nach und nach zurückgedrängt und verlören schließlich gewisse Privilegien, die sie von Anfang an seit der Gründung der Vereinigten Staaten hatten. Das eigentlich weiße Amerika gehe zugrunde und es sei erforderlich, dass sich vornehmlich die ärmere weiße Bevölkerung (vor allem die Arbeiterschicht) um Trump und seine Politik sammle (Appelbaum 2020). Auf der anderen Seite profitierten die eher wohlhabenden Weißen von der Steuersenkung Trumps und den zunehmenden Vorteilen, die durch erleichterte Finanztransaktionen (Aktien, lukrative Rentenpapiere, Investitionen in Papiere, in Steueroasen u. ä.) beständig und zunehmend wirtschaftlich und sozial aufsteigen können. Alle diese Menschen stehen weiterhin zu Trump, auch wenn ihnen die verlogene, rassistische und unsoziale Politik von ihm nicht gefällt.

Die Präsidentschaftswahl gewonnen dürfte der Kandidat Biden haben, weil er gewisse moderate soziale und wirtschaftliche Reformen versprochen hat und als Garant für die Stabilität des generellen gesellschaftlichen Systems gilt, trotz aller weiterhin vorhandenen sozialen Ungerechtigkeiten. Zugute kam ihm vermutlich auch, dass er rasche politische Maßnahmen zur Eindämmung der Corona-Pandemie versprochen hat und die Menschen das ihm auch zutrauen.

Kollektivpsychologisch bedeutet die Entwicklung unter Trump, dass die einmal entstandenen Überzeugung bei einem Gutteil der Bevölkerung, der jeweilige Politiker und seine Bewegung schaffe eine effektive Veränderung der desolaten Bedingungen, unter denen ein Großteil der Bevölkerung leidet, aber andererseits auch nicht wenige profitieren, fast durch nichts verändert werden kann, es sei denn, es entsteht eine politische Bewegung und eine politische Macht, die die sozialen Bedingungen wirklich verändert und gerechtere gesellschaftliche Strukturen schafft.

Zum Glück gab es für die USA eine Zeit, in der dies massiv in Angriff genommen wurde: in den zwölf Jahren der Präsidentschaft von Delano D Roosevelt von 1932–1945 (Saez und Zucman 2020, 2020a) mit der Politik des „New Deal" (Lehndorff 2020a, b), die Roosevelt in den Jahren seiner Präsidentschaft auch gegen alle politischen und wirtschaftlichen Widerstände durchgesetzt hat.

Von dieser Politik können wir heute noch lernen, wenn denn in unserem politischen Spektrum eine politische Bewegung, eine Partei oder Parteien ähnliche Reformen heute anstreben würden, wie sie Roosevelt in den 1930er-Jahren realisiert hat (Lehndorff 2020a; Sandner 2022d).

Literatur

Appelbaum Y (2020) Feind oder Freund. Wie die US- Demokratie noch gerettet werden kann. Blätter für deutsche und internationale Politik 4(20), 55–67

Bion WR (1971) Erfahrungen in Gruppen und andere Schriften. Klett-Cotta, Stuttgart

Butterwegge C (2019) Antisozialer AFD-Patriotismus. Blätter für deutsche und internationale Politik 9(2019):99–106

Davis W (2020) Corona oder: das klägliche Ende des amerikanischen Traums. Blätter für deutsche nationale Politik 10(2020):53–62

Galbraith JK (2020) Mehr New Deal wagen: Joe Biden und die Gefahr des alten Denkens. Blätter für deutsche und internationale Politik 11(2020):71–78

Kliche T (2019) Soziale Traumatisierung und Fantasien vom Bürgerkrieg. Reportpsychologie 3(2019):4–7

Lehndorff S (2020a) Vorbild und Verheißung: Roosevelts New Deal. Blätter für deutsche und nationale Politik 9(2020):83–93

Lehndorff S (2020b) New Deal heißt Mut zum Konflikt. VSA Verlag, Hamburg

Levitsky S, Ziblatt D (2020) Das Ende der amerikanischen Demokratie? Donald Trump und die Politik der Feindschaft. Blätter für deutsche und internationale Politik 11(2020):47–58

Nachtwey, O (2016) Die Abstiegsgesellschaft. Suhrkamp, Frankfurt.

Saez E, Zucman G (2020) Wie die Ungerechtigkeit triumphierte. Blätter für deutsche und internationale Politik 6(2020):57–69

Sandner D (2017) Die psychologischen Grundlagen des kollektiven Unbewusste. In: Sandner D (Hrsg) Die Gesellschaft und das Unbewusste (S. 89–102). Springer, Berlin

Sandner D (2022a) Aggression und Gesellschaft – Schicksale der Aggressionen im Rahmen der sozio-strukturellen gesellschaftlichen Dynamik, Vortrag auf der 36. Arbeitstagung der Gesellschaft für Psychoanalyse und Psychotherapie (GPP) vom 21–23.09.2018 in Speyer. In diesem Band, Kap. 2

Sandner D (2022b) Entstehung struktureller aggressiver Gewalt durch staatliche Regelungen. Wie reagieren die Betroffenen? Vortrag auf der 37.Arbeitstagung der Gesellschaft für Psychoanalyse und Psychotherapie (GPP) vom 22.–24.09.2019 in Speyer. In diesem Band, Kap. 9

Sandner, D (2022c) Kulturpsychologie der „Wende" – Geschichte einer feindlichen Übernahme. Unveröffentlichtes Manuskript, München. In diesem Band, Kap. 11

Sandner D (2022d) Das kollektivpsychologische Kraftfeld politischer Handlungsfähigkeit, Unveröffentlichtes Manuskript. In diesem Band, Kap. 9, München, S 9

Singer T (2018) Trump und die Kollektivpsyche Amerikas. In: Lee BX (Hrsg) Wie gefährlich ist Donald Trump? Gießen, Psychosozial Verlag, S 313–328

Wruble, S (2018) Trumps Vaterprobleme. Eine toxische Mischung für Amerika. In: Lee BX (Hrsg) Wie gefährlich ist Donald Trump? (S. 301–312). Psychosozial Verlag, Gießen

Kulturpsychologie der Gesellschaft

▶ In diesem Beitrag wird der Versuch unternommen, das aktuelle kulturpsychologische bzw. kollektivpsychologische „Gehäuse" der deutschen Gesellschaft
darzulegen. Ausgangspunkt ist die sozialpsychologische Theorie von William
Mc Dougall, wonach sich in großen Gruppen bzw. ganzen Gesellschaften eine
kollektivpsychologische Struktur entwickelt, dem alle Mitglieder unterworfen
sind, auf die sie reagieren und reagieren müssen. Zentral für dieses kulturpsychologische Gehäuse ist die Gestaltung des politischen Lebens bzw. der dabei entstehenden staatlichen Strukturierungen. Das zu untersuchende soziologische
staatliche Gebilde ist das Ergebnis des „Kampfes um eine gerechte Ordnung",
wie von der Gablentz Gegenstand und Ziel der Politik nennt: Auf der Basis
gesellschaftlicher Macht, d. h. mächtiger Gruppen, „ideologischer Vorstellungen"
wie eine gerechte Gesellschaft beschaffen sein soll und wie dies rechtlich verankert werden muss entsteht das jeweilige staatliche Gebilde bzw. das sozial
strukturelle Gehäuse in dem die Mitglieder der Gesellschaft sich bewegen. Untersucht in diesem Beitrag wird insbesondere, wie das kulturelle bzw. kollektivpsychologische Gehäuse sich seit grundlegenden Veränderungen im politischen
Denken und Handeln der Regierung Gerhard Schröder (1998–2005) neoliberal
neu strukturiert sowie in der Mentalität der Bürger wie auch der Eliten als einzig
erfolgreiches und gerechtes Modell der Gestaltung des gesellschaftlichen Lebens
auch rechtlich verankert wurde.

Vor genau 100 Jahren hat der englische Sozialpsychologe William McDougall ein bahn-
brechendes Werk zum Verständnis der Kulturpsychologie in Gruppen veröffentlicht mit
dem etwas seltsam anmutenden Titel „The Group Mind".

„Group Mind" wurde in der Regel mit „Gruppenseele" übersetzt und von den
Kommentatoren vielfach angenommen, es gäbe eine „Gruppenseele von Gruppen". Eine

© Der/die Autor(en), exklusiv lizenziert durch Springer Fachmedien Wiesbaden GmbH, 51
ein Teil von Springer Nature 2022
D. Sandner, *Wie Angst und Aggression in der Gesellschaft entstehen*,
https://doi.org/10.1007/978-3-658-36698-8_6

solche Gruppenseele wurde von allen psychologischen Interpreten abgelehnt, denn eine Seele – so wurde argumentiert – könnten nur einzelne Menschen haben, nicht aber eine Gruppe.

Dabei ist in der Diskussion nach Erscheinen des Buches untergegangen, dass McDougall ein ganz wichtiges Konzept entwickelt hat zum sozialpsychologischen Verständnis der Bedeutung, welche die in Gruppen sich entwickelnde Gruppenkultur hat, an der alle teilhaben und die für alle Gruppenteilnehmer bedeutsam und vor allem psychologisch wirksam ist.

6.1   Was versteht McDougall unter dem sozialpsychologischen Konzept „Group Mind"?

In jeder Gruppe, die längere Zeit besteht, entstehen gemeinsame Werte und Ziele, Normen des Verhaltens und schließlich gemeinsame Regelungen der Beziehungen, verbunden mit Emotionen, was gut und schlecht ist für die Mitglieder. Diese sozialpsychologischen Vorgänge, die spontan aus den Interaktionen der Individuen entstehen, beinhalten zunächst vielfach unbewusste „Grundannahmen" über Sinn und Zweck der Gruppe, denen die Teilnehmer sich verpflichtet fühlen. Sie entstehen bei längerer Kontinuität der Gruppe aus den Erfordernissen des Gruppenlebens, den Bedürfnissen der Gruppenmitglieder und werden als gemeinsame Kultur der Gruppe nach und nach herausgebildet (sozusagen aus den Aktionen der Gruppenmitglieder „entbunden"). Schließlich werden diese Grundannahmen als soziale Regelungen festgehalten.

In dieses gruppenpsychologische kulturelle System werden die Menschen hineingeboren, es stellt das kulturelle „Gehäuse" dar, in dem alle Gruppenmitglieder sich bewegen, es ist der „Group Mind", der gemeinsam vorhanden ist, an dem die Mitglieder einer Gruppe, einer Organisation, einer Gesellschaft oder eines Staates teilhaben. Dieser Group Mind ist nicht die Summe aller Interaktionen zwischen den Einzelnen, sondern bildet sich heraus durch spontane, gemeinsame Aktionen, um gewisse gemeinsame Bedürfnisse der Gruppenmitglieder zu realisieren, sie in gemeinsamen (kollektiven) Problemlösungen, durch kollektives Handeln zu erreichen. Die gewonnenen Lösungen werden als gemeinsame Kultur und dann auch soziostrukturelle Regelungen, d. h. im gesellschaftlich realen Beziehungskontext institutionalisiert als Recht, Tradition, Regelungen des politischen Prozesses, Familienstrukturen, wirtschaftliche Beziehungen, organisatorische Modelle, was als erlaubt oder nicht erlaubt gilt, was sanktioniert wird, usw.

Diese Kultur besteht in den Köpfen und dem Erleben der Menschen als Mitglieder in den sozialen Strukturen. Sie funktioniert und bestimmt als zentrales kulturpsychologisches Agens, sofern die Menschen emotional daran sich binden oder gebunden haben. Sie wirkt psychologisch auf alle Mitglieder, hat aber keine „psychologische Gruppenseele", wie der Begriff Group Mind von McDougall von vielen Interpreten

seines Ansatzes übersetzt und auch verstanden wurde. Nichtsdestoweniger ist die jeweils
vorhandene Gruppenkultur für die Gruppenmitglieder psychologisch durchaus real.
Die Gruppenkultur ist nicht nur eine Fantasie der Gruppenteilnehmer, sie wirkt auf die
Gruppenteilnehmer und bewirkt die gleiche Motivation zu bestimmten Handlungen, die
nicht aus individuellen Motiven einzelner entstehen, sondern kollektivpsychologische
Handlungen entstehen lässt. Das merken die Gruppenmitglieder, wenn sie von der
Gruppenkultur abweichen. Sie werden mit Sanktionen bedacht, es sei denn, sie können
diese Gruppenkultur durch eigenes Handeln, vor allem aber durch die Mobilisierung
von anderen Gruppenmitgliedern verändern. Die Gruppenkultur entsteht stets aufgrund
der Interessen Einzelner oder von Untergruppen von Gruppenmitgliedern, denen es
gelungen ist, die Gruppenkultur zu bestimmen und aufrecht zu erhalten (McDougall
1920).

Die „Kultur" einer Gruppe gibt es auf unterschiedlichen Gruppenniveaus:

McDougall unterscheidet spontan entstehende Gruppen, in denen eine kollektiv
unbewusste Gruppenkultur entsteht, eine sogenannte Massenkultur. Spontan entsteht
eine kollektive Massenkultur, wenn die Gruppenmitglieder, obwohl sie sich gar nicht
kennen, unbewusst gemeinsam emotional mobilisiert werden anlässlich einer realen oder
befürchteten, auch fantasierten Gefahr. Die Teilnehmer der Gruppe organisieren sich
„spontan, gemeinsam zu fliehen, zu kämpfen oder sich tot zu stellen oder aus der Gruppe
auszubrechen (‚rette sich wer kann!') Oder sie laufen wie Lemminge hinter einem
charismatischen Führer her, der verspricht, Rettung zu bringen" (Bion 1971).

Höher strukturierte Gruppenkulturen entstehen in Gruppen, wie zum Beispiel in
primitiven Stämmen, durch Mythen, Traditionen und andere soziale Strukturierungen des
Zusammenlebens (Heiratsregeln, mutterrechtliche oder vaterrechtliche Familienstruktur
u. ä.).

Noch komplexere kulturelle Strukturen sind solche, die in unterschiedlichen
gesellschaftlichen Bereichen entstehen: Familien, Arbeitswelt, Organisationen aller Art,
Parteien, Kirchen, Militär oder einem ganzen politischen System. Und schließlich ent-
stehen auf gesamtgesellschaftlicher Ebene der sogenannte „nationale Charakter", wie
Mc Dougall diese Gruppenkultur nennt. Nationale Charaktere entstehen innerhalb der
Geschichte eines Volkes und einer abgrenzbaren Nation und bilden das „psychologische
Gehäuse", innerhalb dessen die Mitglieder einer Gesellschaft sich bewegen. Es sind
soziale Bewältigungsmodelle, die entstanden sind vor dem Hintergrund historischer
Erfordernisse, denen die Mitglieder einer gesellschaftlichen Gruppe, zum Beispiel die
Deutschen, die Engländer oder die Franzosen, im Verlaufe ihrer Entwicklung zu einer
abgrenzbaren Gesellschaft oder Nation unterworfen waren.

In diesem Kapitel werden wir versuchen, herauszuarbeiten, wie es möglich ist, die
Gruppenkultur einer Nation, Deutschlands, kulturpsychologisch zu untersuchen. Hierbei
wird es zunächst darum gehen, welche Vorgehensweise bzw. welcher Untersuchungs-
ansatz günstig erscheint, ein so komplexes Gebilde wie ein Staat bzw. eine Gesellschaft
oder eine Nation gruppenpsychologisch bzw. kulturpsychologisch zu analysieren.

6.2   Wie lässt sich die Kultur einer Gesellschaft psychologisch untersuchen?

Wenn es darum geht, die sozialpsychologischen Wirkmechanismen zu untersuchen, die der soziokulturellen Dynamik einer Gesellschaft zugrunde liegen, ist der Staat bzw. sind die staatlichen Regelungen von zentraler Bedeutung, innerhalb derer sich die einzelnen Bürger bewegen; der Staat aber nicht als eine abstrakte oder auch formalrechtliche, machtmäßige Größe, sondern, wie der Begründer der Hochschule für Politik Berlin, Otto Heinrich von der Gablentz, politisches Handeln und damit staatliche Dynamik versteht. Er sagt: „Politik ist der Kampf um die gerechte Ordnung". Aus diesem sozialen politischen Kampf entsteht die staatliche und gesellschaftliche Ordnung. Durch den beständigen Kampf um die gerechte Ordnung wird ihre Struktur verändert, d. h. die soziostrukturelle, vor allem rechtliche Ordnung, in der sich die Menschen bewegen. Bei diesem Kampf sind nach von der Gablentz drei grundlegende soziale Erfordernisse bzw. Aufgabenfelder bedeutsam und erforderlich: Recht, Macht und Gestaltung.

Wenn eine staatliche Ordnung entstehen soll, ist Macht erforderlich, die in der Lage ist, diese durchzusetzen gegen alle sozialen und politischen Hindernisse. Hierfür sind Vorstellungen erforderlich, wie die Gesellschaft gestaltet werden soll, um eine gerechte Gesellschaft zu erreichen. Es ist aber auch erforderlich, eine rechtliche Basis zu schaffen, die schriftlich fixiert ist, um eine einmal heraus gebildete staatliche Ordnung und staatliches Ordnungshandeln dauerhaft und für alle Mitglieder des Staats bzw. der Gesellschaft verbindlich abzusichern.

Um das soziokulturelle bzw. kulturelle Gehäuse einer Gesellschaft oder eines Staates herauszufinden und zu erforschen ist es erforderlich, die reale kulturelle und sozioökonomische Struktur dieses „Gehäuses" zu identifizieren. Hierfür liegt es nahe, zunächst die Regelungen im Bereich der *Rechtsetzung* zu untersuchen. Denn dies ist für alle Mitglieder einer Gesellschaft bzw. des Staates der zugrunde liegende institutionelle Rahmen, in dem sich alle Gesellschaftsmitglieder bewegen und bewegen müssen. Eine Veränderung des Rechts hat gravierende Auswirkungen auf alle Mitglieder und alle Bereiche des individuellen und gesellschaftlichen Lebens.

Nicht weniger bedeutsam für das gesamte politische Geschehen sind die *Vorstellungen* von einer gerechten Gesellschaft bzw. von der Art und Weise, wie eine solche Gesellschaft gestaltet werden soll oder muss: zum Beispiel die Vorstellung, wonach jeder seines Glückes Schmid ist und der Staat in erster Linie individuelle Aktivität fördern und freisetzen sollte und lediglich als eine Art „Nachtwächterstaat" die übermäßige Dominanz einzelner oder gesellschaftlicher Gruppen korrigieren bzw. unterbinden sollte. Dies ist z. B. die Vorstellung menschlichen, gesellschaftlichen und wirtschaftlichen Zusammenlebens, die der Unabhängigkeitserklärung der Vereinigten Staaten von Amerika zugrunde lag und bis heute gilt.

Eine sehr andere Vorstellung von gerechter Ordnung ist die in Deutschland nach dem Zweiten Weltkrieg entwickelte *Konzeption einer sozialen Marktwirtschaft,* wonach individuelles Handeln möglichst frei sich entfalten soll, aber das wirtschaftliche und gesellschaftliche Geschehen ebenso sehr an dem Wohl aller Gesellschaftsmitglieder orientiert sein soll. Diese Modellvorstellung staatlichen Handelns soll eine gerechte Ordnung für alle stehen lassen: Die Starken sollen den Schwachen helfen, gesellschaftliche Aufgaben sollen so finanziert werden, dass die Starken mehr mittragen als die Schwachen. Generell geht es um eine kollektive soziale Absicherung für alle, ein soziales Sicherungsnetz für alle. Das staatliche Handeln zielt darauf ab, vor allem durch Regelungen des wirtschaftlichen Geschehens und Regelungen der sozialen Absicherung eine soziale Markwirtschaft entstehen zu lassen.

Die entstandene und weitere Entwicklung der staatlichen Ordnung benötigt *staatliche Macht,* um diese zu erhalten und zu verändern. Sie ist der Garant des Erhalts der gesellschaftlichen bzw. staatlichen Ordnung.

Um eine konkrete Gesellschaft und ihre Kultur zu untersuchen, müssen das *bestehende Recht,* die in der Gesellschaft fraglos akzeptierte *Vorstellung einer gerechten Gesellschaft* und wie diese erreicht werden soll analysiert werden. Schließlich müssen *die Machtverhältnisse* untersucht werden, die zur Aufrechterhaltung bestimmter rechtlicher Regelungen und auch zu Veränderungen dieser rechtlichen Regelungen führen könnten.

Eine solche Untersuchung muss die konkrete Struktur einer realen Gesellschaft analysieren. Dabei dürfte diese Struktur besonders deutlich hervortreten, wenn *gravierende Veränderungen* derselben vorgenommen werden: Die Identifizierung wesentliche Merkmale der neuen Struktur vor dem Hintergrund der alten Struktur. Dies soll im Folgenden an der Veränderung der deutschen Gesellschaft untersucht werden vom System der „sozialen Markwirtschaft" zur „neoliberalen Gesellschaft- und Wirtschaftspolitik", insbesondere in der Regierungszeit von Bundeskanzler Gerhard Schröder von 1998 bis 2005.

6.3   Zur Kulturpsychologie der neoliberalen Umstrukturierung der Deutschen Gesellschaft (1998–2005)

Nach dem Zweiten Weltkrieg erfolgte die politische Neustrukturierung der Bundesrepublik vor dem Hintergrund der Vorstellung der „sozialen Marktwirtschaft". Zielvorstellung war, eine gerechte Gesellschaft zu schaffen, indem das wirtschaftliche Geschehen einerseits frei von übermäßigen staatlichen Regelungen erfolgen soll, andererseits orientiert war am Gemeinwohl aller Mitglieder der Gesellschaft. Bis in die 1990er-Jahre wurde eine Vielzahl rechtlicher und sozialrechtlicher Regelungen geschaffen, damit die Wirtschaft möglichst frei sich entfalten konnte. Aber auch im Bereich der sozialen Sicherung wurden zahlreiche Bestimmungen getroffen, die Übermacht wirtschaftlicher Interessengruppen durch tarifvertragliche Regelungen, d. h. gewerkschaftliche Gegenmacht, zu begrenzen. Es wurden auch viele staatliche arbeitsrechtliche Bestimmungen zur sozialen Sicherung der arbeitenden Bevölkerung getroffen sowie der Absicherung der Menschen im Falle von Krankheit, Arbeitslosigkeit und im Alter. Diese Regelungen wurden bis 1990 zunehmend ausgebaut und rechtlich verankert.

Außerdem wurde ein System der Besteuerung geschaffen, das bei hohen Einkommen 56 % Steuer als Grenzsteuersatz sowie eine gerechte Besteuerung von Firmen, Konzernen und Wirtschaftsunternehmen vorsah. Die Politik der sozialen Marktwirtschaft hat dazu geführt, dass eine relativ gerechte Verteilung des jeweils erwirtschafteten Sozialprodukts entstanden ist und damit ein gerechter Anteil aller am gesamtwirtschaftlichen Erfolg. Von den 1950er- bis in die 1980er-Jahre entstand mit der Zunahme der wirtschaftlichen Leistung die sogenannte „Aufstiegsgesellschaft". Alle haben am vermehrten Wohlstand teilgenommen.

Bereits im Zuge der Wiedervereinigung im Jahre 1990 zeigten sich wirtschaftliche Schwierigkeiten, was die Beibehaltung der sozialen Standards der alten Bundesrepublik nun für das erweiterte Gesamtdeutschland anbelangt. Dies hat dann zunehmend bis zur Regierung Schröders im Jahre 1998 dazu geführt, dass die überkommene soziale Absicherung der Bevölkerung und die bisherige Besteuerung hoher Einkommen infrage gestellt wurden. Dies geschah unter anderem vor dem Hintergrund einer Weltwirtschaftskrise und der Eingliederung der Menschen aus den neuen Bundesländern in das Wirtschafts- und Sozialsystem der Bundesrepublik. Dies alles hat dann zu massiven Einschränkungen der sozialen Sicherungssysteme und zu einer starken Veränderung im Steuersystem ab 2001 geführt. Es entstand und verbreitete sich die Vorstellung, das deutsche Sozialsystem sei zu teuer und die wirtschaftlichen Aktivitäten seien zu sehr mit Soziallasten verbunden. Die Wirtschaft müsste massiv entlastet werden, steuerlich, von Sozialabgaben, und Lohnkosten. Außerdem müsste das Rentenniveau abgesenkt werden sowie die staatlichen Ausgaben für Arbeitslosigkeit und gemeinschaftliche Einrichtungen bzw. generell die soziale Infrastruktur (Krankenhäuser, Schulen, städtische Sozialeinrichtungen, usw.).

Da alle für erforderlich gehaltenen Änderungen bisher *sozialvertraglich abgesichert* waren, wurden umfangreiche rechtliche Veränderungen vorgenommen, die unter der Bezeichnung „Agenda 2010" geplant und dann durchgeführt wurden:

Die rechtlichen Veränderungen konnten nur vorgenommen werden vor dem Hintergrund einer neuen Vorstellung von sozialer Gerechtigkeit und wirtschaftlichen „Notwendigkeiten": Anstelle der Maxime der sozialen Marktwirtschaft, der Einzelne müsste vor der wirtschaftlichen Übermacht gesichert werden, entstand die Maxime: „Wenn jeder für sich selbst sorgt, ist für alle gesorgt." Im Mittelpunkt stehen Leistung und Konkurrenz. Die Wirtschaft muss leistungsfähiger mit niedrigeren Arbeitskosten, Sozialabgaben und niedrigeren Steuern werden. Hierfür muss der Staat sorgen. Aufgrund dieser neuen Vorstellung von sozialer Gerechtigkeit und gerechter staatlicher Ordnung wurden die Maßnahmen der „Agenda 2010" durchgeführt:

1. Maßnahmen zur Verringerung der arbeitsrechtlichen Sicherung der Arbeitsbeziehungen zwischen Arbeitgeber und Arbeitnehmer.

2. Die Gesetze unter der Bezeichnung Hartz IV 2005 zur Verringerung und Verschlechterung der Leistungen bei Arbeitslosigkeit.
3. Die Absenkung des Rentenniveaus von ursprünglich 65 % des netto Durchschnittseinkommens über 56 % auf mittlerweile 48 %; die Verringerung des Spitzensteuersatzes von 56 auf 42 % im Jahre 2000 in der obersten Steuerklasse und die Senkung
   der Besteuerung von Einkünften aus wirtschaftlichen und Finanztransaktionen (u. a.
   Veräußerungsgewinne) auf 25 %.
4. Es wurden bis 2005 keinerlei Maßnahmen getroffen, um das Entstehen von Dumping-
   löhnen aufgrund der Liberalisierung des Arbeitsmarktes zu verhindern. Die Einführung eines gesetzlichen Mindestlohns von 8,50 € geschah erst, nachdem die
   staatlichen Sozialkosten für die Mindestsicherung rasant stiegen und sich die Renten-
   anwartschaften für viele Berufstätige extrem verringerten.
5. Durch das Auslaufen der Förderung für den sozialen Wohnungsmarkt bzw. des
   sozialen Wohnungsbaus stiegen die Mietkosten zunehmend auf horrende Höhen. Dem
   wurde staatlicherseits nicht gegengesteuert. Es entstand Mietwucher nicht nur in den
   Ballungsräumen.
6. Durch die Ermöglichung der Zuwanderung von Asylsuchenden seit 2015 hat sich die
   Lage besonders für Menschen im Niedriglohnsektor massiv verschlechtert.

6.4   Wie sieht das kulturpsychologische, gesellschaftliche Gehäuse unter der „Agenda 2010" aus?

Um es auf einen einfachen Nenner zu bringen: Die Reichen werden immer reicher und
die Armen immer ärmer. Viel gravierender für einen zunehmenden Teil der Bevölkerung
ist, dass die soziale Sicherheit sowie die soziale Sicherung schwindet und sich die Angst
gesellschaftsweit verbreitet, sozial abzusteigen, insbesondere bei Arbeitslosigkeit und
durch Armut im Alter.

6.4.1   Situation bei Arbeitslosigkeit – die Gesetze, die unter der Bezeichnung Hartz VI 2005 beschlossen wurden, zur Verringerung der Leistungen bei Arbeitslosigkeit

Bei den Hartz-IV-Gesetzen handelt es sich um umfangreiche sozialrechtliche Veränderungen der sozialen Absicherung bei Arbeitslosigkeit. Vor 2005 stand den Berufstätigen bei Arbeitslosigkeit zunächst das *Arbeitslosengeld* I (ALG I) zu, das heißt 60 %
beziehungsweise 67 % des letzten Nettoverdienstes für 36 Monate. Danach *Arbeitslosenhilfe* mit 53 % beziehungsweise 57 % des letzten Gehalts.

Mit der Einführung von Hartz IV verringerte sich die Bezugsdauer des Arbeitslosengeldes I von drei auf ein Jahr. Anschließend fällt der Arbeitslose sofort in die Hartz- IV-
Regelung, das heißt in eine gesetzliche Grundsicherung, deren Bewilligung strikt mit der

Anrechnung von Vermögen des Arbeitslosen verknüpft ist. Außerdem müssen Arbeitslose, die Hartz IV beanspruchen, jede Arbeit annehmen, die ihnen von der Arbeitsagentur angeboten wird, ganz gleich welche Arbeit sie vorher ausgeübt hatten. Darüber
hinaus gilt der inzwischen gesetzlich bestimmte *Mindestlohn* für Langzeitarbeitslose bei
einer Arbeitsaufnahme für die ersten sechs Monate nicht.

Die geschilderten Veränderungen in der Sozialgesetzgebung führen überdies zu
einer Verringerung der späteren *Altersrente*. Zurzeit leben 6,73 Mio. Menschen von
Arbeitslosengeld I oder Hartz-IV-Leistungen. Das sind 760.000 Arbeitslosengeld-I-
Empfänger und 6 Mio. Personen in sogenannten *Bedarfsgemeinschaften,* das heißt
Hartz-IV-Haushalten, davon 2 Mio. Kinder und Jugendliche.

Der Regelsatz bei Hartz-IV-Berechtigten liegt für Alleinstehende bzw. Alleinerziehende bei monatlich 416 €, für weitere Haushaltsmitglieder (Kindern, nicht
erwerbstätigen weiteren Erwachsenen) bei 240–332 €. Hinzu kommt die Krankenversicherung, eine geringe Sozialversicherung sowie die Miete, die jeweils von der Arbeitsagentur je nach Anzahl der im Haushalt befindlichen Mitglieder akzeptiert wird. Das
heißt, wenn ein Arbeitsloser während seiner vorherigen Beschäftigung eine relativ große
Wohnung hatte, wird bei Arbeitslosigkeit nur eine verminderte Wohnungsmiete über
Hartz IV vergütet.

6.4.2 Situation der sozialrechtlichen Sicherheit im Berufsleben sowie der Erlangung des erforderlichen Einkommens für die Lebenshaltung

Seit 2003 wurden umfangreiche gesetzliche Änderungen beschlossen, was die Regelung
der *Arbeitsverhältnisse* anbelangt. Hierbei geht es um die gesetzlichen und tariflichen
Bestimmungen der Arbeitnehmer.

Ein *normales Arbeitsverhältnis* liegt vor bei „Vollzeitbeschäftigung, regelmäßiger
Arbeitszeit, vorhandener Interessenvertretung für Arbeitsbedingungen und die dauerhafte
Stabilität des Arbeitnehmerstatus".

Fehlt es an einem dieser Merkmale liegt ein *atypisches Arbeitsverhältnis* vor. Hierzu
gehören „Altersteilzeit, befristetes Arbeitsverhältnis, freie Mitarbeiter, geringfügige
Beschäftigung, Heimarbeit, Kettenarbeitsverhältnis, Leiharbeit, Praktikum, Scheinselbstständigkeit, Telearbeit oder Zeitarbeit" (statistisches Bundesamt).

Im Bereich der arbeitsrechtlichen Bestimmungen wurden seit 2003 umfangreiche Veränderungen zu Ungunsten der Arbeitssuchenden und bereits Beschäftigten eingeführt.
Allein von 1991 bis 2011 hat sich die Zahl der sogenannten atypisch Beschäftigten
von 4 auf 8 Mio. erhöht mit steigender Tendenz. Die Sicherheit des Arbeitsplatzes ist
bei atypisch Beschäftigten nicht nur stark verringert. In diesem Sektor Beschäftigte verdienten bereits im Jahr 2010 39,4 % weniger je Stunde als normal Arbeitende: 10,36 € zu
17,09 €. Im Übrigen ist es so, dass diese Gruppe später hierdurch auch weniger Altersrente erhalten wird.

Für die Einschätzung der sozialen und arbeitsrechtlichen Verschlechterung der Berufstätigen kommt hinzu, dass bis 2015 keinerlei gesetzlicher Mindestlohn bestand. Viele Menschen, vor allem in den neuen Bundesländern, verdienten damals noch 4–6 € pro Stunde.

6.4.3 Situation im Alter angesichts zunehmender Verringerung der Altersrenten

Da das Rentenniveau in den letzten 20 Jahren von 56 % des Nettodurchschnittseinkommens auf 48 % gesunken ist und ein Gutteil unserer Bevölkerung durch völlig unzureichende Lohnerhöhungen beziehungsweise Niedriglohnmaßnahmen des Staates (Hartz IV, Arbeitsrecht, unzureichender Mindestlohn) *generell weniger Altersrente* erwarten kann, droht heute schon einem guten Teil der Rentner extreme Altersarmut, insbesondere den Frauen.

Der durchschnittliche *Zahlbetrag der Versichertenrenten* lag am 01.07.2014 bei 1061 € (Männer) beziehungsweise 770 € (Frauen) in den alten Bundesländern und bei 993 € (Männer) beziehungsweise 532 € (Frauen) in den neuen Bundesländern.

Diese durchschnittlichen Renten wurden aber nur erreicht, wenn 40 Jahren Berufstätigkeit bestanden und wenn der Versicherte jedes Jahr das *Durchschnittsgehalt aller Versicherten* verdient hat.

6.4.4 Massenweise Verbreitung von Abstiegsängsten, auch in wohlhabenden bzw. gut verdienenden Schichten…

Die geschilderten strukturellen Veränderungen der sozialen und finanziellen Lage der Bevölkerung in der Bundesrepublik haben zu einer weit verbreiteten Verschlechterung der sozialen Sicherheit in der Bevölkerung geführt, zu Ängsten vor sozialem Abstieg nicht nur in den unteren zwei Dritteln sondern auch im oberen Zehntel der Menschen. Zu vermuten sind umfangreiche angestaute Aggressionen, die als diffuses Unbehagen in unserer Gesellschaft, eine ungute, weit verbreitete Stimmung, erlebt werden (Bude 2018).

Diese als diffuses Unbehagen wahrnehmbare Stimmung in unserer Gesellschaft wird in der empirisch-soziologischen Untersuchung von Bettina Kohlrausch von 2018 zur Frage von „Abstiegsängsten" in unserer Bevölkerung deutlich. Kohlrausch fasst die Befunde wie in Tab. 6.1 dargestellt zusammen.

6.4.5 Zunehmende Unzufriedenheit mit dem „politischen System"

Durch Abstiegsängste entstehen Schuldzuweisungen an Randgruppen und Stimmungsmache relativ wohl situierter Bürger, was die Forderungen von sozial Unterprivilegierten

Tab. 6.1 Befunde zur Frage von „Abstiegsängsten"

Abstiegsängste in Deutschland
– Im Dezember 2016 machten sich ca. 25 % der Befragten große oder sehr große Sorgen um ihre Arbeitsplatzsituation
– 39 % der befragten Personen geben jedoch an, sich große oder sehr große Sorgen um die eigene finanzielle Situation zu machen
– 20 % gehen davon aus, dass sich ihre finanzielle Situation innerhalb der nächsten 3 bis 5 Jahre etwas oder deutlich verschlechtern wird
– 49 % machen sich Sorgen oder große Sorgen um ihre finanzielle Situation im Alter
– Knapp 47 % sagen, dass die Aussage „Ich befürchte, meinen Lebensstandard nicht dauerhaft halten zu können" eher zutrifft
– 20 % glauben, dass es ihren Kindern einmal schlechter gehen wird
– 27 % finden, dass es ihnen schlechter geht als den eigenen Eltern

nach gerechterem Lohn und vermehrter sozialer Sicherheit anbelangt. Verstärkung der Tendenz zu rechten Parteien, die angeblich das bisherige staatliche Handeln völlig verbessern und sozial sicherer gestalten können, insbesondere „für das deutsche Volk" (AfD).

Das gesellschaftliche Gehäuse unter der Agenda 2010 lässt eine *Kultur der Prekarisierung* entstehen. Es besteht eine reale gesellschaftliche Situation, die der Soziologe Nachtwey als „Abstiegsgesellschaft" charakterisiert. Psychologisch gesehen entsteht gesellschaftsweit ein psychologischer Prozess, den Mausfeld (2019) als „Traumatisierungsspirale für die Opfer neoliberaler Transformationsprozesse" bezeichnet:

> „Prekarisierung erzeugt bei den Betroffenen durch den Statusverlust und den Verlust einer Planungssicherheit Realangst. Diese Realangst ist jedoch durch die neoliberale Ideologiekomponente des unternehmerischen Selbst nicht mehr durch ein aktives Handeln zu bewältigen. Das Individuum schreibt sich sein Versagen selbst zu, wodurch die ausgelöste Realangst in Binnenangst transformiert wird. Da das unternehmerische Selbst auch bei größten individuellen Anstrengungen durch die unberechenbaren Veränderungen der Anforderungen des Marktes und durch seine Situiertheit in permanenter Konkurrenz niemals sicher sein kann, dass andere in ihrer Marktanpassung nicht ‚erfolgreicher' sind, ist es mit einer andauernden Erfahrung von Überforderung und Ohnmacht konfrontiert. Dies wiederum löst in der betroffenen Person psychodynamische Prozesse aus, die sie stärker an den Status quo der ursprünglichen angstauslösenden Situation einer Prekarisierung binden und die ihr diese Situation, gewissermaßen in einer Identifikation mit dem Aggressor' als gerecht und berechtigt erscheinen lässt. Durch diese psychodynamischen Prozesse entsteht eine sich selbst erhaltende Traumatisierungsspirale der Verstärkung von lähmender Binnenangst.
>
> Auf diese Weise wird bei den Opfern der Prekarisierung – und mittelbar in der Gesellschaft insgesamt – in einem sich selbst verstärkenden Prozess die Tendenz erhöht, den gesellschaftlichen Status quo zu akzeptieren und als erhaltenswert anzusehen" (Mausfeld 2019, S. 88).

6.5 Wie reagieren die Menschen auf das neue kulturpsychologische Gehäuse?

Wieso begehren nicht viele Menschen auf gegen die massive Verschlechterung ihrer sozialen Bedingungen? Die Antwort liegt zu einem Gutteil bei der neuen kulturellen Maxime „Jeder ist seines Glückes Schmied, wer nicht wirtschaftlichen Erfolg hat, ist selber schuld".

Natürlich zeigt die individuelle und kollektive Erfahrung, dass diese Maxime so nicht stimmt. Aber die staatlichen Maßnahmen des Sozialabbaus und der sozialen Ungerechtigkeit werden von den dominierenden gesellschaftlichen Gruppierungen als alternativlos erklärt, vom Parlament beschlossen und dann rechtlich verbrieft, gültig.

Diese Vorstellung wird mehr oder weniger als wahr und unabdingbar verbreitet und immer wieder in realen politischen, strukturellen und rechtlichen Maßnahmen festgeschrieben. Nur um ein Beispiel zu nennen:

Es ist bald nach 2005 deutlich geworden, dass die neoliberalen Maßnahmen sehr stark zu einer finanziellen Steigerung des Erfolges, d. h. des Profits der Unternehmungen, geführt haben. Andererseits entstand ungeheurer Druck auf die normalen Löhne bis zur Entstehung von Dumping-Löhnen im Rahmen der Hartz-IV-Gesetze sowie den Lockerungen arbeitsrechtlicher Regelungen.

Deshalb wurde schließlich unter der Regierung Angela Merkel 2015 auf Druck der SPD, d. h. nach zehn Jahren, ein *Mindestlohn* von 8,50 € eingeführt. Dieser reichte aber schon damals kaum zum Leben und eine mögliche Erhöhung wurde sozialrechtlich so abgesichert, dass dies nur unter erschwerten Bedingungen möglich ist. Darüber entscheidet jährlich eine Kommission, die paritätisch von Unternehmern und Arbeitnehmern besetzt ist. Diesen sozialrechtlichen Bedingungen sind mittlerweile Millionen Berufstätige unterworfen. Eine adäquate Erhöhung des Mindestlohns wird regelmäßig von den Unternehmen als zu teuer und schädlich für die deutsche Wirtschaft im internationalen Konkurrenzkampf abgelehnt oder jedoch stark abgebremst. Es wird gedroht, dann steige die Arbeitslosigkeit, weil die deutschen Unternehmen nicht mehr konkurrenzfähig sind.

Warum gingen die Gewerkschaften nicht bereits 2005 auf die Barrikaden, um einen adäquaten Mindestlohn durchzusetzen? Warum schreibt keine der etablierten Parteien dies auf sein Panier und versucht hierfür eine politische Mehrheit zu gewinnen? Warum rudert eine „Partei der Arbeit" wie die SPD rasch zurück, obwohl sie bereits bei der Ankündigung von sozialen Reformen unter ihrem Vorsitzenden Martin Schulz im Jahr 2017 in Wahlprognosen von unter 20 auf 30 % Zustimmung kam? Warum gab die SPD bei den schließlich erforderlichen Koalitionsverhandlungen mit der CDU, obwohl die CDU sie unbedingt als Regierungspartner benötigte, schon die leichten von Schulz vorgeschlagenen sozialen Verbesserungen weitgehend auf?

Schon vor den Koalitionsverhandlungen mit der CDU brachte Schulz im Vorstand der Partei 2017 nur mehr wenige Punkte seines Programms durch. Als er dann explizit mit der CDU nicht koalieren wollte, wurde er von seiner Partei gezwungen, dies doch zu tun, wobei von seinem ursprünglichen Programm fast nichts mehr übrig geblieben ist. Warum verhalten sich die Mitglieder der SPD so?

Diese Frage führt mitten in die kulturpsychologische Situation bzw. das „kulturpsychologisch Gehäuse", in denen die Menschen in Deutschland sich seit spätestens 2003 befinden: Die Agenda 2010 von Bundeskanzler Schröder geht von der Grundannahme aus, die sozialrechtlichen Verschlechterungen seien erforderlich für die Gesellschaft, nur so prosperiert die Wirtschaft und nur so werden die Menschen zu mehr Eigenanstrengung motiviert. Sie müssen selber mehr für sich sorgen und: Wenn es der Wirtschaft gut geht, geht es dem Staat gut und damit allen. Das ist das *mentale kulturelle Gehäuse,* in dem sich die Menschen in Deutschland heute bewegen. Sie bewegen sich aber auch in der Vorstellung, wenn die Sozialreformen nicht durchgeführt werden, wird es allen schlechter gehen und es sei dringend erforderlich, gegen „sozialromantische Vorstellungen" vorzugehen, in denen behauptet werde, es ginge auch anders oder vielleicht gar besser, gerechter. Deshalb wurden und werden die Bestimmungen der Agenda 2010 als „alternativlos" behauptet und es wird den Menschen Angst gemacht, was passiert, wenn sie nicht realisiert werden.

Rainer Mausfeld hat diese dominante politische Kultur in zwei Büchern eingehend dargelegt: 2018 erschien seine Analyse unter dem Titel „Warum schweigen die Lämmer?" und 2019 sein Buch „Angst und Macht – Herrschaftstechniken der Angsterzeugung in kapitalistischen Demokratien".

In beiden Veröffentlichungen geht es um die Schaffung einer ideologischen Kultur der Meinungsbildung, die massenmedial und in fast allen etablierten Parteien geschaffen und beständig weiter aufrechterhalten wird: Grundlegend geht es darum, Ängste vor einer Verschlechterung der eigenen sozialen Lage zu schüren und mögliche Alternativen als unsinnig und schädlich zu generieren. Zentraler kulturpsychologischer Mechanismus ist die Angst mit der Drohung der „Präkarisierungsspirale" für die Opfer neoliberaler Transformationsprozesse, wie oben dargelegt.

Diese Angstspirale erfasst nicht nur die unteren Einkommensschichten, sondern alle Schichten, insbesondere auch die obersten 20 % der Erwerbstätigen.

Dies ist die kulturpsychologische Gewalt und Dynamik, die durch die rechtlichen, sozialstrukturellen und mental-kulturellen Änderungen seit 1998 entstanden sind. Es ist der im Sinne von McDougall entstandene „Group Mind" Deutschlands.

Die in der Gesellschaft entstehenden Ängste haben einen realen Hintergrund: Deutschland befindet sich seit 1980 in einer „Abstiegsgesellschaft", wie dies Nachtwey in umfangreichen empirischen soziologischen Untersuchungen herausgearbeitet hat (Nachtwey 2016).

Alternativlos sind die geschilderten sozialrechtlichen Verhältnisse nicht, wie dies die beiden amerikanischen Ökonomen Emmanuel Saez und Gabriel Zucman in ihrem Buch „Der Triumph der Ungerechtigkeit" für Deutschland, aber auch für die vereinigten Staaten darlegen.

Sie schildern, wie in den Vereinigten Staaten nach der Weltwirtschaftskrise von 1930 unter dem Präsidenten Roosevelt für amerikanische Verhältnisse nahezu sozial-revolutionäre wirtschaftliche Maßnahmen ergriffen wurden mit hohen Steuern für hohe Einkommen im Rahmen des New Deal. Diese sozialpolitischen und v. a. steuerrecht-lichen Veränderungen haben in den USA bis zur Regierung von Reagan 1980 (!) zu einem beispiellosen Wirtschaftsaufschwung geführt, an dem alle Bürger teilhatten. Seit 1980 sind die Löhne der unteren 50 % der Berufstätigen dann bis heute fast nicht mehr gestiegen, bei gleichzeitigen riesigen Vermögenskonzentrationen im obersten Prozent der Amerikaner. Die Autoren schlagen die Einführung von moderaten Vermögenssteuern für die Superreichen vor (maximal 10 %) und höhere Steuern für Gutverdienende, die ihr Vermögen durch legale Steuertricks ständig vermehren. Das wäre möglich und würde die amerikanische Wirtschaft keineswegs übermäßig beschweren. Das Beispiel der Ver-einigten Staaten zeigt, dass es politisch und wirtschaftlich real möglich wäre, gerechtere soziale Verhältnisse zu schaffen, wobei alle Menschen gerecht am wirtschaftlichen Erfolg teilhaben und der Staat hinreichend Mittel erhalten würde, um für alle eine gute Schulbildung und eine bezahlbare Krankenversicherung zu gewährleisten (Saez und Zucman 2020, S. 225 ff.).

Was für die USA gilt, wäre auch für Deutschland möglich. Es wäre aber der politische Wille nötig, der nach wie vor durch die dominanten kulturellen Vorstellungen in den politischen Interessengruppen verhindert und durch die bestehenden Gesetze erschwert wird.

6.6   Welche psychologischen Auswirkungen haben die soziostrukturellen Bedingungen in der Abstiegsgesellschaft?

In der Abstiegsgesellschaft entstehen vielfach angstmachende Situationen existenzieller Art, was die Ermöglichung guten Lebens unter den Bedingungen generellen Abstiegs betrifft trotz beständiger Zunahme des gesellschaftlichen Reichtums in der gesamten Gesellschaft.

6.6.1   Die Angst vor plötzlichem sozialen Abstieg bei Arbeitslosigkeit

Mit der Einführung der Hartz-IV-Gesetze entstand für Arbeitslose folgende Situation, wie es Nachtwey treffend zusammenfasst:

> „… die Verkürzung der Bezugsdauer des Arbeitslosengeldes (ALG I) von 36 auf 12 Monate für Arbeitslose unter 55 Jahren, die Ausweitung der Zumutbarkeitskriterien und die Senkung der Schwelle für den Kündigungsschutz in Kleinbetrieben. Ein Arbeitnehmer

musste nun fürchten, im Falle von Arbeitslosigkeit schon nach zwölf Monaten sozial abzu-
rutschen, zumal das Schonvermögen nur gering angesetzt war" (Nachtwey 2016, S. 96).

Von dieser Situation sind aktuell 6 Mio. Menschen betroffen, davon 2 Mio. Kinder, die in
Hartz-IV-Bedarfsgenossenschaften wohnen. Der Absturz in Hartz IV kann jeden Berufstätigen treffen, auch wenn er vorher gut verdient hat, sofern er ein Jahr nach Arbeitslosigkeit keine neue Arbeit erhalten hat. Er muss jede Arbeit annehmen, sonst wird Hartz
IV gestrichen. Dies führt dazu, dass Hartz-IV-Bezieher sich in das Heer der Leiharbeiter
bzw. der Niedriglohnbeschäftigten einreihen müssen, d. h. Beschäftigungsverhältnisse,
die als geringfügige Beschäftigungsverhältnisse und Leiharbeit eingeführt wurden,
sofern er den Hartz-IV-Bezug nicht verlieren möchte.

Im Leih- und Niedriglohnsektor werden die Berufstätigen nicht nur schlechter
bezahlt, sie haben auch viel geringere Rechte im Fall des Wegfalls des Arbeitsplatzes.
Aber die Situation im Niedriglohnsektor ist noch krasser, wie Nachtwey ausführt:

> „nach einer Studie der Universität Duisburg-Essen arbeitete 2012 jeder vierte Beschäftigte
> in Deutschland für einen Lohn unter der Niedriglohngrenze von 9,30 € pro Stunde. Seit
> 1995 ist die Anzahl der Arbeitnehmer im Niedriglohn Sektor von 5,9 auf 8,4 Millionen
> gestiegen. Fünf Prozent aller Beschäftigten (1,71 Millionen) verdienten vor der Einführung
> des allgemeinen Mindestlohns sogar weniger als fünf Euro in der Stunde" (Nachtwey 2016,
> S. 163f.).

2014 waren bereits, so Nachtwey, 20,9 % der Erwerbstätigen atypisch angestellt,
arbeiteten entweder in befristeten oder geringfügigen Arbeitsverhältnissen, in Teilzeit
oder als Leiharbeiter" (Nachtwey 2016, S. 137).

Dies führt bei den Berufstätigen zu Ängsten, die unabhängig von möglicher Arbeitslosigkeit mit den Realitäten des Berufslebens generell verbunden sind.

6.6.2 Die Angst, von Anfang an beim Eintritt in das Berufsleben lange Zeit keine feste Anstellung zu erhalten oder wenn, dann eine unter der Qualifikation befindliche zu erreichen

Durch die Lockerung der arbeitsrechtlichen Möglichkeiten für Betriebe und unter dem
Druck bei Eintritt in das Berufsleben auf jeden Fall eine Arbeit finden zu müssen, wurde
vielfach für Berufsanfänger oder auch mögliche Arbeitslose eine starke Senkung des
Lohnniveaus bewirkt. Da der Mindestlohn jetzt immer noch weit unter einem auskömm-
lichen Einkommen liegt, müssen Berufstätige weiterhin sehr geringe Einkommens-
verhältnisse akzeptieren. Dies führt sowohl bei den Berufsanfängern als auch bei den
Berufstätigen zu Ängsten, vielleicht nie eine feste Anstellung mit adäquater Entlohnung
zu finden, vor allem auf dem Niveau der eigenen Qualifikation. Dadurch entstehen
Ängste vor allem bei den geringer Qualifizierten, aber auch bei Hochqualifizierten, nicht
oder nie mehr aufzusteigen, sondern beständig weiter abzusteigen.

Bei einer umfangreichen Untersuchung von Kohlrausch im Jahr 2018 stellen sich *die Abstiegsängste* von Voll-Berufstätigen in allen Einkommensstufen wie in Abb. 6.1 dar.

Die Angst vor Abstieg und finanzielle Sorgen erfasst mittlerweile nicht nur die Menschen in den unteren Segmenten der sozialen Schichtung (Segment 1–5). Sogar in den beiden obersten Segmenten (Segment 9 und 10) geben 27 bzw. 47,6 % (!) Abstiegsängste an.

6.6.3   Die Angst, bei einer Vollzeitarbeitsstelle im Laufe des Berufslebens keine Bezahlung zu erhalten, die ein auskömmliches Leben erfordert

Diese Angst entsteht vor allem in der immer größer werdenden Gruppe der sogenannten wirtschaftlichen Abgehängten oder, wie der Soziologe Bude sie nennt, „Die Ausgeschlossenen" (Bude 2008). Bude schreibt:

> „Das untere Viertel der Gesellschaft wird von Benachteiligten und Abgehängten bevölkert…" (Bude 2008, S. 47 f.).

Dieses Viertel der Bevölkerung ist bleibend benachteiligt: Sie müssen unter bescheidenen Verhältnissen leben, etwa die Hälfte davon leben in prekären Verhältnissen. Sie können jederzeit regelrecht arm werden, ständig arm bleiben und letztlich in Hartz IV landen. Es handelt sich hierbei um prekär Beschäftigte in West wie Ost sowie in immer größerem Ausmaß um alleinerziehende Frauen:

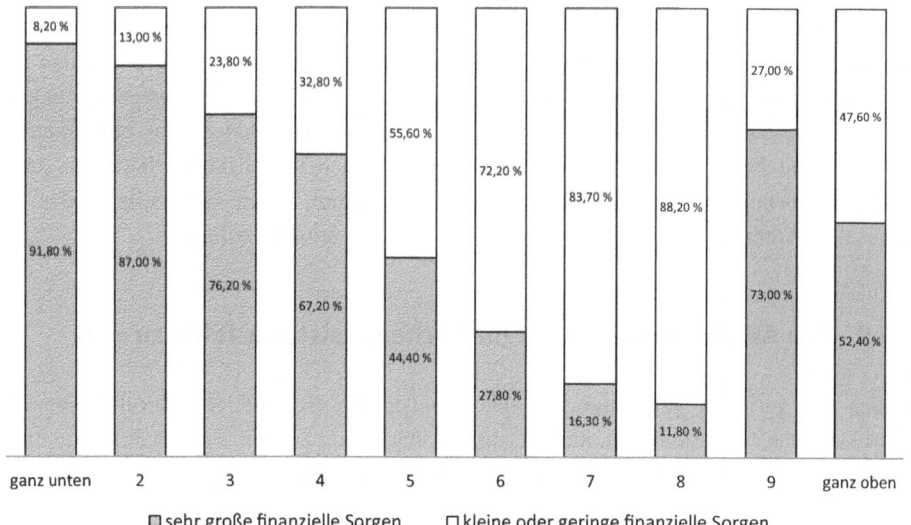

Abb. 6.1 Abstiegsängste und soziale Position gemessen an finanziellen Sorgen

„Wir reden hier von über rund 1,5 Millionen Alleinerziehenden in Deutschland mit Kindern unter 18 Jahren. Jedes achte Kind in Westdeutschland und jedes fünfte in Ostdeutschland lebte 2003 bei einem allein erziehenden Elternteil. Unter den Haushalten mit minderjährigen Kindern lag der Anteil der Alleinerziehenden bei 17 %, dabei überwiegen die Mütter mit 84 %. … Die Armutsrisikogruppe von Alleinerziehenden lag 2003 bei 35 % …" (Bude 2008, S. 74).

6.6.4 Die allen Berufstätigen drohende Angst, im Alter keine hinreichende Rente oder finanzielle Absicherung zu erreichen

Diese Angst schwebt über den Menschen im ganzen Arbeitsleben, insbesondere gegen Ende der Berufstätigkeit, wo dies realiter droht: Da das Rentenniveau in den letzten 20 Jahren von 56 % des Nettodurchschnittseinkommens auf 48 % gesunken ist und ein Gutteil unserer Bevölkerung durch völlig unzureichende Lohnerhöhungen, beziehungsweise Niedriglohnmaßnahmen des Staates (Hartz IV, Arbeitsrecht, unzureichender Mindestlohn) *generell weniger Altersrente* erwarten kann, droht heute schon einem guten Teil der Rentner extreme Altersarmut, insbesondere den Frauen.

Der durchschnittliche *Zahlbetrag der Versichertenrenten* lag am 01.07.2014 bei 1061 € (Männer) beziehungsweise 770 € (Frauen) in den alten Bundesländern und bei 993 € (Männer) beziehungsweise 532 € (Frauen) in den neuen Bundesländern.

Diese durchschnittlichen Renten wurden aber nur erreicht, wenn 40 Jahren Berufstätigkeit erlangt und wenn der Versicherte jedes Jahr das *Durchschnittsgehalt aller Versicherten* verdient hat (Statistika 2019).

Das haben viele Versicherte im Laufe ihres Lebens aber nicht erreicht. Die Renten vor allem für alleinerziehende Frauen mit keiner Vollzeitstelle, aber auch für Männer mit ähnlichem Versicherungsverlauf (atypischen Arbeitsverhältnissen, zu geringem Mindestlohn, Scheinselbstständigkeit und Leiharbeit …) sind stark unter dem geschilderten Rentenniveau bei Vollzeitversicherungsverlauf. Schon den Vollzeitbeschäftigten droht wegen lebenslang niedrigem Lohn im Alter Altersarmut. Noch viel mehr ist das bei atypischen Arbeitsverhältnissen und zu geringem Mindestlohn der Fall.

6.6.5 Die Angst, generell nicht hinreichend leistungsfähig zu sein

Wegen der geringen generellen sozialen Absicherung begleitet die Berufstätigen ihr ganzes Arbeitsleben die Angst, nicht leistungsfähig genug zu sein, sonst würden sie nicht in eine so missliche soziale und finanzielle Situation kommen. Niemand ist dafür verantwortlich als sie selber, so lautet die generell verbreitete ideologische Vorstellung der neoliberalen Gesellschaftstheorie.

Diese von der Politik und der Wirtschaft, aber auch in der Erziehung verbreitete Vorstellung führt dazu, dass die Menschen sich in ihrem Arbeitsleben vielfach extrem anstrengen und auch ungünstige Arbeitsbedingungen bzw. eine niedrige Bezahlung annehmen, um voranzukommen oder wenigstens die eigene Arbeitsstelle zu behalten. Es führt zu vermehrtem Burn-out gerade in qualifizierten Berufen und generell bei allen Berufstätigen zu vermehrten Depressionen (Sandner 2017).

Während vor den Harz-IV-Gesetzen vielfältige soziale Absicherungen berufsrechtlicher Art im Arbeitsleben und bei Arbeitslosigkeit vorhanden waren, wurde „das vormals kollektive Schicksal zum persönlichen Schicksal des Markt-Individuums", wie Nachtwey schreibt:

> „Die große Gruppe derjenigen, die im Mahlstrom der Liberalisierungen nicht mitkommen, die nicht in gleichem Masse über Ressourcen verfügen, denen es oft sogar an den Grundvoraussetzungen der Autonomie fehlt, werden zu `bloßen Individuen´. Für sie sind die Liberalisierung und die gestiegene soziale Unsicherheit in der Gesellschaft geradezu eine Bedrohung. Mit der Entkollektivierung des Sozialstaats wächst auch die Gefahr des sozialen Abstiegs – und der damit verbundenen Stigmatisierung. Arbeitslosigkeit, Niedriglohnbeschäftigung, Armut, geringe Aufstiegschancen etc. waren früher keine persönlichen, sondern ein geteiltes kollektives Klassenschicksal. Klassenmilieus propagierten und tradierten entlastende Gegendeutungen, Abwehr- und Unterstützungsformen. Durch die Individualisierung wird das vormals kollektive Schicksal zum persönlichen des ´Markt-Individuums`" (Nachtwey 2016, S. 108 f.).

6.6.6 Die Angst, gegen unsoziale Verhältnisse aufzubegehren

Die psychologisch verständliche Vorstellung und emotionale Motivation, gegen die geschilderten sozialen Verhältnisse aufzubegehren, wird dadurch blockiert, dass es angeblich keine Möglichkeit gibt, sie wirklich zu verändern. Sie sind „alternativlos". Eine politische Veränderung würde die soziale Lage nur verschlimmern, was ja die gescheiterten Versuche der sozialistischen Staaten zeige.

Aber das ist nur ein „*Totschlagsargument*" gegen gewünschte soziale Veränderungen. Rainer Mausfeld hat in zwei Büchern dargelegt warum die Menschen sich nicht gegen eine beständige Verschlechterung ihrer sozialen Situation wehren. 2018 erschien „Warum schweigen die Lämmer?" Und 2019 „Angst und Macht". Mausfeld schildert in diesen beiden Büchern unter anderem, wie durch sozialrechtliche Maßnahmen, die *Ideologie der Meritokratie* (Befragung von Sachverständigen, entsprechende Interpretation der Verhältnisse durch führende Politiker und politische Parteien, angebliche Verwaltungserfordernisse, systemkonforme Kommentare des politischen Lebens in den Massenmedien …), eine *Ideologie der gesellschaftlichen Überschaubarkeit und Unbeeinflussbarkeit* hergestellt wird. Ebenso die Vorstellung des „unternehmerischen Selbst" für alle Menschen sowie die propagandistische Erzeugung einer vorgeblichen Bedrohung des bestehenden, doch einigermaßen gerechten Systems: Zum Beispiel die Vorstellung, bei einer Veränderung der Besteuerung großer Vermögen und Erbschaften von Finanzspekulationen oder der Erhöhung des Spitzensteuersatzes für Spitzenverdiener bei gleichzeitiger massiver Erhöhung des Mindestlohns, wäre die Wirtschaft im Kern geschwächt.

Psychologisch gesehen entsteht nach Mausfeld eine „Traumatisierungsspirale" für die Opfer neoliberaler Transformationsprozesse, die generell für alle gilt und als beständige Bedrohung, aber auch als soziale Realität gesellschaftweit Angst erzeugt):

> „Obwohl die Verlierer neoliberaler Transformationsprozesse und diejenigen, die auf diese Umgestaltung von Lebens- und Arbeitsbedingungen mit Abstiegsängste und Ängsten vor dem Verlust ihres Sozialstatus reagieren, nicht einfach Leidtragende von Natur-gesetzlichkeiten globalisierter Märkte sind, sondern Opfer konkreter Entscheidungen der Machausübenden war, werden sie durch Psychotechniken, die auf eine Transformation von Angst in Binnenangst, dazu gebracht, ihre Situation als selbstverschuldet anzusehen. Die neoliberale Ideologie führt dazu, dass die Verlierer des Neoliberalismus Scham über ihre eigene Situation empfinden. Dies erzeugt bei ihnen innerpsychische Spannungen, die ihren äußeren Ausdruck darin finden, dass die Betroffenen eine verstärkte Neigung aufweisen, sich mit den erfolgreichen und mächtigen zu identifizieren und sich zu Recht zulasten der-jenigen, die sozial noch niedriger stehen, psychisch zu stabilisieren" (Mausfeld 2019).

6.6.7   Die Entstehung latenter, frei flotierender Wut in großen Teilen der Bevölkerung

Gleichzeitig mit dem „Schweigen der Lämmer" entsteht eine „Gesellschaft des Zorns", wie die Kultursoziologin Cornelia Koppetsch ihre gesamtgesellschaftliche Analyse 2019 überschreibt. Es entsteht vermehrt Zorn auf die sozialen Umstände, die allerdings in Ermangelung realer politischer Alternativen in der Regel in den „Rechts-populismus" führt. Dies zeigt sich in der zunehmend stärker werdenden Partei der sogenannten „Alternative für Deutschland" und – besonders eklatant – in einer die Massen aktivierenden Politik Donald Trumps, der mit dem Versprechen „Amerika first" verspricht, für alle Amerikaner ein besseres Leben zu ermöglichen im Gegen-satz zu den bisherigen politischen Eliten aus Washington. Dabei sehen und prüfen die Menschen nicht, was die AfD oder auch die Republikaner und Trump wirklich für die Bevölkerung beabsichtigt, hoffen und glauben aber den populistischen Versprechungen. Sich ansonsten im kleineren oder größeren Rahmen mit anderen zusammenzuschließen, erscheint vielen als sinnlos, weil nur wenige mitmachen und keine der politischen Parteien eine echte Alternative für möglich hält oder gar anstrebt.

Es kommt seit 2015 zunehmend zu aggressiven Angriffen auf die Regierung und die dominanten politischen Parteien und gesellschaftlichen Gruppen, die für „staatlich evozierte Missstände" verantwortlich gemacht werden für die Ermöglichung von Asyl für über 1 Mio. Asylanten in einem Jahr oder für die umfangreichen Maßnahmen bzw. massiven Einschränkungen zur Eindämmung des Corona-Virus. Vor allem aber kommt es auf breiter Front zu Forderungen nach „Deutschland zuerst", mit dem Vorwurf an die Regierenden, Deutschland „zu verkaufen". Es kommt aber auch immer rasch zu massivem Aufbegehren vor allem relativ wohlsituierter Gruppen gegen eine mögliche Erhöhung des Mindestlohns oder der Hartz-IV-Bezüge, insbesondere aber möglichen Steuererhöhungen für Hochverdienende oder der Einführung einer Vermögensabgabe für große bis sehr große Vermögen. Es kommt aber nicht generell zu einer Auflehnung gegen die staatlichen rechtlichen Bedingungen für zunehmende Vermögensungerechtigkeit (Grenzsteuersatz für Gutverdienende von 56 auf 42 % gesenkt, Hartz-IV-Gesetze, unzureichender Mindestlohn, Erleichterungen für Finanzspekulationen, keine strengen Maßnahmen bei Steuerflucht, usw.).

6.7 Das kulturpsychologische Gehäuse (Group Mind) innerhalb der Gesellschaft der Angst und des Zorns

Innerhalb der geschilderten „Gesellschaft der Angst und des Zorns" steigern sich die Aggressionen, aber auch Apathie, Hoffnungslosigkeit und Depression in weiten Teilen der Gesellschaft. Leider führen diese Emotionen nicht zu gesellschaftlichen bzw. staatlich rechtlichen Veränderungen zur Beseitigung zunehmend sozial prekärer Verhältnisse für wenigstens ein Drittel der Bevölkerung, sondern zu Angriffen auf unterprivilegierte Gruppen und Asylanten und zu der Forderung einer starken Hand für „die Rettung Deutschlands". Es entsteht in Deutschland in abgeschwächter Form eine Konstellation, wie sie exemplarisch seit der Machtübernahme von Donald Trump in den USA sich entwickelt hat: ein autoritäres System, in dem die Reichen noch reicher werden und mögliche politische Maßnahmen für die untere Hälfte der Gesellschaft als „sozialistisch", umstürzlerisch, „gegen die etablierte demokratische Ordnung gerichtet" betrachtet und bekämpft werden. Und dies wird auch von vielen Menschen aus der unteren Hälfte der Gesellschaft als zielführend und gerecht betrachtet. Es kommt dann auch bei vielen dieser Menschen zu einem Aufbegehren gegen eine allgemeine Krankenversicherung (!), eine adäquaten Arbeitslosenversicherung, erforderliche Renten, bezahlbare schulische und universitäre Ausbildung und generell einer für alle zugänglichen sozialen Infrastruktur (Schulen, Krankenversorgung, Wohnen, Verkehr, Berufsausbildung) besonders in den USA, aber tendenziell auch bei uns.

Eine weniger pessimistische Einschätzung einer möglichen Veränderung des kollektivpsychologisch etablierten Gehäuses „neoliberaler politischer Doktrin und politischer Praxis" ergibt sich bei der Betrachtung der kollektivpsychologischen Vorgänge der Wahlen zum Bundestag im Sommer 2021: In dem Maße, in dem zwei bislang eher ideologiekonforme Parteien wie die SPD und Grünen ganz explizit Verbesserungen für die sozialen Bedingungen, unter denen die Bürger leben, als reale politische Ziele formuliert und vertreten haben, hat sich das Wählerverhalten ausgesprochen unvorausgesehen verändert: Die SPD hat in den Umfragewerten von 15 % im August bis zur Wahl auf 26,7 % (!!!) zugenommen, die Grünen seit der Wahl von 2017 von 8 auf 15 % nahezu verdoppelt. Von den beiden Parteien, die im Fahrwasser des Neoliberalismus schlichtweg ein „Weiter so" propagierten, ist die seit 16 Jahren dominierende und regierende Partei CDU/CSU seit der letzten Wahl 2017 von 34 % und auch von Juli 2021 bis zur Wahl im September noch 30 % auf sage und schreibe 24 % abgesackt. Und dies, obwohl von dieser Partei das Gespenst eines Untergangs der deutschen Wirtschaft und drohender Massenarbeitslosigkeit an die Wand gemalt wurde, bei einer angeblich drohenden linken Regierung aus SPD, Grünen und Linken.

Offenbar haben bei einem Gutteil der Wähler diese „Schreckensszenarien" nicht mehr gefruchtet, auch nach der Erfahrung der Wähler, dass die bisherige Politik CDU/CSU nach 16 Jahren keinesfalls zu einer Verbesserung der sozialen Lage der Bevölkerung geführt hat. Die FDP hat seit der Wahl 2017 nur um 0,9 % zugelegt. Aber die Wähler dieser Partei stammen hauptsächlich aus einer Gruppe, in der Weise von der bisherigen Politik profitiert hat. Überraschend ist eher, warum bei ihren Wählern das „Katastrophen-szenario", was die wirtschaftliche Entwicklung bei einer Linksregierung, nicht stärker gewirkt hat.

Interessant scheint in diesem Zusammenhang die Wählerwanderung, die von der Partei „die Linken" zur SPD stattgefunden hat: Sie erhält 2017 8,7 % der Stimmen, dieses Mal aber gerade 4,9 % (!). Der Verlust von fast 4 % Wählerstimmen lässt sich bei einer Analyse der Wahlwanderung als eine Wanderung zur SPD und zu den Grünen fest-stellen. Obwohl „die Linke" sicherlich die progressivsten Veränderungen für die soziale Situation der Wähler politisch immer schon vertreten hat, wurde sie auf den ersten Blick mit nur mehr 4,9 % der Wählerstimmen abgestraft. Bei näherem Hinsehen dürfte es sich dabei aber um eine Art „kollektive psychologische Weisheit" gehandelt haben: Es war vor der Wahl offensichtlich, dass auch bei einer möglichen rot-rot-grünen Regierungs-konstellation die SPD und auch die Grünen eine solche nicht gegangen wären. Deshalb war es sicher klug, in jedem Fall vor allem die SPD zu stärken, aber auch die Grünen, die bei einer Regierungsbildung für die Bevölkerung wenigstens einige Verbesserungen der sozialen Situation und gewisse Korrekturen der sonst strikten neoliberalen Politik anstrebten.

Insgesamt betrachtet hat sich in der geschilderten neuen kollektiven psychologische Dynamik eine deutliche Tendenz in Richtung auf gerechtere Verhältnisse entwickelt. Die Bevölkerung will das mittlerweile nach 16 Jahren Regierung Merkel. Hierfür ist es aber nötig, wie jetzt vor der Wahl geschehen, dass bedeutsame politische Parteien die Initiative ergreifen.

Literatur

Bude H (2008) Die Ausgeschlossenen. Das Ende vom Traum einer gerechten Gesellschaft. Hanser, München
Bude H (2014) Gesellschaft der Angst. Hamburger Edition, Hamburg
Bude H. (2018) Das Gefühl der Welt, Über die Macht von Stimmungen. Hanser, München
Kohlrausch B (2018) Abstiegsängste in der Arbeitswelt von heute, Präsentation Prof. Dr. Bettina Kohlrausch. https://www.fes.de/index.php?eID=dumpFile&t=f&f=31424&token
Kopetsch (2019) Die Gesellschaft des Zorns. Transkript, Bielefeld
Lehndorff S (2020) Vorbild und Verheißung: Roosevelts New Deal. Blätter für deutsche und inter-nationale Politik 9(20):83–93
McDougall (1920) The group mind. Putnam's Sons (Nachdruck Bibliolife, LLC), New York/London

Mausfeld (2018) Warum schweigen die Lämmer, Wie Elitendemokratie und Neoliberalismus unsere Gesellschaft und unsere Lebensgrundlagen zerstören. Westend, Frankfurt

Mausfeld (2019) Angst und Macht. Herrschaftstechniken der Angsterzeugung in kapitalistischen Demokratien. Westend, Frankfurt

Nachtwey O (2016) Die Abstiegsgesellschaft. Suhrkamp, Frankfurt

Sandner D (2017) Die psychologischen Grundlagen des kollektiven Unbewussten. In: Sandner D (Hrsg) Die Gesellschaft und das Unbewusste, Springer, Berlin, S 89–102 (In diesem Band, Kap. 3)

Sandner D (2022a) Aggression und Gesellschaft – Schicksale der Aggressionen im Rahmen der sozio-strukturellen gesellschaftlichen Dynamik, Vortrag auf der 36. Arbeitstagung der Gesellschaft für Psychoanalyse und Psychotherapie (GPP) vom 21–23.09.2018 in Speyer. In diesem Band, Kap. 2

Sandner, D (2022b) Entstehung struktureller aggressiver Gewalt durch staatliche Regelungen. Wie reagieren die Betroffenen? Vortrag auf der 37. Arbeitstagung der Gesellschaft für Psychoanalyse und Psychotherapie (GPP) vom 22.-24.09.2019 in Speyer. In diesem Band, Kap. 9

Saez E, Zucman G (2020) Wie die Ungerechtigkeit triumphierte. Blätter für deutsche und internationale Politik 6(20):57–69

Von der Gablentz (1958) Politik. In: Das Bertelsmann Bildungsbuch, Bertelsmann, Gütersloh, S 1047–1080

Kultur- und Kollektivpsychologie des Trumpismus – der sozialpsychologische Ansatz von Thomas Singer

▶ Der jungianische Analytiker Thomas Singer beschäftigt sich seit Jahren mit der Frage, inwieweit es sogenannte „kulturpsychologische Komplexe" in den USA gibt. Kulturpsychologische Komplexe sind unverarbeitete kollektive Erfahrungen der Menschen, die lange Zeit latent geblieben sind und unter realen sozialen bzw. psychologischen Bedingungen, d. h. aktuellen kollektiven Erfahrungen, als kollektiv gehegte Fantasien zum Ausbruch kommen. Sie dringen dann in das Bewusstsein der Menschen als bereits vorher unbewusst gemeinsam gehegte bzw. massenpsychologisch konstellierte Ängste und Aggressionen. Sie können dann, wenn sie zum Beispiel von einem Politiker wie Trump angesprochen werden, aktiviert und emotional sehr virulent für das kollektive Verhalten der Menschen werden. Wie das psychologisch real vor sich gehen kann, wird am Beispiel des sogenannten Trumpismus eingehend geschildert.

Der Prozess der Kandidatur von Donald Trump zum amerikanischen Präsidenten und die dann folgende Gestaltung der Präsidentschaft durch Trump haben in den USA zu einer nie dagewesenen Besorgnis und Beunruhigung unter amerikanischen Psychologen, Psychiatern und Psychotherapeuten geführt.

Bereits ein Jahr nach Amtsübernahme von Trump erschien eine Monografie mit dem Titel „Wie gefährlich ist Donald Trump?", in der 27 Stellungnahmen aus Psychiatrie und Psychologie enthalten sind. Fast alle Beiträge beschäftigen sich mit der Frage, wie es möglich war, dass ein bisher im politischen Leben völlig Unbekannter innerhalb kürzester Zeit durch unaufhörliche Verbreitung von Lügen und „Fake News" nicht nur alle seine Konkurrenten in der republikanischen Partei aus dem Rennen schlug, sondern auch, sozusagen „aus dem Stand", die Präsidentschaft gewann. Es gelang ihm offenbar, viele Wähler davon zu überzeugen, dass alle bisherigen Politiker und Parteien schuld daran seien, dass die wirtschaftlichen und sozialen Verhältnisse in den USA für einen

D. Sandner, *Wie Angst und Aggression in der Gesellschaft entstehen*, https://doi.org/10.1007/978-3-658-36698-8_7

Gutteil der Menschen immer desaströser geworden waren. Trump betonte besonders, alle diese Politiker seien verantwortlich, dass Amerika immer mehr ins Hintertreffen gekommen war und durch sein Projekt des „America First" all das wieder behoben werden könnte.

Zentraler psychologischer Schachzug war die Behauptung von Trump, die Politiker in Washington hätten ständig Lug und Trug verbreitet. Er, Trump, sage den Menschen allein die Wahrheit (Singer 2018, S. 318).

Die meisten der Autoren in dem genannten Sammelband fragten sich, wie es möglich wurde, dass etwa die Hälfte der amerikanischen Wähler diese Behauptung von Trump glaubte und ihm in der Wahl von 2016 ihre Stimme gaben. Real war es dann so, dass bei der Wahl von 2020 Trump immer noch fast die Hälfte der Wählerstimmen erhielt und ein Gutteil seiner Wähler der Überzeugung war, dass Trump die Wahl gestohlen worden sei, wie Trump bis zur Amtsübernahme des neuen Präsidenten Joe Biden und auch danach bis heute behauptet.

Die meisten Stellungnahmen von Psychiatern und Psychologen drehten sich um die Frage, inwieweit Trump hochgradig pathologisch sei bzw. er durch sein Verhalten patho-logische Reaktionen in der Bevölkerung ausgelöst hat. Lediglich ein Autor, Thomas Singer, hat in seinem Beitrag „Trump und die Kollektivpsyche Amerikas" (Singer 2018) die Frage in den Mittelpunkt gestellt, inwieweit Trump die „kollektivpsychologische Realität" der amerikanischen Bevölkerung aktiviert und benutzt hat.

Singer spricht von „kulturellen Komplexen" in Analogie zur Vorstellung von C.G. Jung, der als zentralen psychischen Wirkmechanismus „psychologische Komplexe" als unverarbeitete Erlebnistatbestände im Einzelnen angenommen hat und im sogenannten „Wortassoziations-Experiment" als verzögerte Reaktionszeit auf komplexbeladene Reiz-wörter empirisch herausarbeiten konnte (Fierz 1958).

Die Anwendung dieser jungschen Komplextheorie auf gesellschaftliche Phänomene, besser auf kollektivpsychologische Phänomene, zu denen sich die Mitglieder einer Gesellschaft unbewusst zu gemeinsam gehegten Fantasien „zusammenschließen", hat Singer kreativ vorgenommen: Er hat einen neuen sozialpsychologischen bzw. tiefen-psychologischen Ansatz entwickelt, wie kollektivpsychologische bzw. massenpsycho-logische Prozesse verstanden werden und auf reale politische Ereignisse, wie zum Beispiel den Trumpismus, angewendet werden können (Singer 2018, 2020, 2020a).

7.1 Die Theorie des kulturellen Komplexes von Thomas Singer

Zu Beginn seines Beitrags „Trump und die Kollektivpsyche Amerikas" (Singer 2018) fasst Singer seinen Ansatz zur Kollektivpsychologie wie folgt zusammen:

> „Ich gehe von einer direkten Verbindung zwischen Trumps persönlichem Narzissmus und der Kollektivpsyche jener amerikanischen Staatsbürger aus, die seine Wahrnehmung Amerikas annehmen und die das Gefühl haben, dass er sie versteht und zu ihnen spricht.

Das ist keine politische Analyse. Es ist eine psychologische Analyse dessen, was wir uns als *Gruppenpsyche* vorstellen können, die einen gewaltigen Einfluss auf politische Prozesse hat und sie anheizt. Diese Analyse beruht auf der Vorstellung, dass es bestimmte psychische Energien oder gar Strukturen auf der Ebene der kulturellen oder Gruppenpsyche gibt, die zu Zeiten erhöhter Bedrohungen der Kernidentität der Gruppe aktiviert werden – was wir uns als Gruppenselbst vorstellen können" (Singer 2018, S. 314).

Singer präzisiert dann:

„Mit dieser allgemeinen Formulierung im Hinterkopf analysiere ich, inwiefern Trumps Präsidentschaft drei fest miteinander verschränkte Teile der amerikanischen Gruppenpsyche anspricht:

1. eine Verletzung im Kern des amerikanischen Gruppenselbst,
2. die Abwehrmechanismen, die in den Gruppen, die sich verletzt fühlen, mobilisiert werden (diese Gruppen wollen sich gegen eine weitere Verletzung des gemeinsamen Gruppenselbst schützen) und
3. das Versprechen oder die Hoffnung auf Heilung der Wunde" (Singer 2018, S. 316)

7.2   Die Verletzung des amerikanischen Gruppenselbst

„Im (Singer 2018, S. 316f.) Kern des amerikanischen Gruppenselbst/Gruppengeistes gibt es eine Verletzung, die von vielen tief empfunden wird, insbesondere von denjenigen, die keinen Anteil am Wohlstand unserer Nation haben, und von anderen, denen es zwar relativ gut geht, die aber ein scharfes Bewusstsein dafür haben, dass unser Regierungssystem und unsere Lebensweise im Kern unserer kollektiven Existenz bedroht sind. Folgendes ist eine Arbeitsdefinition des Gruppenselbst oder Gruppengeistes…

Der Gruppengeist umfasst die unaussprechlichen Kernüberzeugungen oder das Identitätsgefühl, das Menschen zusammenschließt… und das die Mitglieder durch ein Gefühl der Zugehörigkeit, geteilte Grundüberzeugungen, historische Kernerfahrungen von Verlust und Offenbarung und durch die tiefsten Sehnsüchte und Ideale kennen … Man kann das Wesen des Geistes einer Gruppe dadurch einkreisen, dass man Fragen wie die folgenden stellt: Was ist für die Gruppe am heiligsten? Was schweißt Gruppenmitglieder zusammen?" (Singer 2018, S. 316 f.).

Das Selbst oder den Gruppengeist *Amerikas* charakterisiert Singer wie folgt:

„Das Selbst oder der Gruppengeist Amerikas beruht auf mehr als 300 Jahren Fortschritt, Erfolg, Leistung, Ideenreichtum und Innovationskraft im Verein mit nahezu unbegrenzten Chancen und Glück. Wir lieben unser heroisches Potenzial und glauben daran; an unsere Freiheit und Unabhängigkeit, unsere Verehrung von Größe und Geschwindigkeit, Jugend, Neuheit und Technik, an unseren Optimismus und unsere ewige Unschuld. Wir haben die tiefe Unverwüstlichkeit des amerikanischen Geistes genossen, die sich wiederholt durch sehr schwierige geschichtliche Prozesse hindurch erwiesen hat, unter anderem in unserem Bürgerkrieg, im Ersten Weltkrieg, während der großen Depression, im Zweiten Weltkrieg, im Vietnamkrieg, bei den Attacken des 11. September, im Irakkrieg, während des Finanz-

zusammenbruchs von 2008 und den anderen großen Krisen, einschließlich derjenigen, in
der wir uns möglicherweise gegenwärtig befinden. Als Land waren wir gesegnet mit unserer
Fähigkeit, Verluste, Misserfolge und drohende Niederlagen angesichts von Krisen immer
wieder zu überwinden. Als Land waren wir gesegnet durch unsere Fähigkeit, Verluste, Misserfolge und drohende Niederlagen angesichts von Krisen immer wieder zu überwinden.
Dies hat zu einer positiven Sichtweise von uns selbst beigetragen, die im Kern für eine
lange Zeit grundsolide war" (Singer 2018, S. 318 f.).

Dann spannt Singer den Bogen zu Trump:

> „Es ist durchaus möglich, dass Trumps persönliche Aufgeblasenheit, Arroganz und
> Hybris ein kompensatorisches Gegengift in unserer Gruppenpsyche darstellt, die beginnt,
> an heftigen Selbstzweifeln hinsichtlich unserer Fähigkeit zu leiden, durch eine äußerst
> unsichere Zukunft hindurch zu steuern – wobei die nostalgische Sehnsucht nach dieser
> Fähigkeit sich vollkommen in der Formulierung „ich will mein Land zurück" ausdrückt"
> (Singer 2018, S. 318 f.).

7.3 Archetypische Abwehrmechanismen des Gruppenselbst

Was die Rolle Trumps angesichts der Angst der Menschen betrifft, dass Amerika in eine
immer schwierigere soziale und wirtschaftliche Situation kommt, schreibt Singer:

> „Eine beträchtliche Anzahl von Menschen in unserer Gesellschaft fühlt sich abgeschnitten
> von dem, was sie als ihr erbliches, natürliches Geburtsrecht als amerikanische Staatsbürger
> ansehen. Obwohl sie es nicht so ausdrücken, leiden sie an einer Wunde und Bedrohung auf
> der Ebene des Gruppenselbst, auch wenn sie zugleich auch individuell leiden. Wir können
> uns das *als narzisstische Kränkung auf der Gruppenebene vorstellen*. Meine Hypothese
> lautet, dass Trump diese Kränkung irgendwie intuitiv erkannt hat und ihr zuspielt, und
> zwar sowohl als selbsterklärter Beförderer der Erneuerung der Gruppe als auch als Ver-
> teidiger gegenüber jenen, die weitere Schäden anrichten würden – seien sie Terroristen,
> Einwanderer, politische Insider, Barack Obama, Hillary Clinton, James Comey oder jeder
> andere, der Trump in die Quere kommt" (Singer 2018, S. 319).

Den weit verbreiteten Wunsch „ich will mein Land zurück" als kollektives Bedürfnis vieler Amerikaner spricht Trump an und verspricht, dafür zu sorgen, dass Amerika
wieder so wird, wie die kollektive Fantasie der Menschen sich „die gute alte Zeit"
erträumt, in der es nach dem Zweiten Weltkrieg allen Amerikanern immer besser ging.

In der geschilderten sozialen Situation und der dabei entstehenden weit verbreiteten
Fantasie betont Trump bzw. führt er als Ursache der misslichen sozialen Situation die
Behauptung ein, die Regierung in Washington lüge und betrüge, er sei der einzige, der
den Amerikanern die Wahrheit sagt.

Singer betont: „Seine Bereitschaft, politisch inkorrekt zu sein, wurde für viele ein
Zeichen dafür, dass er 'die Wahrheit' sagt" (Singer 2018, S. 320).

Er dockt damit an die kollektive Fantasie und auch die Erfahrung an, dass es den
Amerikanern in den 40 Jahren seit der Präsidentschaft Reagans immer schlechter ging.

Zusammen mit der Aussage von Trump, er werde Amerika wieder groß machen, und der Behauptung, er wisse auch, wie das geht, mobilisierte er eine massenpsychologische bzw. kollektivpsychologische Bewegung, die ihm schließlich 2016 die Präsidentschaft einbrachte.

Singer führt aus:

> „Donald Trump enthüllte ein riesiges Senkloch dunkler, roher Gefühle in der Volkspsyche, sodass wir alle es sehen können. Zorn, Hass, Neid und Angst erschienen bei einer vergessenen, verzweifelten, wachsenden weißen Unterschicht, die wenig Grund für den Glauben hatte, dass die Zukunft das Versprechen eines glänzenderen, lebensbejahend Zwecks in sich trüge. Trump zapfte die negativen Gefühle an, die viele Amerikaner mit Bezug auf all die Dinge haben, mit denen wir Mitgefühl haben sollen – ethnische, Rassen-, Geschlechts- und religiöse Unterschiede. Welche Erleichterung, müssen wohl viele gedacht haben, einen Politiker ihren unausgesprochenen Groll aussprechen und ihren Zorn ausdrücken zu hören. Trump zapfte das schmutzige kleine Geheimnis ihres Abscheus vor verschiedenen Minderheiten an, obwohl wir jetzt vielleicht alle Minderheiten sind. Trumps Formel für die Wiedergutmachung dieser tiefen Wunden bestand darin, dass er im ganzen Land das hoffnungsvolle Mantra von besseren 'Deals' herunterleierte. Sobald der (kulturelle) Komplex die Macht über die Erzählung gewinnt oder die Erzählung dem Kern des Komplexes ihre Stimme leiht, werden Tatsachen einfach bedeutungslos" (Singer 2018, S. 321).

Trump stellte die Schwarzen, die lateinamerikanischen Flüchtlinge, die Homosexuellen, die Emanzen, die chinesischen Einwanderer und die linken „kommunistischen" Demokraten, auch die „Liberalen", als verantwortliche Akteure für den Niedergang der amerikanischen Gesellschaft dar.

Auf der Ebene der Kollektivpsyche entsteht dann nach Singer:

> „Wenn dieser Teil der Kollektivpsyche aktiviert wird, werden die primitivsten psychischen Kräfte zum Zwecke der Verteidigung der Gruppe und ihres Kollektivgeists oder ihres Selbst lebendig. … Der Stammesgeist der Sippe oder der Nation ruht oft schlummernd oder im Hintergrund, aber wenn er bedroht wird, sind die Abwehrmechanismen, die zu seinem Schutz mobilisiert werden, wild und unpersönlich.
>
> Die Mobilisierung solcher mächtigen, archaischen Abwehrmechanismen wird genährt durch ein rohes Kollektivgefühl und ziemlich schematische, formelhafte Ideen und/oder Überzeugungen, (die) diktieren, wie die Gruppe denken, fühlen, reagieren und sich verhalten wird" (Singer 2018, S. 322).

7.4 Die Heilung des verwundeten Selbst von Amerika

Wie sieht nach Singer die Heilung des verwundeten Selbst Amerikas aus, die Trump propagiert?

> „Die dritte und letzte Komponenten dieser miteinander verschränkten Trias von Kräften in der Gruppenpsyche ist Trumps implizites Versprechen, die „Wunde" auf der Ebene des

Gruppenselbst zu heilen. An dieser Stelle ist sein Narzissmus am markantesten und gefähr-lichsten. Die unbewusste Gleichung lässt sich folgendermaßen formulieren: ‚Ich bin der Größte, zu der sich Amerika einst auf schwingen wird. Durch die Identifikation mit meiner Größe, kannst du deinen verwundeten amerikanischen Traum zu neuem Leben erwecken und dich selbst und Amerika wieder großartig machen.' Oder noch unverblümter: 'Ich habe den amerikanischen Traum verwirklicht; ich bin der amerikanische Traum; ich bin die Verkörperung des Selbst, welches das Land anstrebt.' Das ist natürlich massive Auf-geblasenheit. Trumps Identifikation seines persönlichen Wesens mit dem selbst Amerikas ist seine Quelle demagogischer Anziehungskraft. Er ermuntert jene, die die Verankerung im amerikanischen Traum verloren haben, ihr Vertrauen in ihn zu setzen als Spiegel ihres eigenen Potenzials – eines Potenzials, dass er bereits verwirklicht hat" (Singer 2018, S. 324).

Was aktiviert Trump mit seiner Vorstellung „ich bin die Verkörperung des Selbst, welches das Land anstrebt"?

„'Auch du kannst wie ich sein: aggressiv, erfolgreich, groß, mächtig', lautet seine Bot-schaft. Das ist Trumps Narzissmus, der sich aus dem verletzten Narzissmus jener Amerikaner verbindet, die gesehen haben, wie ihre Chancen auf Wohlstand und Sicherheit rasch entschwinden. Trump zelebriert die materialistische, machtbezogene Varianten des amerikanischen Traums – die des 'großen Mannes', der durch die Stärke seiner Persönlich-keit zu Reichtum und Macht gelangt ist. Es steht ihm frei, seine eigene Meinung kundzu-tun und seine eigenen selbst verherrlichenden Ziele, die er mit denen Amerikas gleichsetzt, uneingeschränkt zu verfolgen" (Singer 2018, S. 324 f.).

Trump reaktiviert damit *den Schatten* des amerikanischen Gruppenselbst. Es ist die reale Art und Weise, wie die Vereinigten Staaten seit ihrer Gründung politisch und sozial gehandelt haben: „die materialistische, rein machtbezogene Variante des amerikanischen Traums". Der stärkste setzt sich durch, wie auch immer, ohne Rücksicht auf andere.

Singer fährt fort:

„Für viele ist Trump die exakte Verkörperung alles Schlechten an Amerika geworden: er ist ein sich selbst vermarkender Markenartikel, ein arroganter Rüpel, der vor Überheb-lichkeit platzt, *die Verkörperung von grober Gleichgültigkeit gegenüber den Bedürfnissen anderer*, von *Konsumbesessenheit* und *Gier* sowie von *Anspruchsdenken im Hinblick auf Glück*, dass wir allmählich *für unser Recht halten*. Das sind die wesentlichen Merkmale eines amerikanischen kulturellen Komplexes, der jenes beste Selbst oder jenen Geist verrät, auf den die Nation und ihre Verfassung gegründet wurden. Trumps Narzissmus ist ein voll-kommener Spiegel unseres nationalen und auch unseres persönlichen Narzissmus" (Singer 2018, S. 325).

Trump verkörpert für Singer den Schatten Amerikas, das reale soziale und gesellschaft-liche Geschehen in der amerikanischen Geschichte, welches Amerika groß und mächtig gemacht hat, aber auch zu dem geführt hat, worunter alle Amerikaner, sogar auch die wenigen Wohlhabenden, bis heute leiden: Es gilt das Recht des Stärkeren. Wer sich durchsetzt hat Recht. Das ist es, was viele ängstigt, die Trump ausgesprochen bedrohlich finden, insbesondere die Autoren des Buches „Wie gefährlich ist Donald Trump?" (Lee 2018).

Dieser Schatten ist die destruktive Seite, die der amerikanischen Größe, ihrem Größenselbst als soziale Realität, immer auch schon zugrunde lag. Gleichzeitig entstand von Anfang an als kollektive Fantasie, Amerika sei eine Gesellschaft des Glücks, des Erfolgs und der Gerechtigkeit für alle Amerikaner, und diese Fantasie wird weiterhin als die *positive* Basis Amerikas betrachtet.

Die kollektivpsychologische Analyse des „Trumpismus" liefert uns ein Verständnis massenpsychologischer Prozesse, wenn zunehmende gesamtgesellschaftliche Ungerechtigkeiten eskalieren und keine oder nur unzureichende politische Maßnahmen ergriffen werden, um diese zu verringern. Dann entstehen die geschilderten kollektiven Ängste und Fantasien, die Wut auf vermeintlich verantwortliche Gruppen und der Wunsch, von einem großen Führer gerettet zu werden. Diese kollektiven, meist unbewussten Fantasien entwickeln eine ungeheure kollektive Kraft und aggressive Energie, die Menschen massenweise mobilisieren, wenn sie von einem entsprechenden Führer angesprochen werden.

Literatur

Bion WR (1972) Erfahrungen in Gruppen und andere Schriften. Klett, Stuttgart

Fierz HK (1958) Die Jungsche (komplexe) Psychologie. In: Stern E (Hrsg) Die Psychotherapie in der Gegenwart, Rascher, Zürich, S 89–142

Sandner D (2017) Die psychologischen Grundlagen des kollektiven Unbewussten. In: Sandner D (Hrsg) Die Gesellschaft und das Unbewusste, Springer, Berlin, S 89–102. In diesem Band, Kap. 3

Singer T (2018) Trump und die Kollektivpsyche Amerikas. In: Lee BX (Hrsg), Wie gefährlich ist Donald Trump? Psychosozial Verlag, Gießen, S 313–328

Singer T (Hrsg) (2020) Cultural complexes and the soul of America: myth, psyche and politics. Routledge, London, New York

Singer T (2021a) The cultural complex. A statement of the theory and is application. In: Singer T (Hrsg) Vision, realty and complex. Routledge, London, New York, S 92–116

Singer T (2021b) From vision to folly in the American soul. New York, Routledge, London

Das kollektivpsychologische Kraftfeld politischer Handlungsfähigkeit

▶ Nach Otto Heinrich von der Gablentz ist Politik „der Kampf um die gerechte Ordnung". Hierbei geht es um Macht, die erforderlich ist, um eine bestimmte gerechte gesellschaftliche Ordnung zu etablieren, um Vorstellungen der Gestaltung dieser Ordnung sowie um die rechtliche Verankerung der angestrebten Ordnung. Diese drei soziostrukturellen Wirkfaktoren werden durch gruppenpsychologische Konstellationen erzeugt d. h. durch Mobilisierung gruppenpsychologischer Zustimmung zu der jeweiligen politischen Ordnung. In diesem Beitrag wird das dabei entstehende kollektive psychologische Kraftfeld an drei wichtigen gesellschafts-politischen Entwicklungen dargelegt: dem kollektiven psychologischen Prozess nach der Regierungsübernahme von Kanzler Schröder (1998), den grundlegenden Ver-änderungen der Politik im Rahmen des New Deal durch Roosevelt 1932 in den USA und der kollektiven psychologischen Dynamik vor der Bundestagswahl 2021.

Einer der Gründerväter der Hochschule für Politik Berlin, Otto Heinrich von der Gablentz, definierte 1956 Politik in klassischer Weise: „Politik ist der Kampf um die gerechte Ordnung". Bei diesem Kampf geht es um drei aufeinander bezogene und von-einander abhängige soziostrukturelle „Kraftbündel": Macht, Recht und Gestaltung.

Um eine gerechte Ordnung zu etablieren ist politische Macht von politischen Gruppen bzw. Führern erforderlich, es sind Vorstellungen für die Gestaltung eines sozialen Bei-sammenseins der Menschen erforderlich, d. h. wie die Beziehung in der Gesellschaft geregelt werden sollen, damit diese gerecht ist (Gestaltung), und es sind rechtliche Festlegungen bzw. Bestimmungen erforderlich, um einmal getroffene politische Ent-scheidungen abzusichern und für die Menschen einen gemeinsamen gesicherten Rahmen zu schaffen, der gegen politische Willkür politischer Gruppen schützt, „der den Anspruch der Beherrschten auf Sicherung und Ordnung wenigstens im Gröbsten erfüllt" (von der Gablentz 1958, S. 1048).

D. Sandner, *Wie Angst und Aggression in der Gesellschaft entstehen*, https://doi.org/10.1007/978-3-658-36698-8_8

Die Schaffung einer gerechten Ordnung in der Gesellschaft bewegt sich im Kraftfeld der geschilderten politischen Grundstrukturen, aber auch in dem Erfordernis, kollektiv-psychologisch eine entsprechende Mobilisierung der Menschen bei der Etablierung (Einführung), Aufrechterhaltung und Veränderung der politischen Ordnung zu erreichen.

Wenn untersucht werden soll, welche politische Handlungsfähigkeit aktuell in einer Gesellschaft, zum Beispiel der Bundesrepublik, besteht oder möglich ist, ist es erforderlich, die soziologischen Strukturen, die mit der politischen Macht (Parteien, Regierungen, wirtschaftlichen und finanziellen Interessengruppen), dem etablierten Recht und der realen, ebenfalls rechtlich verankerten Gestaltung des politischen Systems (Grundgesetz, Wahlsystem, Gestaltung von Legislative und Exekutive) vorhanden sind, zu analysieren und zu identifizieren (Sandner 2022a).

Es ist aber ebenso nötig, die kollektivpsychologischen Konstellationen zu betrachten, die innerhalb der politischen Strukturen entstehen bzw. entstanden sind. Auf diese Weise lässt sich klären, welche kollektivpsychologischen Kräfte aktuell beim Kampf um die gerechte Ordnung vorhanden sind bzw. mobilisiert werden können, um erwünschte politische Veränderungen zu erzielen bzw. zu verhindern. Anders ausgedrückt: welche kollektivpsychologischen Spielräume für eine politische Handlungsfähigkeit bestehen oder geschaffen werden können. Reale politische Handlungsfähigkeit lässt sich nur herausfinden, wenn konkrete politische Projekte daraufhin untersucht werden, welche kollektivpsychologischen Mobilisierungen vorhanden sind und ob sie bzw. wie sie beeinflussbar sind.

8.1   Was verstehen wir unter kollektivpsychologischen Konstellationen?

Als sozialpsychologische Teildisziplinen führt die Kollektivpsychologie in der akademischen Psychologie ein Schattendasein. Es gibt in der Literatur nur eine einzige Monografie mit dem Titel „Einführung in die Kollektivpsychologie": Verfasser ist der französische Psychologe Charles Blondel. Die Monografie ist bereits 1948 auch auf Deutsch erschienen. In diesem Buch schildert Blondel eingehend die eigentlich immer schon auch unter Sozialpsychologen gekannte Tatsache, dass wir uns ständig als Einzelne in kleinen und großen Gruppen bewegen, von denen abhängig, wie wir die Welt und uns selber sehen, und dass wir uns immer schon in einem kollektiv vorhandenen „psychologischen Gehäuse" befinden und bewegen.

Der zweite Klassiker der Kollektivpsychologie ist William McDougall mit seinem Werk „The Group Mind" von 1920. Er schildert als Sozialpsychologe, dass sich in jeder Gesellschaft nach und nach historisch eine spezifische „Kulturpsychologie" herausbildet, an der alle mehr oder weniger teilhaben, die allerdings auch vor allem durch kollektive Prozesse in Umbruchphasen der Gesellschaft sehr verändert werden kann und wird.

Beide Autoren betonen die Bedeutung kollektiver psychologischer Prozesse, die spontan entstehen oder auch die Aktivität besonderer politisch engagierter Gruppen erzeugt werden (Blondel 1948, McDougall 1920). Wir können diese Prozesse mittlerweile definitorisch ganz gut eingrenzen.

Kollektivpsychologie ist eine Teildisziplin der Sozialpsychologie, die sich mit kollektivpsychologischen Phänomenen in Gruppen befasst. Sie zeigen sich in Kleingruppen, großen Gruppen, aber auch auf gesellschaftlicher und nationaler Ebene.

Entdeckt und gut beschrieben wurden die kollektivpsychologischen Phänomene als Gruppenphänomene von W.R. Bion, der festgestellt hat, dass sich vor allem in wenig strukturierten Gruppen rasch ohne Absprache zwischen den Teilnehmern unbewusst Überzeugungen eingestellt haben, an denen alle teilhaben und die für alle wirkmächtig waren. Diese kollektiven psychologischen Überzeugungen nannte Bion Grundannahmen in Gruppen. Besonders häufig entsteht in Gruppen die Grundannahme „Abhängigkeit". Sie besagt, dass alle Teilnehmer sich ausschließlich an den Gruppenleiter wandten, von dem allein sie erfahren wollten, wie der Gruppenprozess möglichst ohne Gefahr für die Teilnehmer vor sich gehen sollte. Alle Teilnehmer versuchten deshalb unablässig, den Gruppenleiter zur Übernahme dieser Aufgabe zu bewegen. Teilnehmer, die Vorschläge hatten, wie die Gruppenteilnehmer gemeinsam das anstehende Gruppenproblem lösen könnten oder sollten, finden keinen Anklang in der Gruppe oder werden schlicht überhört. Bion betont, es schien so, wie wenn nur die Grundannahme Abhängigkeit erlaubt, möglich und erforderlich sein würde, um angstmachende unklare Situationen in der Gruppe zu bewältigen (Bion 1971).

Diese psychologische Art und Weise, eine bestimmte, allen angstmachende Situation in Gruppen zu bewältigen, ist ein Grundphänomen, mit dem sich die kollektive Psychologie beschäftigt. Es ist deshalb zentral für die kollektive Psychologie, weil dieses Phänomen von in Gruppen entstehenden kollektiven Überzeugungen in allen Gruppen feststellbar ist, auch in Großgruppen und in ganzen Gesellschaften. Zum Beispiel stellt die Begeisterung für Hitler in der Deutschen Gesellschaft zu Beginn der 1930er-Jahre aus der Sicht der Kollektivpsychologie genau das Phänomen dar, was in einer Großgruppe geschieht, wenn die Mitglieder angesichts der schrecklichen Not in der Weltwirtschaftskrise von einer Führerfigur die Errettung aus der erlebten großen Gefahr für die gesamte Gruppe erhoffen.

Solche kollektiven Zusammenschlüsse entstehen natürlich nicht im luftleeren Raum. Es handelt sich um kognitiv-emotionale Auseinandersetzungen bzw. Kommunikationen der Gruppenteilnehmer untereinander, wie zentrale Probleme, denen die Gruppe als ganze gegenüber sich befindet und auch erlebt wird, durch einen spontanen unbewussten Abtastprozess zu lösen versucht wird. Das Ergebnis ist jeweils eine kollektive psychologische Konstellation, an der alle Teilnehmer mehr oder weniger beteiligt sind. Es entsteht eine in der Gruppe dominante kollektive psychologische Überzeugung, wie das Problem zu lösen sein könnte bzw. müsste. In der Gruppe entsteht auch die unbewusste Übereinkunft, dass die jeweils kollektiv psychologisch entstandene Überzeugung auf jeden Fall erhalten bleiben soll.

Bion hat neben der kollektivpsychologischen Grundannahme der Abhängigkeit zwei weitere wichtige Grundannahmen festgestellt: Wenn in Gruppen, deren Teilnehmer in ihrer

Gesamtheit sich in Not erleben, vom Gruppenleiter keine Lösung mehr erwartet wird, entsteht vielfach die Gruppenannahme „Flucht": Die Gruppenteilnehmer schweigen, stellen sich sozusagen tot, verleugnen die Gefahr und es wird keiner unterstützt, der das Schweigen brechen möchte. Da diese kollektivpsychologische Maßnahme natürlich auf Dauer keine Lösung des anstehenden Problems erbringt, kommt es kollektivpsychologisch vielfach dann spontan zu gemeinsamen Aggressionen. Diese Grundannahmen nennt Bion „Kampf". Es wird versucht, von den Teilnehmern einen Gegner bzw. Verantwortlichen für die angstmachende Situation in der Gruppe zu kreieren, der für die gemeinsame Not ursächlich ist. All das geschieht spontan, ohne dass sich die Teilnehmer bewusst verständigen, d. h. kollektivpsychologisch (Bion 1972, Sandner 2017).

Von massenpsychologischen Phänomenen spricht man, wenn kollektivpsychologische Konstellationen in Gruppen besonders affektgeladen werden und nach außen als reale kollektive Aktionen sichtbar werden. So entstehende massenpsychologische Phänomene haben vor und nach 1900 verschiedene Psychologen vor allem in Italien und Frankreich sehr beschäftigt: „Die Psychologie der Massen" von Gustave Le Bon, das 1895 erschienen ist, hat viele Auflagen auch auf Deutsch erlebt. Dies ist auch nicht verwunderlich, weil in dieser Zeit die Sozialdemokratie als kollektive Bewegung zunehmend an gesellschaftlicher Kraft gewann und sich die bürgerliche Gesellschaft infrage gestellt sah.

Ein besonders eindrückliches kollektivpsychologisches Phänomen stellt der für viele als völlig überraschend oder gar unmöglich gehaltene Aufstieg von Donald Trump zum Präsidenten der Vereinigten Staaten dar. Trump hat sozusagen „aus dem Stand" die Hälfte der amerikanischen Wähler für sich gewinnen können und er blieb sogar nach seiner Abwahl im kollektiven psychologischen Bewusstsein seiner Wähler ihr Präsident, „dem die Wahl gestohlen wurde". Kollektivpsychologisch entstand nach einer einmal gewonnenen kollektiven psychologischen Einstellung bzw. Überzeugung seiner Wähler, Trump als rettender Führer, der allein weiß, wo es lang geht und der allein für „America First" arbeitet. Einmal kollektiv psychologisch verankert wirkt diese Überzeugung auch dann weiter, wenn die „rettende Figur" die Menschen nicht rettet, sofern sie dies nur weiterhin verspricht.

Kollektive psychologische Überzeugungen sind natürlich ständig in Gefahr, von einzelnen Menschen wie zum Beispiel den Propheten im Alten Testament oder auch bisher unterdrückten Gruppen mit alternativen Überzeugungen, infrage gestellt zu werden. Dies war zum Beispiel der Fall beim Aufkommen der sozialdemokratischen Bewegung im 19. Jahrhundert. Solche Gruppen bemühen sich ihrerseits, neue Erzeugungen kollektivpsychologisch entstehen zu lassen, die dann kollektivpsychologisch oder massenpsychologisch in Erscheinung treten als „gesellschaftliche Kräfte".

Welche kollektivpsychologischen Überzeugungen in unserer Gesellschaft sich konstelliert haben bzw. neu konstellieren und wie diese sich auf die politische Handlungsfähigkeit auswirken, sollen im Folgenden dargelegt werden. Dabei wird deutlich werden, dass kollektivpsychologische Konstellationen bzw. Überzeugungen nicht nur als dominante Überzeugungen in der Gesamtgesellschaft, sondern in allen politisch aktiven Gruppen.

Zentrales Ergebnis unserer Analysen wird sein: Es geht im politischen Geschehen immer um die Aufrechterhaltung der kollektivpsychologisch erzeugten Macht bestimmter dominierenden Gruppen und um die Etablierung und Aufrechterhaltung kollektivpsychologischer Vorstellungen, was zur Bewahrung dieser Macht als für alle Beteiligten gerecht bzw. gut erachtet wird.

Nur wenn es gelingt die kollektivpsychologische Dominanz in der Bevölkerung für ein bestimmte Politik zu gewinnen bzw. zu bewahren, bleiben die politischen Verhältnisse bestehen, es kommt zu wenig bis keiner politischen Handlungsfähig für politisch erwünschte Veränderungen.

8.2   Wie entstehen kollektivpsychologische Konstellationen?

Von besonderer Bedeutung für eine kollektive psychologische Theorie ist die Frage, wie kollektive psychologische Konstellationen entstehen. Hier bieten sich zwei besonders in eindrückliche historische Vorgänge an, der Aufstieg Hitlers zur Macht und die Gewinnung der Präsidentschaft der vereinigten Staaten durch Franklin D. Roosevelt:

Was Hitler anbelangt, so ist es historisch sicherlich so gewesen, dass er insbesondere im Rahmen der Weltwirtschaftskrise als vermeintlicher Retter des Vaterlandes innerhalb der Bevölkerung zunehmend als einziger betrachtet wurde, der „weiß" und verspricht, wie ein Ausweg aus der katastrophalen Lage der deutschen Bevölkerung kollektiv erreicht werden kann. Allerdings reichte diese sicherlich von einem Gutteil der Wähler zunehmend entstandene Überzeugung nicht, um Hitler an die Macht zu bringen. Die politischen Thesen, die er schon Mitte der 1920er-Jahre vertreten hatte, waren schon vor der Weltwirtschaftskrise in der politischen Diskussion. Erst durch die soziale Situation, die durch die Weltwirtschaftskrise ausgelöst wurde, verstärkte sich in der Bevölkerung die kollektive psychologische Überzeugung bzw. die kollektive emotionale Konstellation, nur er könne Deutschland retten.

8.3   Zur Kollektivpsychologie des Aufstiegs Hitler zur Macht

Bei den Reichstagswahlen von 1930 und am 31.07.1932 stieg der Anteil der NSDAP zwar von 18,73 % und auf 37,27 %, aber gleichzeitig blieb der Anteil von SPD und KPD zusammen als vorhandene politische Alternative mit 37,6 % (31.07.1932) nahezu konstant auf gleicher Höhe. Offenbar hielt von 1930 bis 1932 mitten in der Weltwirtschaftskrise, kollektivpsychologisch gesehen, nur ein zunehmend größerer Teil der Wähler Hitler als Retter. Bei der zweiten am 06.11.1932 löste die NSDAP sogar 4 % auf insgesamt 33 %, während SPD und KPD mit 36 % der Wähler konstant blieb. Einen ungeheuren Zulauf erhielt die NSDAP erst, nachdem Hitler am 33.01 1933 von Hindenburg zum Reichskanzler ernannt wurde. Bei der einzigen noch freien Reichstagswahl 1933 erhielt die NSDAP 44 % und SPD und KPD zusammen nur mehr 30 %. Entstanden war die kollektivpsychologische dominante Überzeugung, Hitler sei wirklich der Retter. Er sei jetzt ja sogar der Reichskanzler und könnte seine politischen Vorhaben verwirklichen. Hitler sagte ja vor der Wahl 1933 „gebt mir vier Jahre Zeit".

Von besonderem Interesse aus kollektivpsychologischer Sicht ist, dass während der Weltwirtschaftskrise die Bevölkerung sich um die politische Gruppe scharten, von der sie schon vorher eine Verbesserung der sozialen Lage erwartet hatten: Dies waren die SPD, die 1930 noch 29,53 % wählten, die KD wählten 13,3 %, das Zentrum 11,8 % und die NSDAP erhielt 18,33 % der Stimmen. Erst 1933, nachdem Hitler Reichskanzler geworden war, entstand eine dominante, kollektive psychologische Konstellation, die sich dann zunehmend in der gesamten Bevölkerung verstärkte. Dynamisiert wurde diese Entwicklung durch die Errichtung eines Propagandaministeriums unter Joseph Goebbels. Die Nazis wussten genau, dass eine für sie günstige kollektive psychologische Konstellation nur durch massenmediale Unterstützung und Konzentration aufrechterhalten und weiter gefördert werden konnte. Dies ist kollektivpsychologisch generell ein wesentlicher Faktor bei Entstehung und Aufrechterhaltung einer kollektivpsychologischen Konstellation.

8.4 Wie entstehen kollektivpsychologische Konstellationen generell?

Aus dieser Analyse des Aufstiegs Hitlers wird deutlich, dass für das Entstehen von kollektivpsychologischen Überzeugungen mehrere Faktoren zentral sind: in der Regel eine bedrohliche bis katastrophale Situation, in der alle Gesellschaftsmitglieder sich befinden, das Versagen der politisch herrschenden Gruppe bei der Bewältigung dieser Situation sowie notwendig das Versprechen eines Führers oder einer politischen Partei, die Menschen aus dieser Situation zu bringen bzw. zu erretten.

Nichtsdestoweniger heißt das spontane Entstehen einer kollektivpsychologischen Konstellation wirklich zu einer gesellschaftsweit dominanten Konstellation führt. An die Macht gekommen, muss der Retter oder die rettende Gruppe zeigen, dass sie die Situation verändern kann, d. h. machtvoll realisieren. Darüber hinaus muss die an die Macht gekommene Gruppe möglichst rasch rechtliche, machterhaltende Maßnahmen ergreifen, jede öffentliche Diskussion über politische Alternativen weitgehend unterbinden und Zusammenschlüsse alternativer politischer Gruppen einzuschränken oder gar verbieten.

8.5 Kollektivpsychologie des Aufstiegs Franklin D. Roosevelt zum amerikanischen Präsidenten 1932

Sozialpsychologisch bedeutsam für das Verständnis der Entstehung kollektivpsychologischer Konstellationen ist neben der geschilderten Machtergreifung Hitlers eine politische, die parallel hierzu in den Vereinigten Staaten entstanden ist: das Entstehen einer kollektivpsychologischen Vorstellung der Rettung des Vaterlandes durch die Wahl

Roosevelts zum Präsidenten der Vereinigten Staaten 1932 im Zusammenhang ebenfalls mit der Weltwirtschaftskrise.

Roosevelt wurde 1932 gewählt, weil er versprach, mit einem „new deal fort the American people" aus der schlimmsten Wirtschaftskrise der amerikanischen Geschichte herauszuführen, nachdem die Regierung des vorherigen republikanischen Präsidenten Hoover mit seiner Politik restriktiver Finanzpolitik die amerikanische Wirtschaft und mit ihr die ganze Weltwirtschaft zunehmend in eine immer größere Finanzkrise geführt hatte. Im Gegensatz zu Hitler lediglich unter Beibehaltung der wirtschaftlichen Struktur und der Stärkung der vorhandenen wirtschaftlichen Machtverhältnisse, sozusagen durch pure Machtausübung, die Krise zu lösen, hat Roosevelt dezidiert durch völlig neuartige politikpolitische und wirtschaftliche Vorstellungen für das Entstehen einer gerechten Gesellschaft unter Anwendung staatlicher und rechtlich Maßnahmen im Dienste der gesamten Bevölkerung der USA die Wahl 1932 gewonnen.

Es entstand durch sein politisches Programm in der Mehrheit der amerikanischen Wählerschaft die kollektive psychologische Vorstellung bzw. Überzeugung, er führe alle und sozial gerecht aus der wirtschaftlichen und sozialen Krise. Diese Vorstellung konnte aber nicht allzu lange vollständig aufrechterhalten werden: Bereits zu seiner New Deal Politik, nämlich 1936, haben sich mächtige Interessengruppen gemeldet, die es nicht so lassen wollten, dass eine umfassende gerechte Sozialpolitik auf Kosten der Reichen und Superreichen durchgeführt wurde. Diese Gruppen haben die öffentliche Meinung und die von ihnen mit viel Geld unterstützten Massenmedien in ihrem Interesse vollständig dominiert. Roosevelt gelang es aber durch den Hinweis auf massive soziale Verbesserungen der Situation der Bevölkerung, welche die Menschen auch erlebten und die er ja auch sofort in Angriff genommen hatte, durch eine bislang ungekannte Mobilisierung der Bevölkerung die Wahl 1936 zu gewinnen.

Von besonderer Bedeutung für die Korrektivpsychologie als Wissenschaft ist neben der Analyse des Entstehens kollektive Überzeugungen die genaue Analyse bestehender kollektivpsychologischer Konstellationen in einer Gesellschaft bzw. Großgruppe sowie insbesondere der bestehenden Maßnahmen zu ihrer Aufrechterhaltung (rechtliche Bestimmungen, ideologische Vorstellungen, Organisierung der politischen Willensbildung, massenmediale Verankerung der bestehenden politischen Vorstellungen als „gerecht" und „alternativlos", usw.).

Dieses kollektivpsychologische Konflikt- bzw. Kraftfeld soll im Folgenden anhand von drei Beispielen politischer und damit auch kollektivpsychologischer Konstellationen näher verdeutlicht werden.

8.6   Wer bezahlt die Corona-Krise?

Im Rahmen der Corona-Pandemie hat der deutsche Staat riesige Summen aufgenommen, um die wirtschaftlichen und sozialen Einbrüche in gesamtgesellschaftlichem Ausmaß abzumildern.

Der Wirtschaftswissenschaftler Rudolf Hickel schreibt: „Durch neue Schulden in Höhe von insgesamt 117,7 Mrd. € geht die Bundesregierung mit sage und schreibe 137,8 Mrd. € über die zulässige (Verschuldungs-)Grenze hinaus (Hickel 2020, S. 105).

In einem Beitrag „Die Kosten der Coronakrise: Wer begleicht die Rechnung?" schlägt Hickel vor, anstatt diese Kosten allen Steuerzahlern zu übertragen, wie bisher geplant, durch Einführung einer einmaligen Vermögensabgabe großer und sehr großer Vermögen die Schulden zu begleichen. Er begründet dies mit der empirischen Tatsache, dass ein Prozent der Vermögenden über 35 % des Nettovermögens verfügen und bei den obersten 10 % sich sogar über zwei Drittel des gesamten Nettovermögens konzentrieren (Hickel 2020, S. 112).

Abgesehen von der Frage, ob diese Vermögenskonzentration auf gerechte Weise zustande gekommen ist und sich weiter fortsetzt, betont Hickel, dass dies nur eine gerechte Verteilung der Kosten innerhalb der Gesellschaft wäre; denn durch die Corona-Pandemie werden die Besitzenden großer Vermögen noch reicher, im Gegensatz zum Großteil der sonstigen Bevölkerung. Was ist mit diesem Vorschlag geschehen? Wie war die Reaktion bei den politischen Parteien und innerhalb der öffentlichen Meinung?

Dieser Vorschlag wurde lediglich von einem aktiven Politiker, dem Bremer Bürgermeister Andreas Bovenschulte, aufgegriffen (Hickel 2020, S. 111). Nach dem Prinzip „wehret den Anfängen" wurde vielmehr ohne eine Prüfung des Vorschlags allseits betont, es werde im Zusammenhang mit der Corona-Pandemie keine Steuererhöhung geben. Die immensen Schulden werden in den nächsten Jahren durch die ganz normalen Steuereinnahmen des Staates beglichen werden können. Allseitige Zustimmung in der politischen und öffentlichen Meinung, sozusagen kollektivpsychologische Einmütigkeit. Diese Einmütigkeit entstand sicherlich auch, weil in der politischen Öffentlichkeit unversehens die Behauptung kursierte, bei dem Vorschlag von Hickel bzw. von Bovensiepen gehe es generell um eine Steuererhöhung für Besserverdienende, nicht aber um eine Einmalsteuer für besonders hohe Vermögen; deshalb die Betonung, es gebe keine Erhöhung von Steuern. Wieso entsteht so rasch in der gesamten politischen Öffentlichkeit, aber auch bei dem einfachen Bürgern, eine einmütige Ablehnung des Vorschlags? Meine Vermutung ist, dass im politischen und gesellschaftlichen Leben beim Großteil der Bürger die allgemein geteilte, kollektivpsychologisch verankerte Überzeugung besteht: Menschen mit hohem Vermögen haben dieses selbst erarbeitet und auch versteuert. Wieso sollten Sie dafür noch einmal eine Steuer entrichten? Das ist aber nicht nur eine weit verbreitete Meinung, sondern auch rechtlich genauso geregelt. Die Vermögenden haben einen Rechtsanspruch darauf, keine zusätzliche Steuer zu bezahlen. Hier kommt die Bedeutung des Rechts bzw. die Einwirkung rechtlich verbriefter Vorstellungen auf die Entstehung und Aufrechterhaltung kollektivpsychologischer Vorstellungen zum Tragen.

Dass die großen Vermögen durch ganz bestimmte steuerliche Maßnahmen und auch vielfache Vergünstigungen bei der weiteren Anlage der Vermögen entstanden und schließlich zu den oben geschilderten riesigen Vermögen in den obersten 10 % der Bevölkerung gewachsen sind, fällt nicht ins Gewicht bei der öffentlichen und politischen Meinung, weil dies im Rahmen rechtlicher Bestimmungen der Gestaltung des Erwerbs von Vermögen in unserer Gesellschaft stattfindet. Das ist die kollektivpsychologische Basis der „Gestaltung" des Kampfes um eine gerechte Ordnung in unserer Gesellschaft.

Eine rechtlich verankerte ganz bestimmte Vorstellung, wie gerechter Erwerb von Vermögen in unserer Gesellschaft geregelt wird, was dabei erlaubt ist und was nicht, führt dazu, dass auch wenn viele Menschen dem Vorschlag von Hickel zustimmen würden es auf dem Hintergrund stabiler öffentlichen Meinung, was gerecht ist und was nicht, allein aus rechtlichen Gründen nicht erlaubt ist. Dabei ist es rechtlich durchaus möglich gewesen, wie Hickel ausführt, dass unter bestimmten Bedingungen, nämlich der Situation nach dem zweiten Weltkrieg im Rahmen des Ausgleichsgesetzes von 1952, massive staatliche Eingriffe in die ansonsten bestehende rechtliche Ordnung vorgenommen werden konnten und dies auch nicht den bestehenden Grundgesetzbestimmungen widersprach (Hickel 2020, S. 111). Eine solche politische Maßnahme wird aber vermutlich nicht kommen, weil kollektivpsychologisch verankerte Vorstellungen über eine gerechte Ordnung der politischen Verhältnisse in Deutschland vorhanden sind. Keine Partei wird daran rütteln bzw. den vorhandenen politischen Handlungsspielraum nutzen. Schon gar nicht dominante gesellschaftliche Gruppen, die die geschilderte Gestaltung des politischen Lebens so und nicht anders politisch festgelegt haben.

8.7   Sozialabbau unter der Regierung Schröder

Welche Bedeutung kollektivpsychologische Konstellationen und damit verbundene Überzeugungen und gefühlsmäßige Einstellungen im Rahmen grundlegender sozialpolitischer Veränderungen in einer Gesellschaft haben, wird bei der Analyse der „sozialen Reformen" in der Regierungszeit von Bundeskanzler Gerhard Schröder (1998 bis 2005) deutlich.

Schon von Anfang an, besonders aber in den letzten Jahren der Kanzlerschaft Helmut Kohl, wurden verschiedene bislang geltende sozialrechtliche Bestimmungen der sozialen Marktwirtschaft zurückgenommen (Sozialabbau Kohl):

1. „Der Kündigungsschutz wurde durch befristete Arbeitsverträge eingeschränkt und gleichzeitig eine Flexibilisierung der Arbeitszeit eingeführt: „Teilzeitarbeit, Überstunden und Mehrarbeit, Zeitkonten, Telearbeit, Wechselschichtmodelle … Kapazitätsorientierte variable Arbeitszeiten".
   In diesem Zusammenhang kam es zu einer starken Zunahme geringfügiger Beschäftigung, befristete Arbeitsverhältnisse, sogenannter selbstständiger Subunternehmer ohne entsprechende sozialrechtlich Absicherungen.
2. Die Realeinkommen traten seit Anfang der achtziger Jahre auf der Stelle, die Steuerbelastung der Unternehmen sank von 29,3 auf 18,3 %, was den Nettogewinn jährlich um 9,8 % anwachsen ließ.
3. Gleichzeitig wurden „immer mehr Menschen, die sich jahrzehntelang in materieller Sicherheit wähnten, … arbeitslos und rutschten sozial ab. Selbst wer nach Arbeitslosigkeit wieder Arbeit findet, gerät in eine Abwärtsspirale" (Sozialabbau Kohl, Seite 3).

4. Unter der Regierung Kohl wurden massive Kürzungen in der gesetzlichen Rentenver-
sicherung durchgeführt:
- Änderung der Rentenanpassung von Bruttolohn- auf die Nettolohnentwicklung.
- Anhebung der Altersgrenze von 60 auf 65 Jahre
  - Einführung der Rentenabschläge (–3,6 % bei vorzeitiger Inanspruchnahme
- Selbst versicherte mit 45 Beitragsjahren müssen, wenn sie wegen Arbeitslosigkeit
  vorzeitig Rente beantragen, die neu eingeführten vollen Rentenabschläge bis zum
  Lebensende tragen,. Dabei spielt es nun keine Rolle mehr, dass die betroffenen
  Versicherten jahrzehntelang Beiträge unter der Voraussetzung gezahlt haben, dass
  sie gegebenenfalls mit 60 ohne Abzug in Rente gehen können. (Sozialabbau Kohl,
  S. 6).

Fazit der 16 Jahre Regierung Kohl:

> „die Regierung Kohl hinterließ eine soziale Krise von verheerenden Ausmaßen. Noch nie
> seit der Gründung der Bundesrepublik war trotz aller sozialen Einschnitte die Arbeits-
> losigkeit so hoch, die Kluft zwischen Arm und Reich so tief. Steuererhöhungen, die auch
> die Wirtschaft an den Staatsausgaben beteiligt hätten, waren unter Kohl tabu. Seit Kohls
> Amtsantritt stieg das verfügbare Einkommen von Selbstständigen um die Hälfte, dass von
> Lohn und Gehalts Empfängern sank um 10 %. Die Rezepte der Kohl-Regierung: Sozial-
> kürzungen, Beschneidung von Arbeitnehmerrechten, keine Steuererhöhungen (für Wirt-
> schaft und Spitzenverdiener), dafür wurde die Mehrwertsteuer dreimal erhöht" (Sozialabbau
> Kohl, S. 7).

Dieser Sozialabbau unter der Regierung Kohl blieb den Wählern nicht verborgen. In der
Bevölkerung entstand die kollektivpsychologische Vorstellung, es sei unbedingt erforder-
lich, die Regierung Kohl abzuwählen. Dabei bot sich die rettende Vorstellung einer
sozialdemokratisch geführten Regierung an, die versprach, den Sozialabbau unter der
Regierung Kohl rückgängig zu machen oder wenigstens zu stoppen. Dies führte zu dem
Wahlsieg der SPD 1998 und zur Etablierung der Koalitionsregierung zwischen SPD und
Grünen.

Kollektivpsychologisch bedeutsam ist, wie Kohl 16 Jahre an der Macht bleiben
konnte, obwohl er bereits neun Jahre vorher während der „Wende" Gefahr lief, abgewählt
zu werden. Fest steht, dass Kohl 1982 bei seinem Amtsantritt, bei dem Versprechen, die
Arbeitslosigkeit zu beseitigen, verkündet hat: Das gehe nur, indem die Arbeitskosten
verringert werden, generell die sozialen Anforderungen an den Staat und eine massive
Verringerung von Steuern für Unternehmen erforderlich sei. Alles lief auf Sozialabbau
in den 16 Jahren der Regierung Kohl hinaus. Wieso haben die Wähler, d. h. vor allem
alle Berufstätigen, Kohl viermal wiedergewählt? Zentral hierfür dürfte sein, dass die
Regierung Kohl die nahezu vollständige Ablösung des Modells der sozialen Marktwirtschaft durch die neoliberale Vorstellung vom schlanken Staat popagiert hat, verbunden
mit der Devise, jeder müsse hauptsächlich für sich selbst Sorge tragen und: Wenn es der
Wirtschaft gut geht, gehe es nach dem sogenannten Prinzip des „trickle down" allen gut.

Die neoliberalen Vorstellungen konnten bis 1998 im Wesentlichen kollektivpsychologisch in der Bevölkerung aufrechterhalten werden, bis der Sozialabbau unerträglich wurde und die Menschen bei den Sozialdemokraten eine grundlegende Veränderung erhofften. Im kollektiven Gedächtnis war die Sozialdemokratie immer noch als die Partei der sozialen Gerechtigkeit vorhanden und ihre führenden Vertreter versprachen dies auch vor der Wahl 1998.

Die SPD kam dann von bei der Wahl 1994 erzielten 36,4 % auf 40,9 %, während die CDU absackte von 41,5 % auf 35,2 %. Nach der Wahl 1998 bestand nach dem Bericht eines damaligen jungen SPD-Abgeordneten eine richtiggehende Euphorie in der SPD und in der Bevölkerung generell (Schröder 2018). Mit dieser Aufbruchsstimmung war es aber bald vorbei, als es zwischen dem Finanzminister Lafontaine und dem Bundeskanzler Schröder zu heftigen Auseinandersetzungen über die erforderliche sozial verträglich Finanz- und Wirtschaftspolitik kam: Lafontaine wollte die Wahlversprechen der SPD nach Rücknahme vieler Maßnahmen der Kohl-Regierung realisieren und eine Finanz- und Steuerpolitik durchführen, die eine Kontrolle von Finanzspekulationen sowie eine gerechtere Besteuerung von Banken und Industrie anstrebte:

> „Im Gegensatz zum Wirtschaftsflügel der SPD trat Lafontaine dafür ein, den negativen sozialen Auswirkungen der Globalisierung und dem ungehemmten Wirken des Marktes mit staatlichen Mitteln entgegenzutreten, hierzulande wie auch in der EU eine Erhöhung der Einkommen zur Stärkung der Binnennachfrage durchzusetzen, einige Steuerprivilegien der Wirtschaft anzutasten und Rücklagen der heimischen Energiekonzerne zu besteuern und seine Forderungen nach einer Regulierung des Finanzmarktes brachte die Wirtschaftslobby auf die Barrikaden" (Sozialabbau Schröder, S. 2 f.).

Am 10. März 1999 erklärte Schröder bei einer Kabinettssitzung, eine wirtschaftsfeindliche Politik sei mit ihm nicht zu machen. Kanzler Schröder knickte vor der Wirtschaft ein und stellte sich gegen seinen Finanzminister. Lafontaine erklärte einen Tag später seinen Rücktritt.

Dieser Vorgang hat in der Öffentlichkeit hauptsächlich als „Machtkampf" zwischen Schröder und Lafontaine Resonanz gefunden. In einem Interview aus dem Jahr 2019 hat Lafontaine hierzu gesagt, er habe damals schon bemerkt, dass innerhalb der SPD keine Mehrheit für seinen wirtschafts- und finanzpolitischen Kurs mehr bestand (Lafontaine 2019). Wie sich dann rasch herausstellte, war Schröder nicht nur, wie in dem aufkommenden Slogan, „Genosse der Bosse", sondern ganz real ein Großteil der SPD, die sich bald „SPD der Modernisierer" bezeichnete. Wie sah dieses Konzept aus?

> „Senkt die Steuern für die Reichen und die Konzerne in Deutschland, dann erhöhen sie im Inland ihre Investitionen, dann steigt die Konjunktur, Arbeitslosigkeit und Staatsdefizit sinken, und alles wird gut. Dieses Glaubensprogramm wurde von den Wirtschaftsverbänden, den Merz-Anhängern in der CDU/CSU- Bundestagsfraktion sowie der FDP erfolgreich in die Köpfe der Entscheidungsträger und der Bevölkerung eingehämmert und seit 2001 mit massiver Unterstützung von Bundesrat und CDU/FDP- regierten Bundesländern von der rot-grünen Bundesregierung umgesetzt" (Sozialabbau Schröder, S. 8 f.).

Dies war aber natürlich nur möglich, weil dominante Gruppen in der SPD sich genau diesem Konzept angeschlossen haben. Der nach der Wahl 1998 vorhandene politische Spielraum wurde so nicht genutzt. Der sozialpolitisch neue Kurs war politisch möglich, weil für die Wähler, was ihre wirtschaftliche und soziale Situation betraf, zunächst noch keine Auswirkungen der geplanten neoliberalen Politik der Regierung Schröder bemerkbar waren. Wirklich entscheidend und für viele Berufstätigen bemerkbar wurde erst 2003, als die Realisierung des Projekts „Finanzplatz Deutschland weiter fördern" von der Regierung Schröder beschlossen wurde.

Praktisch hat das nicht nur bedeutet, dass Steuern und Abgaben für die Industrie und Finanzinvestoren verringert, wenn nicht gar vollständig aufgegeben werden sollten, sondern vor allem viel massivere Eingriffe bei arbeitsrechtlichen Regelungen getroffen werden sollten, um die Arbeitskosten für die Unternehmen zu senken, und vor allem die Einführung der Hartz IV Gesetze zur Eindämmung staatlicher Sozialausgaben ab 2003.

Durch diese Gesetze wurden die sozialen, kollektiven gesellschaftlichen Sicherungen bei Arbeitslosigkeit massiv reduziert, was unter der Bevölkerung massive Angst und Wut erzeugte, auch bei Anhängern der SPD. Bundeskanzler Schröder konnte diese Gesetze auch nur unter Drohung mit Rücktritt in der Koalition aus SPD und Grünen durchsetzen. Ebenso regte sich Unmut über die geplante Rentenreform, wobei die bereits unter Kohl vorgenommenen Verschlechterungen der Renten noch einmal vergrößert wurden (Schröder Sozialabbau, S. 12 f.).

Was war kollektivpsychologisch seit der Wahl 1998 geschehen? Die ursprünglich kollektivpsychologisch entstandene Überzeugung der Mehrheit der Wähler, es müsse zu einer gerechteren gesellschaftlichen und politischen Entwicklungen kommen, konnte sich nicht durchsetzen und wurde von der neoliberalen Vorstellung durch Schröder und einer entsprechenden zunehmenden Anhängerschaft in der SPD von einer noch stärkeren neoliberalen Überzeugung, als dies bereits unter der Regierung Kohl der Fall war.

Hier wird deutlich, dass kollektive psychologische Vorstellungen zentral sind für das politische Handeln, dass es aber immer auch um einen kollektivpsychologischen und politischen Kampf und um die Etablierung oder auch die Aufrechterhaltung der entsprechenden kollektivpsychologisch sich verankernden Überzeugungen geht.

Bei der Etablierung bzw. Veränderung dieser Vorstellungen („Ideologien") spielt die Gewinnung politischer Macht über ein einmal etabliertes politisches System (Grundgesetz, Wahlen, politische Parteien, Rechtsordnung), aber auch die massenmediale Verbreitung bestimmter Vorstellungen als gut für alle und schließlich die rechtliche Verankerung die zentrale Rolle. Nichtsdestoweniger ist aber auch bedeutsam, wie ein Großteil der Bevölkerung die reale soziale Situation empfindet. Kollektive psychologische Vorstellungen entstehen auf diese Weise nicht nur spontan, wie vor der Wahl von Schröder, sondern müssen und werden ganz aktiv von bestimmten Interessengruppen (z. B. Parteien) zu etablieren versucht, wie dies Rainer Mausfeld (2018) in seinem Buch „Warum schweigen die Lämmer?" darlegt und Sandner in seinem Aufsatz „Warum schweigen nicht nur die Lämmer?" weiter differenziert hat (Sandner 2022c).

Von besonderer Bedeutung ist bei der geschilderten Entwicklung der kollektiv-psychologische Befund, dass auch real mögliche politische Handlungsspielräume von den politischen Akteuren genutzt und gegen massive politische und gesellschaftliche Widerstände durchgesetzt werden müssen. Dass dies kollektivpsychologisch möglich ist, lässt sich zeigen bei der Betrachtung der Politik des „New Deal for the American People", genannt „New Deal", in den dreißiger Jahren des vorigen Jahrhunderts unter der Präsidentschaft von Franklin D. Roosevelt (Lehndorff 2020a, b).

8.8   Der New Deal von Roosevelt (1932)

1932 war die internationale Wirtschaftskrise, die „große Depression", in den USA an einem Punkt angelangt, an dem sogar wichtige Wirtschaftsführer nach einer Führungs-figur riefen, die das Land retten sollte (Lehndorff 2020a, b, S. 14 f.). Lehndorff, der im letzten Jahr eine ausgezeichnete Analyse des New Deal veröffentlicht hat, schreibt:

> „Dies war der Hintergrund, vor dem sich Franklin D. Roosevelt nach harten Auseinander-setzungen mit dem Parteiestablishment als Präsidentschaftskandidat der Demokraten durch-setzte und das Versprechen eines ‚New Deal fort the American People' abgab – mit dem ‚forgotten man' als Hauptadressaten. Im November 1932 gewann er die Wahl mit 57 % der Stimmen" (Lehndorff 2020a, b, S. 15).

Kollektivpsychologisch bedeutet dies, dass die überwiegende Mehrheit der ameri-kanischen Wahlbevölkerung diesem New Deal zustimmte und zu diesem Zeitpunkt die liberale Ideologie des Wirtschaftens, die zur Weltwirtschaftskrise geführt hatte, ihre Wirk-kraft auf die öffentliche Meinung in den USA weitgehend eingebüßt hatte. Sozusagen jede Rettung der Wirtschaft war kollektivpsychologisch erwünscht. Im Gegensatz zum Verhalten von Schröder und seiner Regierung nach dem Wahlsieg 1998, machte Roosevelt sich energisch an die Verwirklichung seiner Wahlversprechen:

> „Der Bankensektor wurde saniert und reguliert, und die Börse wurde einer staatlichen Auf-sicht unterstellt; mithilfe verschiedenster Beschäftigungsprogramme wurden innerhalb weniger Monate über 6 Millionen bis dahin arbeitslose Menschen für den Bau von Schulen, Spielplätzen, Kindergärten, Straßen, Grünflächen, für Aufforstung und Landschaftspflege eingesetzt; mit weiträumigen Infrastrukturprojekten wurden Staudammsysteme zur Bewirt-schaftung, Bewässerung und Elektrifizierung ganzer Regionen geschaffen.
> Mit neu eingeführten Systemen sozialer Unterstützung gelang es, im Laufe 1930er Jahre insgesamt einem Drittel der Bevölkerung staatliche Hilfen zukommen zu lassen. Die Steuern für hohe Einkommen, Erbschaften und Unternehmensgewinne wurden drastisch erhöht; erstmals wurden soziale Mindeststandards wie das Verbot der Kinderarbeit, das Recht auf gewerkschaftliche Organisierung, ein Mindestlohn und eine Regelarbeitszeit von 40 Wochenstunden gesetzlich verankert; es wurde ein Sozialversicherungssystem ein-geführt mit den Schwerpunkten einer Arbeitslosen- und einer Rentenversicherung; und last not least: 3000 Kulturschaffende verschiedenster Disziplinen wurden gefördert und brachten Kunst unters Volk" (Lehndorff 2020a, b, S. 84).

Die Politik Roosevelts erzeugte rasch einen ungeheuren Aufstand in der Industrie, den Vermögenden, aber auch wichtigen Teilen der Demokratischen Partei. Besonders massiv wurde der Widerstand, als ab 1935 die steuerliche Belastung hoher Einkommen deutlich erhöht wurde. 1936 und 1937 wurde außerdem die Steuereintreibung verschärft und eine Besteuerung von nicht ausgeschütteten Unternehmensgewinnen sowie eine hohe Erbschaftssteuer eingeführt (Lehndorff 2020a, b, S. 92).

Lehndorff betont:

> „Wichtiger als die – zunächst begrenzten – unmittelbaren Einnahme-Effekte war der Paradigmenwechsel, der mit diesem Steuergesetz eingeleitet wurde. Es war der Beginn einer staatlichen Umverteilungspolitik, die während des Zweiten Weltkriegs und dann bis in das Goldene Zeitalter der Nachkriegsjahrzehnte hinein zu einer Erhöhung des Spitzensatzes der Einkommensteuer auf schließlich 91 %, des Spitzensatzes der Erbschaftssteuer auf schließlich 77 % und der durchschnittlichen Bundessteuer auf Unternehmensgewinne auf über 45 % führte" (Lehndorff 2020a, b, S. 90).

Gegen massiven Druck von den mächtigen Interessengruppen des Finanz- und Großkapitals mobilisierte Roosevelt und seine Regierung gesellschaftsweit eine bis dahin noch nie da gewesene Unterstützung durch unzählige Gruppen außerhalb des politischen Spektrums:

> „Über die Partei hinaus bildeten Persönlichkeiten des öffentlichen und politischen Lebens (einschließlich prominenter Republikaner) ein ‚Progressive National Commitee'. Zahlreiche Bürgermeister unterschiedlicher Parteizugehörigkeit mobilisierten die Bevölkerung in Großstädten für die Wiederwahl von Roosevelt. Eine ebenso für riskant gehaltene wie erfolgreiche Initiative war die Bildung einer breit gefächerten ‚Good Neighbor League', in der sich Angehörige unterschiedlichster religiöser und ethnischer Minderheiten zusammentaten, die sich traditionell voneinander abschotteten … Ein wichtiges Element war dabei der geglückte Versuch, die afroamerikanische Bevölkerung … von ihrer traditionellen Unterstützung der Republikaner abzubringen" (Lehndorff 2020a, b, S. 92).

Auf diese Weise gewann Roosevelt die Wahl von 1936 mit 60 % der Stimmen.

Von 1932 bis 1937 stieg die Zahl der Beschäftigten von 38 auf 46 Mio., die Zahl der Arbeitslosen sank um 5 Mio. (die Arbeitslosenquote sank von 24 % im Jahre 1933 auf 17 % 1936 und 14 % 1937).

Dies war möglich durch umfangreiche Erhöhung der steuerlichen Einnahmen und durch massive staatliche Investitionen in die Infrastruktur des Landes und damit verbunden entsprechende Förderung von Arbeit und Kaufkraft. Nichtsdestoweniger stieg durch das gewollte „deficit spending" des Staates und stark erhöhte Steuereinnahmen die Staatsverschuldung 1938 stark an und erzeugte bei Roosevelt und seiner Regierung „ideologische Bedenken", was die weitere Fortsetzung seines Wirtschaftskurses anbelangt:

> „Die rechte Opposition bekam auch deshalb Auftrieb, weil die Regierung … aus neoklassisch inspirierter Angst vor steigender Staatsverschuldung mit zu wenig Nachdruck an die Schlüsselfrage der öffentlichen Infrastruktur heranging. Dies brachte die Newdealer erstmals in eine Defensivposition. John Maynard Keynes kritisierte in einem privaten und

persönlichen Brief an Roosevelt vom Februar 1938 die Ausgabenkürzungen. Er warnte vor einem zu zögerlichen Herangehen der Regierung an öffentliche Ausgaben für Wohnungsbau, Eisenbahnen und regionale Energieversorgung und empfahl eine wesentlich entschlossenere Ausweitung öffentlichen Eigentums in diesen Sektoren. Zurückhaltung in den Zielen führe dazu, dass noch vorhandene Möglichkeiten nicht mit dem erforderlichen Nachdruck genutzt würden (Lehndorff 2020a, b, S. 93).

Welche kollektivpsychologische Konstellation war entstanden?

Kollektivpsychologisch verstärkte sich in den führenden politischen Kreisen einschließlich der Demokratischen Partei, der Schicht besser Verdienender, aber auch der Finanz- und Wirtschaftselite eine kollektive Stimmung der erforderlichen Abkehr vom „new deal for the American people". Er wurde 1938 nicht fortgesetzt, der sozialpolitische Ausgleich zwischen Reich und Arm blieb aber bis in die 1980er-Jahre unter der Regierung Ronald Reagans bestehen (Saez und Zucman 2020, S. 74 ff.). Dies bedeutete vor allem eine gerechte Besteuerung und die Einführung sozialer Sicherungssysteme, die es vor 1932 in den USA fast nicht gab.

Kollektivpsychologisch bedeutsam ergibt sich aus der Politik des New Deal: Es ist erforderlich, konkrete Pläne für eine gerechtere Gesellschaft zu entwickeln (politischer Faktor Gestaltung), das durch eine politische Gruppe unter Leitung einer Politikerpersönlichkeit geschehen kann, Gewinnung einer Mehrheit für das entsprechende politische Programm (politischer Faktor Macht) und schließlich eine rechtliche Absicherung der gewünschten politischen Regelungen (Besteuerung, Arbeitsrecht, Absicherung bei Arbeitslosigkeit, Krankheit, Rente, Katastrophen, usw.) Dies beinhaltet den wesentlichen politischen Faktor Recht.

Unter Roosevelt bestand von 1932–1938 der politische Handlungsspielraum und wurde gegen massive Widerstände in der Gesellschaft (wirtschaftliche und finanzielle Machteliten, die republikanische Partei, gut verdienende und wohlhabende Gruppen) bis 1938 durchgehalten.

Beim Wahlsieg der SPD im Jahre 1998 bestand zunächst auch ein großer sozialer und finanzpolitischer Spielraum. Es wurde aber bereits nach einem halben Jahr deutlich, dass sowohl Schröder als auch ein Gutteil der SPD diesen Spielraum nicht nutzen wollten. Es setzte sich rasch die neoliberale Ideologie durch, wie sie bereits unter Kohl sich zunehmend verbreitet hatte: Was gut ist für die Wirtschaft, ist gut für alle. Diese Vorstellung wurde kollektivpsychologisch als Bezugssystem für eine gerechte Gesellschaft massenmedial verbreitet und bei allen politischen Maßnahmen als notwendig und alternativlos kognitiv in der Bevölkerung verankert. So entstand eine weitverbreitete Mentalität und Wertstruktur als Basis jeglichen zielorientierten politischen Handelns.

Die SPD wurde zunächst kollektivpsychologisch für das Aufgeben ihrer ursprünglichen sozialpolitischen Vorstellungen nicht abgestraft. Sie hatte als soziale Volkspartei noch mehrere Jahre, jedenfalls bei der zweiten Bundestagswahl 2004 immer noch Kredit bei den Wählern und es verblieb die Hoffnung, die SPD könnte zu ihrer ursprünglichen Sozialpolitik zurückkehren. Sie sackte dann aber bei der Bundestagswahl 2009 auf 20 % der Stimmen ab. Immerhin blieb trotz der unsozialen Sozialpolitik der SPD kollektivpsychologisch die Hoffnung auf eine Rückkehr der SPD zu einer sozialen Volkspartei sogar bis zur Bundestagswahl 2017 erhalten: Als 2017 der Kanzlerkandidat der SPD, Schulz, moderate soziale Verbesserungen versprach, stieg der potenzielle Wähleranteil der SPD innerhalb weniger Wochen von 20 auf 30 % (!).

Was bedeuten die geschilderten Analysen sozialpolitischer Projekte für die Frage politischen Handlungsspielraums aus kollektivpsychologischer Sicht?

8.9   Kollektivpsychologisches Fazit der Untersuchung

Die politische Handlungsfähigkeit muss jeweils politisch erkämpft werden durch Mobilisierung von politischer Macht, politischen Vorstellungen, wie eine gerechte soziale Ordnung beschaffen und erreicht werden soll (politischer Faktor Gestaltung) und wie diese Ordnung entsprechend rechtlich verankert und kontrolliert werden soll und kann (politischer Faktor Recht).

Diese drei soziostrukturellen „Agenturen" werden kollektivpsychologisch bedeutsam, wenn es gelingen soll, Menschen zu mobilisieren bzw. bestimmte Vorstellungen von Gerechtigkeit in der Gesellschaft zu unterstützen, von Modellen, wie diese Gerechtigkeit realisiert werden kann (zum Beispiel das Modell der sozialen Marktwirtschaft, des New Deal von Roosevelt oder neoliberale Modelle) und entsprechend politisch aktiv zu werden bei der Unterstützung bestimmter Parteien oder sozialer Bewegungen, d. h. um eine politische Macht zu erzeugen. Um politischen Spielraum zu erreichen ist es deshalb erforderlich, alle drei Agenturen politischer Relevanz zu beeinflussen: Welches Modell der generellen Gestaltung des politischen Geschehens ist erwünscht, welche Rechtsvorschriften sollen wie geändert werden und wie lässt sich die öffentliche Meinung entsprechend beeinflussen? Von besonderer Bedeutung ist hierbei, inwieweit die politischen Akteure bereit sind, sich mit der bisherigen dominanten politischen Ideologie der sie stützenden gesellschaftlichen und politischen Gruppen „anzulegen", wie es der amerikanische Präsident Roosevelt bei der Realisierung des New Deal jahrelang und effektiv getan hat.

Hierzu gibt Lehndorff ein eindrucksvolles Beispiel:

> „Ein Beispiel für die offensive und mobilisierende Antwort auf die von rechts betriebene politische Polarisierung war Roosevelts Wahlkampfrede im New Yorker Madison Square Garden vom Oktober 1936, in der er Industrie und Finanzmonopole, Spekulanten rücksichtslose Banken wie folgt angegriffen hat: Sie hatten begonnen, die Regierung der Vereinigten Staaten als ein bloßes Anhängsel ihrer eigenen Geschäfte zu betrachten. Wir wissen jetzt, dass die Regierung durch das organisierte Geld genauso gefährdet ist wie durch das organisierte Verbrechen. Niemals zuvor in unserer Geschichte waren diese Kräfte so vereint gegen einen Kandidaten wie sie heute sind. Sie sind sich einig in ihrem Hass auf mich" (Lehndorff 2020a, S. 92).

Roosevelt hat dann die Wahl 1936 mit 60 % der Stimmen gewonnen.

Wenden wir uns nun als möglichem kollektivpsychologischen Beispiel der anstehenden Bundestagswahl im Herbst 2021 zu: Kollektivpsychologisch zentral ist dabei die Frage, von welcher Partei erwarten die Wähler die Vertretung ihrer Interessen, welche Modelle politischer Gestaltung vertreten sie, zum Beispiel das neoliberale Modell oder das ursprünglich von den Sozialdemokraten vertretene Modell sozialer Gerechtigkeit, und welche politischen Machtverhältnisse wünschen sie sich bzw. unterstützen sie, um eigene Interessen zu bewahren oder gerechtere Verhältnisse für die eigene Gruppe oder gesellschaftsweit zu schaffen?

8.10   Versuch einer Kollektivpsychologie der Bundestagswahl 2021

Ein einfacher Blick auf die dominanten Vorstellungen in der öffentlichen Meinung zeigt, dass praktisch alle Parteien das neoliberale Wirtschaftsmodell der Gestaltung des politischen Lebens vertreten. Hier schert lediglich „die Linke" etwas aus. Allerdings passt sie sich mittlerweile sehr an die dominanten Vorstellungen der anderen Parteien an: die Linke vertritt zwar Forderungen wie gerechter Lohn, Steuergerechtigkeit und Verbesserung der sozialen Sicherungssysteme, aber sie macht nicht deutlich, dass dies alles einer „neuen Erzählung" bedarf, wie das gesamte politische System und die damit verbundene neoliberale Ideologie in eine echte soziale Marktwirtschaft transformiert werden könnte. Wirklich alternative Vorstellungen, wie sie Sahra Wagenknecht vertritt und Lafontaine 1998 vertreten hat, finden innerhalb der Partei der Linken nicht wirklich Anklang (Wagenknecht 2011). Die AfD vertritt auch die neoliberalen Vorstellungen, allerdings mit Akzent auf die politische bzw. wirtschaftliche Dominanz von „Deutschland zuerst".

Bedeutsame soziale Veränderungen streben hauptsächlich die Grünen an, allerdings mit ihrer fast ausschließlichen Betonung des Klimawandels und den entsprechenden wirtschaftlichen Veränderungen.

Die CDU, vor allem aber die FDP, sind für eine verstärkte Dominanz wirtschaftlicher und finanzwirtschaftlicher Maßnahmen des Neoliberalismus. Für unterprivilegierte Gruppen insbesondere aus dem Niedriglohnbereich haben sie nichts übrig. Die SPD vertritt zwar das Ziel, gerechtere soziale Verhältnisse zu schaffen, will sich aber nach wie vor nicht wirklich für ein größeres Engagement in dieser Hinsicht gegen massive Widerstände stark machen.

Was besagen diese Einschätzungen kollektivpsychologisch für die Bundestagswahl 2021?

Angesichts keinerlei Bemühungen der bestehenden Parteien, wirklich wirtschaftliche und finanzpolitische Reformen durchzuführen, wird alles beim Alten bleiben und der Frustrationsdruck in der Bevölkerung verbunden mit vermehrter Angst und Aggression sich verstärken. Wenn z. B. die Verbreitung der Information, wonach eine einmalige Vermögensabgabe großer Vermögen zur Finanzierung der staatlichen Ausgaben für die Corona-Pandemie wirtschaftlich nicht nur gerecht und ohne gesamtwirtschaftliche Einbußen machbar wäre, aber auch besonders gut wäre für eine Vergrößerung des finanzpolitischen Spielraums des Staats für lange schon unbedingt erforderliche infrastrukturelle Maßnahmen, wenn dieser Vorschlag schlecht gemacht und u. a. als unmöglich für die internationale Wettbewerbsfähigkeit Deutschlands denunziert wird, gleichzeitig im Bewusstsein der Bevölkerung die Wahrnehmung zunimmt, die Schere zwischen Arm und Reich vergrößere sich unaufhörlich, wird das Wut und Aggression verstärken.

Kollektivpsychologisch wird der Druck in der Bevölkerung nach der Wahl steigen, weil die längst überfällige Frage nach einer wirklich gerechten Rentenreform, einer von allen getragenen Krankheits- und Pflegeversicherung und einer gerechten Absicherung bei Arbeitslosigkeit von der Regierung und den sie tragenden Parteien immer weiter hinausgeschoben wird.

Warum sollen die Bürger dann überhaupt wählen gehen? Offenbar sieht das etwa ein Drittel der Wahlbevölkerung, die nicht wählen, genau so.

Kollektivpsychologisch ist trotz des geplanten „New Deal für das Klima" (Lehndorff 2020a) wie ihn die Politiker der Grünen bezeichnen, hierbei mit keiner Veränderung der sozialen Lage und Lebenswelt von wenigstens einem Drittel der Einwohner der Bundesrepublik zu erwarten, die an oder bereits unter der Armutsgrenze leben; schlechte Zeiten für ein Gutteil der Menschen in Deutschland und auch bedrohliche Zeiten für die Menschen, die trotz aktuell relativ guter und gesicherter sozialer Lage Angst vor sozialem Abstieg haben (Kohlrausch 2018; Sandner 2022a).

Aber dies ist nur die Oberfläche der kollektivpsychologischen Dynamik: im Untergrund verstärkt die kollektive Angst vor dem sozialen Abstieg, diffuse Aggressionen gegen jedermann, der für diesen Abstieg verantwortlich scheint oder gemacht wird (Asylanden, Arbeitslose, Gewerkschaften, Niedriglöhner, „Emanzen" u. ä.), aber auch gegen die Grünen, die durch ihre vermeintlich übertriebenen Verteuerungen individueller Fahr- und Reisemöglichkeiten die Konsummöglichkeiten der Menschen einschränken, oder auf Politiker, die durch ein Lieferkettengesetz vermeintlich preiswerte Konsumgüter „unnötigerweise" verteuern.

Relativ gut situierte Gruppen entwickeln kollektivpsychologisch verstärkt Aggressionen Gruppen oder Institutionen gegenüber, von denen gerechtere Verhältnisse angestrebt werden, und Politikern gegenüber, die Einschränkungen neoliberaler Regelungen vornehmen möchten, wie zum Beispiel Mietendeckel, höherer Mindestlohn oder breitere Basis für die Rentenversicherung. Insgesamt verstärkt sich andererseits diffuse Aggression gegen die Regierenden und die Parteien, wegen der Ohnmacht und erlebten Aussichtslosigkeit was eine Verbesserung der sozialen und wirtschaftlichen Lage angeht (Sandner 2022b).

Last but not least wird diese negative kollektivpsychologische Dynamik vermutlich noch verstärkt durch das Entstehen von Wahlenthaltung, weil das Ventil der Wahl als Möglichkeit, aktiv etwas zu tun, mittlerweile von wenigstens einem Drittel der Wähler als aussichtslos betrachtet wird. Welche Dimension Wahlenthaltung im Zusammenhang mit ungerechten Verhältnissen und der Aussichtslosigkeit politischer Veränderung annehmen kann, zeigt sich bei den aktuellen Regionalwahlen in Frankreich: Zwei Drittel der Wahlberechtigten haben nicht mehr gewählt (!).

Die kollektivpsychologisch wichtigste Dynamik bei der Bundestagswahl 2021 aber wird sein, dass sich über politische Gruppierungen hinweg viele Wähler um eine Führungsfigur scharen und eine Partei, die aller Wahrscheinlichkeit nach den Bundeskanzler stellen wird mit dem erklärten Ziel, alles beim Alten zu lassen: die CDU/CSU unter Laschet. Dies ist die kollektivpsychologische Reaktion, die entsteht, wenn sich Menschen um eine politische Führungsfigur scharen, die keine Veränderungen möchte und so die bedrohliche Situation des Klimawandels und des sozialen Abstiegs als unproblematisch betrachtet und vor allem propagiert.

Es scheint seltsam: Ein solcher Politiker rettet die Menschen nicht aus einer bedrohlichen kollektiven Situation, er „rettet" sie aber sozusagen vor der eigentlich schrecklichen Situation, indem er die Realität verleugnet. Indem er kundgibt: „Es gibt keinerlei Grund für Besorgnis" oder: „Wir werden alles, wenn überhaupt erforderlich, zur rechten Zeit angehen und lösen".

Die so entstehende kollektivpsychologische Form der Realitätsverleugnung führt zu einem Massenverhalten, ohne dass dies den Menschen, die sich dem anschließen, bewusst ist (Sandner 2017, S. 2, 2022d). Aufgrund dieser kollektivpsychologischen Realitätsverleugnung ist die Regierung Merkel 16 Jahre an der Macht geblieben, trotzdem bzw. weil gerade die Klimaproblematik und der ungerechte Sozialabbau sich ständig verschärft haben (Rentenproblematik, Mindestlohn, Situation bei Arbeitslosigkeit, Mietsteigerungen, Pflege, Schere zwischen Arm und Reich).

Politische Handlungsspielräume wirtschaftlicher und sozialer Art in unserer Gesellschaft gäbe es. Aber die dominante kollektivpsychologische Gruppe hat Angst vor Veränderung in Richtung gerechterer Verhältnisse und damit der Beschränkung eigener Privilegien. In der weniger privilegierten Gruppe, die eigentlich die Mehrheit bildet, entstehen vermehrt Ohnmacht und politische Apathie, vor allem Depressionen und latente diffuse Aggressionen (Sandner 2022a) angesichts einer aussichtslosen Perspektive politischer Veränderung.

Es gäbe aber realpolitische Möglichkeiten, den politischen und wirtschaftlichen Handlungsspielraum zu nutzen, wie ihn Steffen Lehndorff in seinem Buch „New Deal heißt Mut zum Konflikt" schildert: Der Untertitel seines Buches lautet: „Was wir von Roosevelts Reformpolitik der 1930er Jahre heute lernen könnten" (Lehndorff 2020a).

Literatur

Bion WR (1971) Erfahrungen in Gruppen und andere Schriften. Klett-Cotta, Stuttgart
Blondel C (1948) Einführung in die Kollektivpsychologie. Franke, Bern
Hickel R (2020) Die Kosten der Coronakrise: Wer begleicht die Rechnung? Blätter für deutsche und internationale Politik 10(2020):105–112

Kohlrausch B (2018) Abstiegsängste in der Arbeitswelt von heute, Präsentation Prof. Dr. Bettina
   Kohlrausch. https://www.fes.de/index.php?eID=dumpFile&t=f&f=31424&token
Lafontaine (2019) Interview im General-Anzeiger v. 11.03.2019
Lehndorff S (2020a) Vorbild und Verheißung: Roosevelts New Deal. Blätter für deutsche und inter-
   nationale Politik 9(20):83–93
Lehndorff S (2020b) New Deal heißt Mut zum Konflikt. VSA Verlag, Hamburg
Mausfeld R (2018) Warum schweigen die Lämmer? Wie Elitendemokratie und Neoliberalismus
   unsere Gesellschaft und unsere Lebensgrundlagen zerstören. Westend, Frankfurt
McDougall (1920) The group mind. Putnam`s Sons (Nachdruck Bibliolife, LLC), New York/
   London
Saez E, Zucman G (2020) Wie die Ungerechtigkeit triumphierte. Blätter für deutsche und inter-
   nationale Politik 6(20):57–69
Sandner, D (2017) Die psychologischen Grundlagen des kollektiven Unbewussten In: Sandner D
   (Hrsg) Die Gesellschaft und das Unbewusste, Springer, Berlin, S 89–102. In diesem Band, Kap.
   3
Sandner D (2022a) Kulturpsychologie der Gesellschaft, unveröffentlichtes Manuskript, München
   2020. In diesem Band., Kap 6
Sandner D (2022b) Das Aufbegehren in der Gesellschaft des Zorns, unveröffentlichtes Manuskript.
   In diesem Band, Kap, München, S 12
Sandner D (2022c) Warum schweigen nicht nur die Lämmer, unveröffentlichtes Manuskript. In
   diesem Band, Kap, München, S 13
Sandner D (2022d) Zur Sozialpsychologie kollektiver politischer Bewegungen (Massen-
   bewegungen), unveröffentlichtes Manuskript. In diesem Band, Kap, München, S 5
Schröder C (2018) Vor 20 Jahren wählte Deutschland Gerhard Schröder zum Kanzler. Gast-
   kommentar im Tagesspiegel 27(09):2018
Sozialabbau unter Kohl. www-zukunft-der-Arbeit/Sozialab-Kohl
Sozialabbau unter Schröder. www-zukunft-der-Arbeit/Sozialab-Schröder
Von der Gablentz (1958) Politik. In: Das Bertelsmann Bildungsbuch. Bertelsmann, Gütersloh, S
   1047–1080
Wagenknecht S (2011) Freiheit statt Kapitalismus. Eichborn, Frankfurt/M

Teil II
Kollektivpsychologische Analysen und Befunde

Entstehung struktureller aggressiver Gewalt durch staatliche Regelungen

9

▶ Untersucht wird, wie staatliches regulatives Handeln (rechtliche Bestimmungen, aber auch unterlassene Regelungen) über kollektiv wirksamen Sozialabbau gesellschaftsweit zu einer massiven Steigerung sozialer Ängste, insbesondere von Abstiegsängsten, zu kollektiven aggressiven Gegenreaktionen führt. Dargelegt wird, welche sozialpsychologischen bzw. kulturpsychologischen Prozesse zu kollektiven Aggressionen in Gruppen führen, die besonders unter der Verschlechterung ihrer sozialen Lage durch staatliche Maßnahmen leiden. Insbesondere entstehen kollektiv Gegenaggressionen, wenn einzelne „Führergestalten" oder politische Gruppierungen „Abhilfe gegen den Staat" als Verursacher der sozialen Misere anbieten. Dieser Prozess wird beispielhaft geschildert anhand einer qualitativen empirischen Untersuchung von Thomas Kliche über die Bewohner einer besonders von den Verschlechterungen der sozialen Sicherheit betroffenen Region in Ostdeutschland.

Wenn es um Aggression geht, wird üblicherweise von *individueller Aggression*, höchstens von *kollektiver Aggression* in Menschengruppen gesprochen. In dem Beitrag „Aggression und Gesellschaft" (Sandner 2022) wird der Blickwinkel erweitert auf Aggressionen, die entstehen, wenn Menschen in für sie schmerzliche oder ungerechte Situationen gebracht werden im Rahmen der soziostrukturellen gesellschaftlichen Dynamik generell. In diesem Beitrag geht es um Aggressionen, die von Menschen und Menschengruppen ausgeübt werden, weil sie *institutionelle Macht* haben bzw. ihnen die Macht durch politische Entscheidungen zugesprochen wird und sie diese für die Verfolgung eigener Interessen einsetzen.

Vortrag auf der 36. Arbeitstagung der Gesellschaft für Psychoanalyse und Psychotherapie (GPP) vom 21.-23.09.2018 in Speyer.

Insbesondere wird es darum gehen, zu untersuchen, auf welche Weise durch *staatliche Regelungen* bzw. auch *staatliche Versäumnisse* Aggression bzw. *strukturelle Gewalt* auf die Mitglieder der Gesellschaft ausgeübt wird. In besonderer Weise natürlich auf die weniger mächtigen Mitglieder der Gesellschaft. Bei diesen staatlichen Maßnahmen handelt es sich vielfach um eine Verringerung der sozialen Sicherheit in der Arbeitswelt und um Sozialabbau, was die wirtschaftliche und finanzielle Situation der Menschen anbelangt. Dies führt unter anderem dazu, dass als Reaktion der Menschen starke Ohnmachtsgefühle sowie Abstiegsängste erzeugt werden, die zu vermehrten kollektiven Aggressionen führen und leicht von politisch rechten Gruppierungen transformiert und gegen angebliche Verursacher ungerechter sozialer Verhältnisse, meist gesellschaftliche Randgruppen, kanalisiert werden.

Die bedeutendsten staatlichen regulativen Maßnahmen zum Abbau bzw. der Verringerung der sozialen und wirtschaftlichen Situation und der sozialen Sicherheit der Bevölkerung in der BRD sind:

1. die Gesetze, die unter der Bezeichnung Hartz IV 2005 beschlossen wurden zur Verringerung der Leistungen bei Arbeitslosigkeit;
2. Maßnahmen zur Verringerung der arbeitsrechtlichen Sicherung der Arbeitsbeziehungen zwischen Arbeitgeber und Arbeitnehmer;
3. die bis 2015 nicht erfolgte Einführung eines gesetzlichen Mindestlohns sowie die nach wie vor völlig unzureichende Höhe dieses Mindestlohns;
4. die Verringerung des Spitzensteuersatzes von 56 auf 42 % im Jahre 2000 in der obersten Steuerklasse
5. keine hinreichende Begrenzung für extrem steigende Mieten, Mietwucher;
6. Senkung des Rentenniveaus von 56 % des Nettodurchschnittseinkommens auf 48 % in den letzten 20 Jahren;
7. Ermöglichung von Zuwanderung von Asylsuchenden beziehungsweise Nicht-EU-Emigranten im großen Umfang im Jahre 2015.

Die staatlichen Maßnahmen zur Verringerung der sozialen Sicherheit der Menschen werden im Einzelnen betrachtet.

9.1 Gesetze zur Verringerung der Leistungen bei Arbeitslosigkeit, die unter der Bezeichnung Hartz VI 2005 beschlossen wurden

Bei den Hartz-IV-Gesetzen handelt es sich um umfangreiche sozialrechtliche Veränderungen der sozialen Absicherung bei Arbeitslosigkeit. Vor 2005 stand den Berufstätigen bei Arbeitslosigkeit zunächst das *Arbeitslosengeld* I (ALG I) zu, das heißt 60 % bzw. 67 % des letzten Nettoverdienstes für 36 Monate. Danach *Arbeitslosenhilfe* mit 53 bzw. 57 % des letzten Gehalts.

Mit der Einführung von Hartz IV verringerte sich die Bezugsdauer des Arbeitslosengeldes I von 3 auf 1 Jahr. Anschließend fällt der Arbeitslose sofort in die Hartz-IV-Regelung, das heißt in eine gesetzliche Grundsicherung, deren Bewilligung strikt mit der Anrechnung von Vermögen des Arbeitslosen verknüpft ist. Außerdem müssen Arbeitslose, die Hartz IV beanspruchen, jede Arbeit annehmen, die ihnen von der Arbeitsagentur angeboten wird, ganz gleich welche Arbeit sie vorher ausgeübt hatten. Darüber hinaus gilt der inzwischen gesetzlich bestimmte *Mindestlohn* für Langzeitarbeitslose bei einer Arbeitsaufnahme für die ersten 6 Monate nicht.

Die geschilderten Veränderungen in der Sozialgesetzgebung führen überdies zu einer Verringerung der späteren *Altersrente*.

Zurzeit leben 6,73 Mio. Menschen von Arbeitslosengeld I oder Hartz-IV-Leistungen. Das sind 760.000 Arbeitslosengeld-I-Empfänger, und 6 Mio. Personen in sogenannten *Bedarfsgemeinschaften* das heißt *Hartz-IV-Haushalten,* davon 2 Mio. Kinder und Jugendliche.

Der Regelsatz bei Hartz-IV-Berechtigten liegt für Alleinstehende bzw. Alleinerziehende bei monatlich 416 €, bei weiteren Haushaltsmitgliedern (Kindern, nichterwerbstätigen weiteren Erwachsenen) 240–332 €. Hinzu kommen die Krankenversicherung, eine geringe Sozialversicherung sowie die Miete, die jeweils von der Arbeitsagentur je nach Anzahl der im Haushalt befindlichen Mitglieder akzeptiert wird. Das heißt, wenn ein Arbeitsloser während seiner vorherigen Beschäftigung eine relativ große Wohnung hatte, wird bei Arbeitslosigkeit nur eine verminderte Wohnungsmiete über Hartz IV vergütet.

9.2 Maßnahmen zur Verringerung der arbeitsrechtlichen Situation der Arbeitnehmer

Seit 2003 wurden umfangreiche gesetzliche Änderungen beschlossen, was die Regelung der *Arbeitsverhältnisse* anbelangt. Hierbei geht es um die gesetzlichen und tariflichen Bestimmungen der Arbeitnehmer:

Ein *normales Arbeitsverhältnis* liegt vor bei „Vollzeitbeschäftigung, regelmäßiger Arbeitszeit, vorhandener Interessenvertretung für Arbeitsbedingungen und die dauerhafte Stabilität des Arbeitnehmerstatus".

Fehlt es an einem dieser Merkmale liegt ein **atypisches Arbeitsverhältnis** vor. Hierzu gehören „*Altersteilzeit, befristetes Arbeitsverhältnis, freie Mitarbeiter, geringfügige Beschäftigung, Heimarbeit, Kettenarbeitsverhältnis, Leiharbeit, Praktikum, Scheinselbstständigkeit, Telearbeit oder Zeitarbeit*" (statistisches Bundesamt).

Im Bereich der arbeitsrechtlichen Bestimmungen wurden seit 2003 umfangreiche Veränderungen zu Ungunsten der Arbeitssuchenden und bereits Beschäftigten eingeführt. Allein von 1991–2011 hat sich die Zahl der sogenannten atypisch Beschäftigten von 4 auf 8 Mio. erhöht, mit steigender Tendenz. Die Sicherheit des Arbeitsplatzes ist bei atypisch Beschäftigten nicht nur stark verringert. In diesem Sektor Beschäftigte verdienten bereits im Jahr 2010 39,4 % weniger je Stunde als normal Arbeitende: 10,36 € zu 17,09 €. Im Übrigen ist es so, dass diese Gruppe später auch weniger Altersrente erhalten wird.

Für die Einschätzung der sozialen und arbeitsrechtlichen Verschlechterung der Berufstätigen kommt hinzu, dass bis 2015 keinerlei gesetzlicher Mindestlohn bestand. Viele Menschen, vor allem in den neuen Bundesländern, verdienten damals noch 4–6 € pro Stunde.

9.3   Der 2015 eingeführte Mindestlohn

Bis 2015 gab es in der Bundesrepublik *keine gesetzliche Regelung für den Mindestlohn.* Die Entgelte erfolgten völlig nach dem freien Spiel der Kräfte, abgesehen von tariflich vereinbarten Lohnuntergrenzen. Diese galten aber rechtlich auch nur, wenn die Unternehmen im jeweiligen Tarifverbund verblieben. Inzwischen besteht ein gesetzlich vorgeschriebenen Mindestlohn von 9,20 €. Er ist allerdings nicht nur zu niedrig (auch im Vergleich mit anderen EU-Ländern), er wird offensichtlich angesichts unzureichender Kontrolle durch die Finanzbehörden und undurchschaubare *Leiharbeitsverhältnisse* vielfach unterlaufen. Jeder, der seine Arbeit verliert ist, sofort auf diesen arbeitsrechtlich unsicheren unzureichenden in Arbeitsmarkt *Mindestlohn* angewiesen. Denn: Arbeitssuchende müssen auch Arbeit auf Mindestlohnbasis annehmen, auch wenn sie vorher eine qualifiziertere und viel höher dotierte Arbeit hatten.

9.4   Absenkung des Spitzensteuersatzes von 56 % auf 42 % im Jahre 2000 in der obersten Steuerklasse

Parallel zur Verschlechterung der sozialen und finanziellen Situation der überwiegenden Mehrheit der Berufstätigen wurde im Jahr 2000 der Höchststeuersatz für Spitzenverdiener von 56 % auf 42 % gesenkt und der Steuersatz auf alle Vermögenszuwächse (Zinsen, Aktienfinanz-Anlagen) ganz gleich ob für Groß- oder Kleinanleger auf 25 % festgesetzt. Gleichzeitig wurde der Freibetrag für Kleinsparer auf 1800 € gesenkt. Andererseits erhöhte sich die Steuerlast bei den Lohnerhöhungen der abhängig Beschäftigten bzw. Freiberufler kontinuierlich im mittleren und unteren Bereich stark durch den Effekt der strukturellen Steuerprogression.

9.5   Keine hinreichende Begrenzung steigender Mieten

In den letzten 20 Jahren wurden nur unzureichende Maßnahmen ergriffen, die extreme Steigerung von Kosten für Wohnen zu begrenzen. Wohnungen mit sozialem Mieterschutz wurden vielfach von der öffentlichen Hand an Finanzinvestoren verkauft und nur unzureichend neue Sozialwohnungen von staatlicher Seite gebaut. Dies führt mittlerweile dazu, dass der bundesweite Anteil der Mietkosten an den Nettoeinkünften auf 30–40 % gestiegen ist.

9.6 Senkung des Rentenniveaus

Da das Rentenniveau in den letzten 20 Jahren von 56 % des Nettodurchschnittseinkommens auf 48 % gesunken ist, und ein Gutteil unserer Bevölkerung durch völlig unzureichende Lohnerhöhungen, bzw. Niedriglohnmaßnahmen des Staates (Hartz IV, Arbeitsrecht, unzureichender Mindestlohn) *generell weniger Altersrente* erwarten kann, droht heute schon einem gut Teil der Rentner extreme Altersarmut, insbesondere den Frauen:

Der durchschnittliche *Zahlbetrag der Versichertenrenten* lag am 01.07.2014 bei 1061 € (Männer) bzw. 770 € (Frauen) in den alten Bundesländern und bei 993 € (Männer) bzw. 532 € (Frauen) in den neuen Bundesländern.

Diese durchschnittlichen Renten wurden aber nur erreicht, wenn 40 Jahren Berufstätigkeit und wenn der Versicherte jedes Jahr das *Durchschnittsgehalt aller Versicherten* verdient hat.

9.7 Ermöglichung von Zuwanderung von Asylsuchenden bzw. Arbeitssuchenden aus Nicht-EU-Ländern

Schließlich hat sich in den letzten 5 Jahren durch die Zuwanderung von Asylsuchenden und Immigranten die Wohnsituation für Wohnungssuchende in der Bundesrepublik beträchtlich verschlechtert, sowie die Versorgung der Bevölkerung mit Kita-Plätzen, Unterricht, sozialen Diensten generell und Krankenversorgung verschlechtert. Viele Menschen im unteren Drittel unserer Gesellschaft geht es wirtschaftlich von der Lebensqualität her vielfach nicht viel besser als den „Zuwanderern", wie dies aus der folgenden Grafik ersichtlich ist (Kohlrausch 2018).

9.8 Auswirkungen der geschilderten Verschlechterung der sozialen Lage und der sozialen Sicherung des Großteils der Bevölkerung

Die geschilderten strukturellen Veränderungen der sozialen und finanziellen Lage der Bevölkerung in der Bundesrepublik haben zu einer weit verbreiteten Verschlechterung der sozialen Sicherheit in der Bevölkerung geführt, zu Ängsten vor sozialem Abstieg nicht nur in den unteren zwei Dritteln sondern auch im oberen Zehntel der Menschen. Zu vermuten sind umfangreiche angestaute Aggressionen, die als diffuses Unbehagen in unserer Gesellschaft, eine ungute, weit verbreitete Stimmung, erlebt werden (Bude 2018).

Diese als diffuses Unbehagen wahrnehmbare Stimmung in unserer Gesellschaft wird in den empirisch-soziologischen Untersuchungen von Bettina Kohlrausch von 2018 zur Frage von „Abstiegsängsten" in unserer Bevölkerung deutlich. Kohlrausch fasst die Befunde wie folgt zusammen:

Abstiegsängste in Deutschland:

- Im Dezember 2016 machten sich ca. 25 % der Befragten große oder sehr große Sorgen um ihre Arbeitsplatzplatzsituation.
- 39 % der befragten Personen geben jedoch an, sich große oder sehr große Sorgen um die eigene finanzielle Situation zu machen.
- 20 % gehen davon aus, dass sich ihre finanzielle Situation innerhalb der nächsten 3–5 Jahre etwas oder deutlich verschlechtern wird.
- 49 % machen sich Sorgen oder große Sorgen um ihre finanzielle Situation im Alter.
- Knapp 47 % sagen, dass die Aussage „Ich befürchte meinen Lebensstandard nicht dauerhaft halten zu können" eher zutrifft.
- 20 % glaube, dass es ihren Kindern einmal schlechter gehen wird.
- 27 % finden, dass es ihnen schlechter geht als den eigenen Eltern.

Was die Angst vor Abstieg und finanziellen Sorgen angeht, ermittelte die Autorin die in Abb. 9.1 gezeigte Verteilung in unserer Bevölkerung in *unterschiedlichen Segmenten der sozialen Schichtung* (ganz unten bis ganz oben).

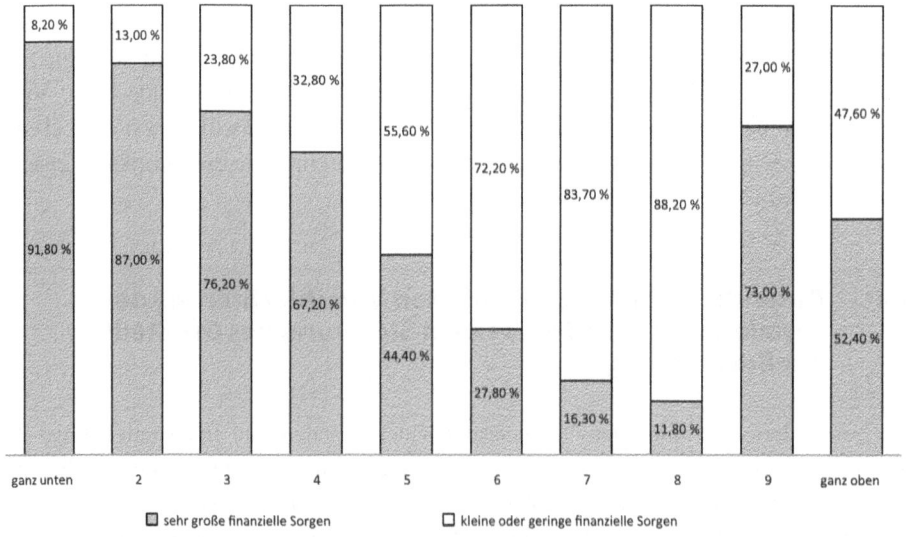

Abb. 9.1 Abstiegsängste und soziale Position *gemessen an finanziellen Sorgen*

9.9 Besorgnis über die objektive und subjektive Lage in der Bevölkerung und Wahlpräferenz für AFD

Bettina Kohlrausch hat in ihren Untersuchungen zu den Abstiegsängsten auch ermittelt, wer AFD wählt. Sie kommt zu folgendem Ergebnis:

Objektive und subjektive soziale Lage; Wer wählt AFD?; (Basis: Befragungszeitpunkt Dezember 2016):

- kein linearer Effekt von Bildung: Personen mit mindestens FH-Reife wählen seltener AFD;
- kein linearer Effekt Einkommen: Personen mit einem Einkommen zwischen 2500–4000 € wählen seltener AFD;
- berufliche Position: Arbeiter wählen häufiger AFD;
- Wohnort im Osten Deutschlands;
- subjektiv empfundener sozialer Abstieg;
- subjektive soziale Positionierung in der Gesellschaft (unter Kontrolle objektiver Lagen);
- Personen, die denken, dass es ihren Kindern später einmal schlechter gehen wird als ihnen selbst, wählen deutlich häufiger AFD.

9.10 Zusammenfassung der kulturpsychologischen Befunde

Der eingangs vermutete Zusammenhang von struktureller staatlicher Gewalt sowie strukturellen politischen Benachteiligungen der überwiegenden Mehrheit unserer Bevölkerung führt zu diffusen sozialen Abstiegsängsten, aber auch zu vermehrten Aggressionen, die jederzeit aktiviert werden können, wenn eine politische Gruppierung es versteht, diese Angst in eine rechte bis rechtsradikale Bewegungen zu kanalisieren, wie z. B. bei uns die AFD oder Trump in Amerika. Und diese Ängste und massiven Aggressionen bzw. negativen Affekte werden gegen angeblich schuldige Gruppen wie Asylanten, Arbeitslose, Juden, Sozialschmarotzer usw. gelenkt. Die „Schuldigen" können auch die herrschenden Parteien, die Regierung Merkel oder in Amerika das Establishment von Washington und die Demokraten sein und auch die gefährlichen Asylanten oder Arbeitssuchenden aus Mexiko, die EU, das Establishment in Brüssel usw.

Literatur

Bude, H (2014) Gesellschaft der Angst. Hamburg, Hamburger Edition
Bude, H. (2018) Das Gefühl der Welt. Über die Macht von Stimmungen. München, Hanser

Kohlrausch, Bettina (2018) Abstiegsängste in der Arbeitswelt von heute, Präsentation Prof. Dr. Bettina Kohlrausch, https://www.fes.de/index.php?eID=dumpFile&t=f&f=31424&token. Zugegriffen: 27. Jan. 2019.

Sandner, D. (2022) Aggression und Gesellschaft – Schicksale von Aggression im Rahmen der soziostrukturellen gesellschaftlichen Dynamik. In diesem Band, Kap. 2

Das Unbehagen in der Gesellschaft oder: die Verschiebung der soziostrukturellen Grenzen

10

▶ Nach seinem Buch „Das erschöpfte Selbst" (2004) hat der französische Soziologe Alain Ehrenberg 2011 ein weiteres Buch veröffentlicht mit dem Titel „Das
Unbehagen in der Gesellschaft". Darin schildert er das Ergebnis umfangreicher
Studien über die soziostrukturellen Veränderungen der Gesellschaft in den letzten
50 Jahren: Im Zuge der Individualisierung der individuellen Biografien, ihrer
Herauslösung aus schützenden sozialen Strukturen sowie der Liberalisierung fast
aller gesellschaftlichen Bereiche sei es zu einer grundlegenden Verschiebungen
soziostruktureller Grenzen gekommen. Als Ergebnis dieser strukturellen Veränderung hat sich die individuelle Psychodynamik aller Mitglieder unserer Gesellschaft von „was darf ich tun" zu „wozu bin ich in der Lage zu tun" verändert. Dies
drückt sich nach Ehrenberg in einer massiven Zunahme von Depressionen und
Borderline-Persönlichkeitsstörungen aus sowie als Reaktion in einer Veränderung
der psychoanalytischen Theorie und Behandlungstechnik.

In diesem Beitrag werden die soziostrukturellen Veränderungen im Bereich der
Geschlechterbeziehungen, der Bildungsmöglichkeiten, der Arbeitswelt sowie der
Familienstruktur und Kindererziehung geschildert und in Beziehung gesetzt zu den
„epidemiehaft" zunehmenden Depressionen und Persönlichkeitsstörungen. Es wird
dargelegt, welche psychodynamischen Zusammenhänge aufgrund der Verschiebung
soziostruktureller gesellschaftlicher Grenzen in den Beziehungen zwischen den
Menschen gehäuft entstehen und ihren Niederschlag in den geschilderten neuen vermehrt auftretenden psychopathologischen Zustandsbildern finden.

Vortrag auf der 33.Arbeitstagung der Gesellschaft für Psychoanalyse und Psychotherapie vom
25.–27. September 2015 in Speyer.

2010 hat der französische Soziologe Alain Ehrenberg ein Buch veröffentlicht mit dem Titel „La Societé du Malaise". Auf Deutsch wurde dies übersetzt mit „Das Unbehagen in der Gesellschaft". Dies trifft jedoch den französischen Originaltitel nur ungenau. Treffender wäre die Übersetzung „Die kranke Gesellschaft", denn gemeint ist, dass die heutige Gesellschaft in ihrer Gesamtheit krankmachend, seelisch krankmachend, ist aufgrund der veränderten sozialen Struktur, in der die Menschen leben. Wesentliches Merkmal dieser veränderten sozialen Struktur ist die sogenannte „Individualisierung".

Wie Ulrich Beck schon 1986 in seiner soziologischen Analyse der heutigen Gesellschaft ausführt, hängt die Individualisierung eng mit der „Enttraditionalisierung" der industriegesellschaftlichen Lebensformen im Zuge der neoliberalen Umstrukturierung der Gesellschaft zusammen. Beck nennt diese neue Gesellschaftsform „Risikogesellschaft". In ihr werden alle Mitglieder einerseits freigesetzt, von herkömmlichen institutionellen Zwängen befreit, andererseits wird jedem Einzelnen die alleinige Zuständigkeit für sein berufliches, familiäres und soziales Leben übertragen.

Als Soziologen betonen Beck wie auch Ehrenberg, welch bestimmende Bedeutung die Veränderung der gesellschaftlichen „Rahmenbedingungen" für jeden Einzelnen haben:

Die psychischen Probleme, die wir heute in psychologischen Beratungsstellen, Schulen, der Arbeitswelt und vor allen in den Familien feststellen können und die vermehrt zu Depressionen und Borderline-Störungen führen, sind nicht in erster Linie dem *individuellen persönlichen Entwicklungsschicksal* geschuldet, sondern haben ihre emotionale Basis in neuartigen sozialen Lebenslagen und Situationen, die im Übergang von der traditionellen Gesellschaft zur Risikogesellschaft, besser zur individuellen Risikogesellschaft entstehen:

Jeder muss sein Glück selber schmieden. Wenn er es gut kann oder es ihm gut gelingt, wird er glücklich, wenn nicht, wird er depressiv, spätestens die Kinder entwickeln vermehrt Persönlichkeitsstörungen.

10.1   Veränderungen der gesellschaftlichen Rahmenbedingungen

Wie einschneidend die Veränderung der gesellschaftlichen Rahmenbedingungen in den letzten 50 Jahren war, wird deutlich bei einer Betrachtung von 3 zentralen Lebensbereichen: Den schulischen und beruflichen Aufstiegsmöglichkeiten, der psychosozialen Situation von Frauen und ihren Beziehungen zu den Männern sowie der „Verflüssigung" und Intensivierung der Anforderungen im Berufsleben.

In den 1960er-Jahren des vergangenen Jahrhunderts wurde die politische Öffentlichkeit in Deutschland beunruhigt, um nicht zu sagen „aufgeschreckt" durch ein Buch von Georg Picht, in dem er für Deutschland eine „Bildungskatastrophe" konstatierte: In Deutschland werde viel zu wenig in schulische Bildung investiert, seien für eine moderne industrielle Gesellschaft zu wenige Absolventen höherer Schulen vorhanden, es werde gegenüber anderen Industrienationen bald wirtschaftlich ins Hintertreffen geraten. Daraufhin wurde in den folgenden Jahren und Jahrzehnten massiv in Schulen und Hochschulen investiert mit dem Effekt, dass die Abiturquote eines Geburtsjahrgangs von 5 % im Jahre 1964 in wenigen Jahren auf 20 % und heute auf fast 50 % gestiegen ist. Möglich wurde dies, weil gleichzeitig die Vorstellung entstanden war, dass auch Mädchen als bislang nicht realisiertes Bildungspotenzial im großen Umfang schulisch ermuntert und gefördert werden mussten. Außerdem wurde rasch deutlich, das Mädchen nicht nur als „Begabungsreserve" gebraucht wurden, sondern auch ausgesprochen bildungshungrig waren. Gleichzeitig veränderte sich zunehmend in der Gesellschaft die Vorstellung, wonach Frauen hauptsächlich als Mutter, Hausfrauen und „Zubrot-Verdienerinnen" angesehen wurden. Mädchen ergriffen die neuen schulischen Möglichkeiten und die Chance höhere schulische, bald auch akademische Abschlüsse zu erreichen.

Durch die Zunahme der beruflichen und schulischen Qualifikationen bei beiden Geschlechtern und des vermehrten gesellschaftlichen Bedarfs in einer expandierenden Wirtschaft in der zweiten Hälfte des vorigen Jahrhunderts vergrößerten sich sowohl für Männer als auch den Frauen die beruflichen und damit auch persönlichen Aufstiegsmöglichkeiten außerordentlich. Gleichzeitig entwickelte sich in der Bevölkerung mit Blick auf die rasante ökonomischen Entwicklung in den USA vor allem in den 1960er- und 1970er-Jahren die Überzeugung: Wir müssen unsere Gesellschaft und Wirtschaft in ähnlicher Weise verändern: Es reiche nicht, große Bildungsanstrengungen zu unternehmen, die Wirtschaft müsse von „Fesseln" befreit werden, von sozialen, v. a. gewerkschaftlichen und staatlichen, Regulierungen der Arbeit und des Arbeitsmarktes. Dann würde sich unsere Gesellschaft so dynamisch wie die US-amerikanische entwickeln. Die damit verbundenen sozialen Probleme machten sich für die Mitglieder unserer Gesellschaft weniger bemerkbar, solange die Wirtschaft expandierte, viele neue qualifizierte Arbeitsplätze schuf und für jeden ungeahnte Aufstiegsmöglichkeiten und Verdienstmöglichkeiten bereitstellte. Es entstand die weit verbreitete Vorstellung: Jeder ist wirklich seines Glückes Schmied, wenn er oder sie sich entsprechend schulisch anstrengt und an die geforderten beruflichen Anforderungen anpasst.

Gleichzeitig veränderte sich in dieser Zeit die Mentalität von Mädchen und Frauen. Sie wollten nicht mehr „Heimchen am Herd" sein und weitgehend abhängig davon, einen Mann zu finden und zu heiraten. Sie wollten auch, was ihre Beziehungen zu Männern generell anlangte, nicht mehr abhängig von einem Mann sein. In diesem Zusammenhang war die Erfindung und Ermöglichung der Empfängnisverhütung durch die Pille in den 1960er-Jahren und der Kampf um die Entkriminalisierung der Abtreibung zusammen mit den realen stark vermehrten Bildungs- und Berufschancen von Frauen für die Beziehungen zwischen Männern und Frauen und für die soziale Struktur der herkömmlichen Familie nahezu „revolutionär".

Die herkömmliche Über- und Unterordnung von Männern und Frauen veränderte sich grundlegend. Frauen hatten viel mehr Möglichkeiten für die eigene v. a. berufliche Entfaltung, in der Beziehung zu Männern und auch was ihre sexuellen und emotionalen Bedürfnisse anbelangt. Männer wurden zunehmend stark verunsichert, was ihre Rolle in der Familie, aber auch noch mehr, was ihre Möglichkeiten, Frauen zu bestimmen anbelangt. Sie konnten die ehedem dominante Position Frauen gegenüber nicht mehr aufrechterhalten.

Was die Arbeitswelt angeht, so wird sie immer mehr so strukturiert, wie es der Industriesoziologe Schmiede (2011) charakterisiert:

> Re-Subjektivierung soll verregelte und verriegelte Handlungspotenziale freilegen, soll anstelle von Bedürfnisaufschub und instrumenteller Orientierung Leidenschaft und Leidensbereitschaft mobilisieren, teure Kontrollsysteme durch kostenlose und effektivere Selbstkontrolle substituieren, Herrschaft durch Selbstbeherrschung virtualisieren und Planung durch Improvisation flexibilisieren. Entsprechend sieht sich der einzelne insbesondere wenn er qualifizierte Arbeitskraft anzubieten hat, gezwungen sich mehr oder weniger als Unternehmer seiner eigenen Arbeitskraft zu verhalten ... Oder gar die Subjektivierungsform des „unternehmerischen Selbst"... zu entwickeln. Aus der Möglichkeit, kreativ zu sein ist heute schon Pflicht ... Beziehungsweise nachdrücklicher Zwang geworden. (Schmiede 2011, S. 128)

Gleichzeitig muss jeder sich in seinen beruflichen Anstrengungen den betrieblichen und wirtschaftlichen Erfordernissen unterordnen. Was der Einzelne bei seiner Arbeit kreativ oder auch lohnend betrachtet, wird vollständig den betriebswirtschaftlichen bis zu den weltmarktmäßigen Notwendigkeiten angepasst. Wenn bei der Verwertungskette vom individuellen Arbeitsplatz bis zu den Weltmarktbedingungen etwas nicht entsprechend läuft oder aus machtpolitischen Gründen und unvorhergesehenen sonstigen Beeinträchtigungen der wirtschaftliche Erfolg der eigenen Berufsarbeit schwindet, schlägt sich dies unmittelbar auf die individuelle Arbeit und den Arbeitsplatz nieder. Der Arbeitnehmer verliert seine Arbeit, vielleicht muss der ganze Betrieb geschlossen werden.

Diese letztlich dem Weltmarkt untergeordnete Arbeitssituation ist krankmachend, schafft Depressionen, denn sie ordnet *alle* von außen bestimmten Notwendigkeiten unter, für deren Bewältigung zusätzlich die Menschen sich verantwortlich fühlen, aber immer wieder auch scheitern, weil diese Bedingungen nicht wesentlich von ihnen beeinflussbar sind.

Schmiede fasst die Situation in der zunehmend liberalisierten Arbeitswelt wie folgt zusammen:

> dass die Wirksamkeit der beschriebenen disziplinierenden, prägenden und potentiell pathogenen Einflussfaktoren direkt mit dem Grad der Unmittelbarkeit der ökonomischen markt- und machtvermittelten Durchgriffe des Weltmarkts auf die Individuen, Arbeitsgruppen oder Betriebseinheiten zusammenhängt. (Schmiede 2011, S. 135)

10.2   Veränderte soziale und psychische Situation der Menschen

Das ist zunehmend die neue soziale und psychische Situation, in die jeder gestellt ist und die Männern wie Frauen viel mehr Möglichkeiten der Entfaltung und Entwicklung bietet. Allerdings müssen sie, wie auch immer die konkrete soziale Situation beschaffen ist, in der sie sich befinden und die psychischen individuellen Möglichkeiten, *leisten,   „erfolgreich"* sein. Sie allein sind auch entsprechend der weit verbreiteten Meinung dafür verantwortlich, ob sie erfolgreich sind. In der neoliberalen Ideologie, die gleichzeitig soziostrukturell in den realen gesellschaftlichen Beziehungsmöglichkeiten zunehmend ausgebildet wurde, ist jeder sein eigener Unternehmer, Wirtschaftssubjekt, das den Anforderungen des Marktes genügen muss, dort erfolgreich ist oder nicht. Hierzu schreibt Ehrenberg in seinem Buch „Das erschöpfte Selbst" (2004):

> Welchen Bereich man sich auch ansieht (Unternehmen, Schule, Familie), die Welt hat neue Regeln. Es geht nicht mehr um Gehorsam, Disziplin und Konformität mit der Moral, sondern um Flexibilität, Veränderung, schnelle Reaktion und dergleichen. Selbstbeherrschung, psychische und affektive Flexibilität, Handlungsfähigkeit: Jeder muss sich beständig an eine Welt anpassen, die eben ihre Beständigkeit verliert, an eine instabile, provisorische Welt mit hin und her verlaufenden Strömungen und Bahnen. Die Klarheit des sozialen und politischen Spiels hat sich verloren. Diese institutionellen Transformationen vermitteln den Eindruck, dass jeder, auch der Einfachste und Zerbrechlichste, die Aufgabe, alles zu wählen und alles zu entscheiden, auf sich nehmen muss. (ebd., S. 222)

Diese Situation führt nach Ehrenberg (ebd.) dazu, dass in der Gesellschaft stark vermehrt depressive Erkrankungen entstehen, das „erschöpfte Selbst", wie Ehrenberg es nennt. Er bringt dies in erster Linie im Zusammenhang mit der übermäßigen Beanspruchung der Menschen und der totalen individuellen Zuständigkeit für Erfolg oder Misserfolg: Jeder ist selber schuld für Glück oder Unglück. Klinisch gesehen dürfte ein anderer Faktor ebenso pathogen-depressiv wirken: Während früher die Einordnung in feste gesellschaftliche Strukturen mit wenig Entwicklung und Aufstiegsmöglichkeiten für alle quasi „gottgegeben" war und als solches hingenommen werden musste, wird mit einer Auflösung von sozialen Barrieren die Hoffnung und Möglichkeit auf Entwicklung, Aufstieg und Erfolg ganz real möglicher, oft aber nicht realisierbar. Wenn es dann dazu kommt, dass der Einzelne allein für Erfolg oder Misserfolg zuständig ist, lastet jeder den Misserfolg sich selbst an. Da diese Vorstellung in der Gesellschaft weitverbreitet ist, sozusagen geltende Auffassung, ist depressives Scheitern ein weitverbreitetes Krankheitsbild. Die so krankmachende Gesellschaft erzeugt das „erschöpfte Selbst", die soziostrukturell entstehende depressive Dynamik ist die „kranke Gesellschaft", die Ehrenberg in seinem Buch „Das Unbehagen in der Gesellschaft" beschreibt. Er arbeitet aber in diesem Buch auch noch aus, wie sich das psychopathologische Erscheinungsbild der Depression heute zu früher in unterschiedlicher Form zeigt:

> Im Laufe der zweiten Hälfte des 20. Jahrhunderts hat … die Depression … die Verschiebung von der Disziplin zur Autonomie begleitet, indem sie zunehmend die Stellung der Freud`schen Neurose, jener Pathologie der Schuld, einnahm, um zum Schatten des Individuums zu werden, dessen Norm die Autonomie ist. Bei einem Lebensstil der durch die traditionelle Disziplin geprägt ist, gehörte die Frage, die sich für jedermann stellte, zu einem „neurotischen" Typus: *Was darf ich tun?* Bestimmt jedoch der Bezug zur Autonomie die Geister, wird die Vorstellung, dass jeder aus eigener Kraft es zu etwas bringen kann, indem er aus eigenem Antrieb Fortschritte macht, zu einem Ideal das in unsere Alltags-

gebräuche eindringt, gehört die Frage, die sich für jedermann stellt, zu einem „depressiven" Typus: *Besitze ich die Fähigkeit, es zu tun?* Die neurotische Schuld ist offensichtlich kaum verschwunden, sondern hat die Gestalt der *depressiven Unzulänglichkeit* angenommen. Bei der Verschiebung von dem was man darf, zu dem was man kann, treten die persönliche Behauptung, die Selbstbehauptung ins Zentrum der demokratischen Gesellschaftsverfassung. Die Fähigkeit sich auf beherrschte und angemessene Weise zu behaupten, wird zu einem wesentlichen Bestandteil der Sozialisation auf allen Ebenen der sozialen Hierarchie. Dieser Wandel der Normativität stellt das Individuum auf eine Linie, die von der Fähigkeit zur Unfähigkeit reicht. Wenn der Messschieber sich der Unfähigkeit nähert, lässt die Unfähigkeit ein Schuldgefühl hervortreten, der jeweiligen Sache nicht gewachsen zu sein. In diesem Modus des Defizits, der Unzulänglichkeit oder der Behinderung erscheint Schuld. (Ehrenberg 2011, S. 17)

Klinisch gesehen entstehen nach Ehrenberg aber nicht nur vermehrt Depressionen im herkömmlichen Sinne sondern sogenannte Borderline-Persönlichkeitsstörungen, seelische Störungen die durch eine stark verminderte Fähigkeit charakterisiert sind, emotional und leistungsmäßig adäquat mit anderen Menschen gedeihliche Beziehungen einzugehen und den schulischen und beruflichen Anforderungen zu genügen. Es entstehen bereits in der Kindheit vermehrt „kleine Tyrannen", wie es der Kinderpsychiater Winterhoff in seinem Buch „warum unsere Kinder Tyrannen werden", ausdrückt.

10.3 Veränderte interpersonelle Dynamik und depressive Erkrankungen

Um zu verstehen, welche soziostrukturellen Veränderungen vermehrt Depressionen und Borderline-Persönlichkeitsstörungen entstehen lassen, empfiehlt es sich, die interpersonelle Dynamik zu untersuchen, die aus der Sicht der Psychoanalyse bzw. der klinischen Psychologie diesen Störungen zugrunde liegt:

Bei der Depression handelt es sich wie Silvano Arieti, ein Klassiker der Psychodynamik und Psychotherapie depressiver Erkrankungen, herausgearbeitet hat, um folgende interpersonelle Dynamik: Für den später Depressiven ist charakteristisch, dass er in der Kindheit eine Beziehung entwickelt hat und entwickeln musste, die Arieti die Fixierung an einen „dominanten Anderen" nennt. Wegen unzureichender Resonanz auf die kindlichen Bedürfnisse entwickelt das Kind die Vorstellung, nur wenn ich so bin und das tue, was die wichtige Bezugsperson möchte und schätzt, bekomme ich eine positive Reaktion. Wenn ich nicht so bin und nicht das vermeintlich oder real Gewünschte tue, werde ich verlassen, bleibe ich allein oder noch schlimmer: Werde ich gar nicht beachtet. Die soziologische Frage ist, legen die soziostrukturellen Veränderungen in unserer Gesellschaft vermehrt Beziehungen zwischen Eltern und Kindern nahe, die geeignet sind die geschilderte depressive Beziehungsdynamik entstehen zu lassen?

Eines ist sicher: Die Freisetzung der Menschen im Zuge der Individualisierung bürdet den Einzelnen große Anstrengungen auf. Nur wer besonders gut ist kommt voran, erreicht die individuellen Ziele. Und das ist im Gegensatz zur früheren fest gefügten

Familiendynamik und zu den relativ geringen aber festgelegten Aufstiegschancen in der Gesellschaft vor 50 Jahren, für Mütter wie viele Väter vermehrt der Fall. Während die Last des beruflichen Fortkommens früher in der Regel bei den Vätern lag, sind nun beide Eltern durch die stark vergrößerten schulischen und beruflichen Möglichkeiten von Frauen unter stetigem Druck für beruflichen Aufstieg und berufliches Fortkommen zu sorgen, sowie finanziell erfolgreich sein zu müssen. Aber es kommt für beide Eltern noch etwas hinzu, was frühere Eltern weit weniger belastete: Es gibt zwar in unserer Gesellschaft für Frauen wie für Männer die Verheißung und auch die Möglichkeit des beruflichen Fortkommens und des sozialen Aufstiegs, real erreichen das viele Menschen aus unterschiedlichen psychologischen und sozialen Gründen aber nicht, obwohl sie sich sehr anstrengen und alles tun, was sie können und auch erforderlich ist. Daneben erleben die Menschen, dass sie trotz der geforderten Anstrengung und trotz der gesellschaftlichen Verheißung nicht anerkannt werden und nicht erfolgreich sind. Es entsteht die klassisch depressive Beziehungsdynamik und zwar gesellschaftsweit, soziostrukturell bedingt durch die prinzipielle Möglichkeit beruflichen persönlichen Erfolges, aber ebenso soziostrukturell bedingt durch das Scheitern an diesen Möglichkeiten.

Diese Eltern haben nun Kinder, die unter der geschilderten Soziodynamik ihrer Eltern aufwachsen: Die Eltern haben kaum Zeit und Kraft für die Kinder, sind vielfach selbst in einer depressionsfördernden Dynamik gefangen. Welche Verhaltensweisen werden die Kinder entwickeln, welche Vorstellungen vom guten Leben und von Anerkennung durch die Eltern und von anderen werden diese Kinder vermutlich entwickeln? Wahrscheinlich folgende: „Nur wenn ich viel leiste, was gefordert ist, ohne Rücksicht auf mich und die Bedürfnisse anderer, bleibe ich über Wasser, werde ich nicht zu einem *Looser* und bleibe ich nicht allein und wertlos zurück."

Natürlich ist die geschilderte depressionsfördernde Konstellation überzeichnet. In vielen Fällen ist sie abgemildert durch die individuellen Möglichkeiten der Eltern, auch ihren sozial abgesicherten Status oder die spezifischen Werte, denen die Eltern anhängen. Aber *die soziostrukturelle Situation* der Menschen in unserer Gesellschaft scheint doch in ganz anderer Weise „depressionsfördernd" zu sein wie noch vor 50 Jahren.

10.4   Veränderte interpersonelle Dynamik und Borderline-Persönlichkeitsstörungen

Was für das vermehrte Auftreten von Depressionen gilt, trifft ebenso auf die starke Zunahme von sogenannten Borderline-Persönlichkeitsstörungen zu: Wie Ehrenberg zu Recht feststellt, haben diese Störungen in den letzten 50 Jahren so zugenommen, dass sie in der Klientel von Psychotherapeuten überwiegen. Menschen mit Persönlichkeitsstörungen zeichnen sich dadurch aus, dass sie sowohl im beruflichen als im persönlichen Bereich schwer beeinträchtigt sind, die anstehenden Aufgaben und Probleme zu bewältigen. Sie sind schwer erziehbar und lerngestört, verhalten sich in Beziehungen abwechselnd überangepasst und extrem aggressiv, meist unangepasst. Im Kindergarten wissen die Erzieherinnen oft nicht mehr, wie sie mit den aggressiven und hyperaktiven Kindern umgehen sollen. In der Schule verzweifeln die Lehrer an den unangepassten, jedem pädagogischen Bemühen trotzenden chaotischen Verhalten der Kinder. Die Kinder können nicht bei der Sache bleiben und sich mit anderen Kindern vertragen. Sie sind anderen Kindern gegenüber aggressiv bis sadistisch brutal. Diese Kinder kommen in der Regel schulisch natürlich nicht weit, verlassen die Schule ohne Abschluss. In das Arbeitsleben können sie sich kaum oder nur schwer einlassen und integrieren, sie scheitern, nehmen Drogen, werden teilweise kriminell usw. Manche von ihnen schaffen es unter großer Mühe der Eltern und viel Nachhilfe noch bis zum Abitur. Dann scheitern sie im Studium oder in der darauffolgenden Arbeitswelt.

Wie kommt es zu diesen vermehrt gesellschaftsweit auftretenden Persönlichkeitsstörungen, wie sie der Kinderpsychiater Winterhoff in seinen in hohen Auflagen gedruckten Büchern schildert?

Winterhoff untersuchte die heute seiner Meinung nach häufig auftretende *Beziehungssituation* bzw. *Beziehungsdynamik* zwischen den Eltern, insbesondere den Müttern und den Kindern, und kommt dabei zu 3 miteinander verbundenen *Beziehungsstörungen*:

Erste Beziehungsstörung: Die Kinder werden aus der untergeordneten Rolle „zwangsbefreit": Die Eltern sehen die Kinder nicht mehr als unfertige und entwicklungsbedürftige Wesen, die in Auseinandersetzung mit Vater und Mutter und später Lehrern oder andern Menschen lernen, die eigenen Bedürfnisse zu artikulieren und mit den Bedürfnissen anderer abzustimmen. Vielmehr betrachten die Eltern die Kinder vielfach als gleichberechtigte Partner, die keinerlei Grenzen und Einschränkungen von Autoritäten, seien es Vater oder Mutter oder Lehrer, erfahren dürfen. Auf diese Weise können sich die Kinder aber mit den eigenen Möglichkeiten im konflikthaften Austausch mit den Möglichkeiten und Grenzen und den Erfahrungen Erwachsener nicht konstruktiv auseinandersetzen. Sie bleiben in ihrem Verhalten auf frühkindliche Lust-/Unlustreaktionen fixiert, entwickeln keine hinreichende psychische Struktur, mithilfe derer sie die unvermeidlichen Konflikte mit anderen lösen, sowie realistische Weisen der Konfliktlösung als inneres Konfliktlösungsmodell erwerben können. Sie können z. B. eigene Bedürfnisse nicht zurückstellen, modifizieren, mit anderen darüber verhandeln, die Bedürfnisse und Motive anderer erkennen und anerkennen usw.

Mit dieser ersten Beziehungsstörung, bei der das Kind keine wirklichen Grenzen von den Erwachsenen erfährt, ist eine *zweite Beziehungsproblematik* verbunden: Winterhoff fasst diese in den lapidaren Satz: „Die Eltern begeben sich unter das Kind." Für die Eltern ist vielfach entscheidend, was das Kind will, bei Gefahr, sonst vom Kind nicht mehr gemocht zu werden, wenn sie den Bedürfnissen der Kinder nicht nachkommen. Dieses Phänomen gab es zwar auch schon vor 50 Jahren, aber es verschärft sich heute: Zunächst fühlen sich Mütter viel abhängiger von der Liebe und Zuneigung ihrer Kinder, weil die Beziehung zum Partner aus verschiedenen Gründen unsicher geworden ist. Zwar haben junge Frauen heute beruflich und partnerschaftlich viel mehr Möglichkeiten und Freiheiten, aber diese Freiheiten führen dazu, dass junge Männer zunehmend Ängste entwickeln, den selbstbewussten Frauen gegenüber, und deshalb es schwer haben, sich auf eine feste Beziehung mit Frauen einzulassen. Andererseits finden junge Frauen sich nicht mehr mit dem Verhaltensweisen der Männer ab, denen sie sich früher fraglos unter-geordnet haben: Dass Männer hauptsächlich ihre Interessen verfolgen, wenig im Haus-halt und in der Erziehung sich beteiligen, sich anderen Frauen zuwenden, fremdgehen usw. Dies alles lassen junge Frauen sich nicht mehr bieten, sie trennen sich heute viel leichter als früher. Sie können das heute auch aus beruflich-finanziellen Gründen, den vorhandenen Verhütungsmöglichkeiten und generell, weil kein besonderer moralischer Druck entsteht seitens der Umwelt, wenn sie nicht mehr in unerträglichen ehelichen Beziehungen verbleiben. Die Beziehung zum Mann wird dadurch viel unsicherer und *die Beziehung zum vorhandenen Kind,* mehrere Kinder gibt es selten, *gewinnt eine viel größere emotionale Bedeutung für die Frau.*

Es ist oft die einzige Beziehung, die über viele Jahre sicher ist, sofern die Mütter es sich mit den Kindern nicht verderben. Wenn dies der Fall ist, besteht die Gefahr, dass die Kinder sich dem mehr oder weniger vorhandenen Vater zuwenden, der seinerseits auch stark bedürftig ist, von seinem Kind geliebt werden möchte. Dies führt dazu, dass beide Eltern, besonders aber die Mütter, wie Winterhoff sagt, sich „unter das Kind begeben". Die emotionale Zufuhr vom Kind wird besonders wichtig, die Eltern setzen wenig Grenzen, um das Kind nicht zu verprellen. Hinzukommt, dass viele meist berufstätige Mütter den Kindern gegenüber häufig Schuldgefühle entwickeln, weil sie wenig Zeit für sie haben und bei der Verfolgung eigener Interessen in der partnerschaftliche Beziehung das familiäre und partnerschaftliche Gefüge verunsichern. Sie fühlen sich schuldig, wenig Zeit für die Kinder zu haben und verantwortlich, für Konflikte in der Partner-beziehung zu sein, kurz: dem Kind keine „gute Mutter" zu sein. Deshalb glauben die Mütter, sich den Bedürfnissen der Kinder unterordnen zu müssen: Die Kinder werden verwöhnt, wenig eingeschränkt, sie werden zu „Tyrannen", wie Winterhoff schreibt.

Die vielfach veränderte Beziehungsdynamik zwischen Eltern und Kind führt darüber hinaus zu einer noch tiefer greifenden *3. Beziehungsstörung.* Es entsteht eine Art „psychischer Symbiose": „das Glück des Kindes wird zum Glück des Erwachsenen", wie Winterhoff es ausdrückt. Deshalb darf das Kind alles, darf nicht eingeschränkt oder gefordert werden und die Mutter oder Vater dürfen keine eigenen Bedürfnisse haben. Das führt in der Schule oder überhaupt bei Verhaltensstörungen der Kinder dazu, dass die Erzieher oder Lehrer „schuld sind", wenn das Kind sich sozial unangepasst ver-hält, wenn es Schwierigkeiten oder Autoritätsprobleme entwickelt. Das Kind kann nichts dafür, es reagiert auf die Einschränkungen oder bloß auf das unmögliche Ver-halten anderer. Es führt aber andererseits dazu, dass die Kinder ihre Bedürfnisse nicht oder wenig in Auseinandersetzung mit den Bedürfnissen anderer und den Erfordernissen der sozialen Realität modifizieren lernen. Sie entwickeln wenig psychische Struktur, die es ermöglicht, eine einigermaßen gedeihliche Beziehung mit anderen Menschen zu ent-wickeln. Psychologisch gesprochen handelt es sich um Strukturdefizite, Defizite in der psychische Struktur der Kinder und späteren Erwachsenen, die vielfach – wie Winterhoff zu Recht feststellt – auf dem psychischen Entwicklungsniveau von wenig strukturierten Kleinkindern verbleiben, mit archaischem, „primärprozesshaftem" Verhalten, wie Freud sagt, und ebensolchen Persönlichkeitsstrukturen, mit viel aggressivem, „unangepasstem" Potenzial.

Die psychoanalytisch orientierten Jugendpsychiater James Masterson und Donald Rinsley haben bereits 1975 in eingehenden videogestützten Untersuchungen der Mutter-Kind-Beziehung bei späteren als Borderline-Persönlichkeitsstörung diagnostizierten Erwachsenen festgestellt: Die Mütter hatten durchwegs das starke Bedürfnis, ihre Kinder bei sich zu behalten und haben deshalb expansive, auf Verselbstständigung zielendes Verhalten der Kinder wenig oder gar nicht gefördert. Die Kinder dürfen dabei alles, auch aggressiv sein, „kleine Tyrannen", wie Winterhoff es bezeichnet, aber sie werden nicht bei der Entwicklung eigenständiger Aktivitäten unterstützt. Im Gegenteil, die Mütter, heute wohl auch viele Väter, verstärken „ansprüchliches", egoistisches Verhalten, wenn nur die Kinder abhängig bleiben, klein bleiben und die Mutter nicht verlassen. Und das würden sie in der Fantasie der Mütter, wenn sie nicht mehr so infantil hilflos, wenn auch extrem fordernd, auf die Mutter angewiesen wären. Im späteren Leben führt das dazu, dass die Menschen mit Borderline-Persönlichkeitsstörung nicht selbstständig werden dürfen und alles unterlassen bzw. sich alles verderben, was zu Selbstständigkeit und auch zu beruflichem Erfolg führt. Sie dürfen dieses verinnerlichte Beziehungsmodell – geliebt werden, wenn sie klein und hilflos sind, alleingelassen, wenn sie selbstständiger werden und die Mutter verlassen – nicht aufgeben, weil sie befürchten, dann auch als Erwachsene „mutterseelenallein" zu sein.

Masterson konnte in seinen Interviews zeigen, dass die Mütter ganz abrupt die Kinder „fallen ließen", ihnen keine Aufmerksamkeit mehr schenkten, wenn sie eigenwillige Bewegungen in Richtung auf Verselbstständigung zeigten. Deshalb konnten die Kleinkinder sich nicht konstruktiv und mit Unterstützung der Mutter und mit dieser auseinandersetzen. Verselbstständigung ist ja immer mit Konflikt und Lösungen des interpersonellen Konflikts mit dem „dominanten Anderen" der frühen Zeit, der Mutter verbunden, wie Arieti es nennt. Die Kinder von Borderline-Müttern können deshalb keine reife Persönlichkeitsstruktur entwickeln, kein inneres Beziehungsmodell, in dem die Auseinandersetzung mit wichtigen Anderen zu konstruktiven Lösungen führt. Wegen dieser defizitären psychischen Struktur sind sie deshalb später wenig in der Lage, mit interpersonellen Anforderungen, sei es persönlicher oder beruflicher Art adäquat, vor allem *konfliktlösend* umzugehen. Es kommt häufig zu desaströsen Beziehungskonstellationen mit Beziehungsabbrüchen und beruflichem Scheitern.

10.5 Veränderte psychische Situation der Eltern

Aus soziologischer Sicht ist die psychische Situation, in die Eltern unter den geschilderten gesellschaftlichen Veränderungen kommen, schon vor 40 Jahren von Ulrich Beck in seinem Buch „Risikogesellschaft" festgestellt und als zunehmende soziale, psychologisch und auch politisch zu lösende Problematik hervorgehoben worden. Er schreibt:

Mit dem innerfamilialen Individualisierungsprozess verändern sich … auch die soziale Beziehung und Bindungsqualität zum Kind. Einerseits wird das Kind Hindernis im Individualisierungsprozess. Es kostet Arbeit und Geld, ist unberechenbar, bindet an und würfelt die sorgfältig geschmiedeten Tages- und Lebenspläne durcheinander. Mit seinem Erscheinen entwickelt und perfektioniert das Kind seine „Diktatur der Bedürftigkeit" und zwingt mit der nackten Gewalt seiner Stimmbänder und dem Leuchten seines Lächelns den Eltern seinen kreatürlichen Lebensrhythmus auf. Gerade dies macht es auf der anderen Seite aber auch unersetzlich. Das Kind wird zur letzten verbliebenen, unaufkündbaren, unaustauschbaren Primärbeziehung. Partner kommen und gehen. Das Kind bleibt. Auf es richtet sich all das, was in die Partnerschaft hineingesehnt, aber in ihr unauslebbar wird. Das Kind gewinnt mit dem Brüchigwerden der Beziehungen zwischen den Geschlechtern Monopolcharakter auf lebbare Zweisamkeit, auf ein Ausleben der Gefühle im kreatürlichen Hin und Her, das sonst immer seltener und fragwürdiger wird. In ihm wird eine anachronistische Sozialerfahrung kultiviert und zelebriert, die mit dem Individualisierungsprozess gerade unwahrscheinlich und herbeigesehnt wird. Die Verzärtelung der Kinder, „Inszenierung der Kindheit", die man ihnen angedeihen lässt – den übergeliebten, armen Wesen –, und das böse Ringen um die Kinder in und nach der Scheidung sind einige Anzeichen dafür. Das Kind wird zur letzten Gegeneinsamkeit, die die Menschen gegen die ihnen entgleitenden Lebensmöglichkeiten errichten können … Die Geburtenzahlen gehen zurück. Die Bedeutung des Kindes steigt. Mehr als eins wird es dann meistens nicht. Für mehr ist dieser Aufwand auch kaum zu leisten. (Beck 1986, S. 193 f.)

10.6 Ausblick

Neben diesen vielfältigen psychischen und sozialen Problemen, die in der Risikogesellschaft vermehrt auftreten, gibt es aber natürlich für die Einzelnen wie auch für alle Mitglieder der Gesellschaft vielfältige neue Möglichkeiten, Chancen der Entwicklung, die durch psychologische Hilfsangebote, vor allem aber sozialpolitische Maßnahmen, realisiert werden könnten. Zum Beispiel ist durch die Schaffung von gut ausgestatteten Kinderkrippen und Ganztagsschulen die psychische Situation alleinerziehender Frauen merklich zu verbessern. Frauen sind dann auch in der Lage, selbst berufstätig zu bleiben oder zu werden. Sie können auch leichter eine neue Beziehung eingehen, wenn eine Beziehung in die Brüche geht, wenn sie als Alleinerziehende, die arbeiten kann, durch eine berufliche Absicherung, als Bereicherung für eine neue Beziehung und nicht als soziale und finanzielle Last für den neuen Partner gilt. Auch was die Verdienstmöglichkeiten und die Altersabsicherung von Frauen angeht, ist es möglich, vielfältige sozialpolitische Maßnahmen zu ergreifen durch einen höheren Mindestlohn, höhere Rentenansprüche bei Arbeitslosigkeit u. Ä. Durch solche Maßnahmen könnten die vielfältigen Schwierigkeiten, die heute noch durch die reale psychosoziale Situation von Familien in den Partnerbeziehungen und auch in den Beziehungen zu den Kindern entstehen, verringert werden. Männern, Frauen und Kindern wird es dann leichter möglich sein, bessere neue Beziehungen einzugehen, ohne dass Männer wie Frauen und Kinder dabei übermäßige psychische Störungen entwickeln. Psychologisch gesehen eröffnen die vielfältigen neuen Freiheiten und Chancen den Eltern Spielräume der individuellen Gestaltung, sofern sie diese auch nutzen und sich mit einem Leben und einem Lebensstandard zufrieden geben, der diese Spielräume ermöglicht. Dies bedeutet vor allem, sich selber realistische Ziele für ein gedeihliches berufliches und privates Leben zu setzen, die individuell zu einem guten Leben führen, auch wenn sie damit nicht in dem gesellschaftlichen Trend liegen.

Es ist Aufgabe der Psychologie, generell besonders aber der klinischen Psychologie und Psychotherapie den Einzelnen heute Hilfen an die Hand zu geben für das Verständnis der eigenen *gesellschaftlich bedingten* Problemlage: Was daran dem eigenen Verhalten geschuldet ist, was gesellschaftlich bedingt als unvermeidlich hingenommen bzw. berücksichtigt werden muss, und welche individuellen Möglichkeiten die jeweiligen Menschen haben oder auch nicht haben. Und sie zu unterstützen, den jeweiligen eigenen Weg zu finden und zu gehen ohne soziostrukturell bedingte Probleme sich selbst als Unfähigkeit bzw. als individuelles Versagen zuzuschreiben. Hierbei könnte in Zukunft Gruppenarbeit in allen Bereichen des gesellschaftlichen Lebens vor allem auch in der Psychotherapie eine besonders hilfreiche und effektive Methode sein. Gerade Gruppenarbeit mit konstruktiven Erfahrungen in und mit Gruppen ist sicherlich besonders bedeutsam, der „Individualisierung" der Menschen in der heutigen „Risikogesellschaft" entgegen zu wirken. In diesem Sinne werden psychologische Hilfen aller Art, wie sie Ehrenberg in Frankreich in großem Umfang als gesellschaftlich bedeutsam und institutionell breit verankert schildert, in Zukunft auch bei uns als Unterstützung der Menschen immer wichtiger. Unterstützung bei der Ermöglichung und Gewinnung der vorhandenen *psychologischen Spielräume* der Menschen im Rahmen der generellen Situation der Individualisierung ist ein wesentlicher Beitrag, den die Psychologie und Psychotherapie heute leisten kann.

Literatur

Arieti S, Bemporad J (1983) Depression. Klett-Cotta, Stuttgart

Beck U (1986) Risikogesellschaft. Au dem Weg in eine andere Moderne. Frankfurt, Suhrkamp.

Ehrenberg A (2004) Das erschöpfte Selbst. Depression und Gesellschaft in der Gegenwart, Frankfurt, Campus

Ehrenberg A (2011) Das Unbehagen in der Gesellschaft. Suhrkamp, Berlin

Koppetsch C (2011) (Hrsg) Nachrichten aus den Innenwelten des Kapitalismus. Wiesbaden, Verlag für Sozialwissenschaften

Masterson J (1992) Psychotherapie bei Borderline-Patienten. Klett-Cotta, Stuttgart

Masterson J, Rinsley D (1975) The borderline syndrome: the role of the mother in the genesis and psychic structure of the borderline personality. Int J Psycho-Anal 56:163–177

Picht G (1965) Die deutsche Bildungskatastrophe. München

Rinsley D (1978) Borderline psychopathology: a review of aetiology, dynamics and treatment. Int Rev Psycho-Anal 5:45–55

Sandner D (2012) Das Ungewisse in den Geschlechterbeziehungen, Gegenrede, Sondernummer XIV, S 13–21

Sandner D (2014) „Warum Liebe weh tut" – zur Kulturpsychologie der Geschlechterbeziehungen heute. Vortrag, Arbeitstagung Speyer

Schmiede R (2011) Macht Arbeit depressiv? Psychische Erkrankungen im flexiblen Kapitalismus. In: Koppetsch C (Hrsg) Nachrichten aus dem Innenleben des Kapitalismus. Wiesbaden, Verlag für Sozialwissenschaften, S 113–138

Winterhoff M (2010) Warum unsere Kinder Tyrannen werden. Goldmann, München

Kulturpsychologie der „Wende" – Geschichte einer „feindlichen Übernahme"

11

▶ Es werden psychologische Überlegungen angestellt, wie sich eine Veränderung der sozialen Lage der Bevölkerung eines Landes auf das politische Wahlverhalten, aber auch, und vor allem, auf kollektive Zusammenschlüsse in Gruppen auswirkt. Die Untersuchung wird an einem Beispiel durchgeführt, bei dem eine massive Veränderung der sozialen Lage einer großen Bevölkerungsgruppe stattfand: der Eingliederung der ehemaligen DDR in die Bundesrepublik Deutschland. Das dabei verwendete sozialpsychologische Modell soll es ermöglichen, gruppenpsychologisch zu untersuchen, welche kollektiv anzunehmenden Befindlichkeiten bzw. Interessen in unterschiedlich großen Gruppen einer Gesellschaft vorhanden sind und mit welchen Mitteln bzw. Maßnahmen in konflikthaften Auseinandersetzungen diese Interessen jeweils verfolgt werden. In unserem Beispiel ist anzunehmen, dass es sich um reale Interessenkonflikte handelte, die durch psychologisch modifizierte, interessengeleitete motivationale kollektive Prozesse erst ihre massenpsychologische Gestalt erhalten.

11.1 Die Wiedervereinigung – Veränderung der sozialen Sicherheit in den neuen Bundesländern

Bereits viele Jahre vor der Wiedervereinigung entwickelte sich in einem Großteil der Gesellschaft der DDR die Vorstellung und die Hoffnung, in einem politischen System wie in Westdeutschland ein viel besseres Leben führen zu können. Als diese Möglichkeit sich 1989 real anbot, wollte der Großteil der Menschen in der DDR den Anschluss an das bundesrepublikanische politische und v. a. wirtschaftliche Modell. Dies wurde ihnen auch „ohne Wenn und Aber" damals von Helmut Kohl, dem damaligen Bundeskanzler der Bundesrepublik, zugesagt: Es werde „blühende Landschaften" geben. Probleme

© Der/die Autor(en), exklusiv lizenziert durch Springer Fachmedien Wiesbaden GmbH, ein Teil von Springer Nature 2022
D. Sandner, *Wie Angst und Aggression in der Gesellschaft entstehen*,
https://doi.org/10.1007/978-3-658-36698-8_11

und soziale Verwerfungen, wie sie damals der Kanzlerkandidat Oskar Lafontaine von der SPD gesehen und vorausgesagt hatte, wurden nicht für möglich gehalten bzw. nicht geglaubt. Deshalb hatte sich der gesamte „Anschlussprozess" vollständig entsprechend der damaligen dominanten CDU Vorstellung entwickelt: Die DDR habe sich lediglich an die Bundesrepublik anzuschließen, ökonomisch, sozial wie auch als politisches und wirtschaftliches System. Der Anschluss wurde auch rasch auf der Basis des Einigungsvertrags rechtlich, ökonomisch und finanziell realisiert. Die staatlicherseits erlangte reale soziale Sicherheit der Menschen in der ehemaligen DDR wurde hierbei vollständig aufgegeben und im Anschlussvertrag nicht berücksichtigt.

Das Ergebnis war, dass sich die soziale Sicherheit eines großen Teiles der Menschen in der ehemaligen DDR sehr rasch und auch in den letzten 30 Jahren in vieler Hinsicht zunehmend verschlechtert hat. Westdeutschland und damit auch die westdeutsche Bevölkerung hat von der Einverleibung der ostdeutschen Industrie und auch der ostdeutschen Arbeitskräfte sehr profitiert. Problematisch war und blieb die Situation für die sogenannten „Wiedervereinigungsopfer". Viele Menschen, die ihre Arbeit durch den Zusammenbruch bzw. die Demontierung der industriellen und landwirtschaftlichen Basis der ehemaligen DDR verloren hatten, hatten auch die bislang vorhandene sozialen Sicherheit verloren: Es kam bald zu 3 Mio. Arbeitslosen. Nachdem 30 Jahre nach der Wiedervereinigung sich die soziale Situation für einen Gutteil der Bevölkerung in den neuen Bundesländern, was sie soziale Sicherheit anbelangt, nur unzureichend gebessert hat, entstand in der bedeutsamen Gruppe der „Abgehängten" (Bude 2008) die Überzeugung, bei der Übernahme durch die Bundesrepublik übervorteilt worden zu sein.

Zudem stark verschlechtert hat sich die soziale Situation für die Bevölkerung in den neuen Bundesländern als 2014 durch die Hartz-IV-Gesetze in der Bundesrepublik die individuelle Perspektive für noch Arbeitslose oder von Hartz IV bedrohte Menschen, besonders in der ehemaligen DDR, richtiggehend bedrohlich ausgewirkt hat. Vielen Menschen drohte die Gefahr, wenn sie arbeitslos wurden ins „soziale Nichts" zu fallen, in lebenslange Armut, vor allem auch im Alter. Es entstanden für viele zu wenig gut bezahlte Arbeitsplätze und bei erneuter Arbeitslosigkeit, auch bei vorher gut bezahlter Arbeit, mussten die Arbeitslosen jede Arbeit annehmen.

Zugespitzt hat sich die soziale Situation vieler Menschen in den Bundesländern 2014 als von der Bundesregierung über 1 Mio. Asylsuchende eingelassen wurden, die versorgt werden mussten, und obwohl die soziale Versorgung eines Gutteils der Menschen in den neuen Bundesländern nach wie vor relativ prekär war, mindestens was das Entstehen sozialen Abstiegs bzw. der sozialen Verarmung anging. In dieser Situation wurde eine Partei mit dem Namen „Alternative für Deutschland" gegründet, die innerhalb weniger Jahre in den neuen Bundesländern durchschnittlich 25 % Wähler gewann, mit steigender Tendenz. Diese Partei und ihre Anhänger richten sich gegen die etablierten politischen Parteien in der Bundesrepublik mit dem Ziel, anstelle dieser, die politische Macht in Deutschland zu gewinnen. Der soziale Konflikt zwischen Vereinigungsgewinnern und -verlierern verwandelte sich zu „Deutschland zuerst" und „Asylanten raus". Nicht nur das, sondern zu „Nichtdeutsche raus".

Dieser soziale Konflikt lässt sich bislang nicht „kanalisieren" in Richtung auf die Frage, wie es in Deutschland, insbesondere in Ostdeutschland möglich wird, die Schere zwischen Arm und Reich zu schließen, wovon die Situation vieler in den neuen Bundesländern in besonderer Weise betroffen ist. Deshalb verlieren die etablierten Parteien „der Mitte" im gesamten Bundesgebiet massiv an Zuspruch: Die SPD verlor in den letzten 15 Jahren fast zwei Drittel ihrer Wähler, die CDU ein Drittel mit zunehmender Tendenz. Überlagert wird dieser Prozess zurzeit von der Zustimmung für die Partei „die Grünen", denn die Klimakatastrophe droht allen. Die Grünen verdoppelten ihre Wählerschaft wohl auch, weil sie nicht mit Sozialabbau „kompromittiert" sind, wie die CDU und vor allem die SPD. Wenn die wirtschaftliche Situation in Deutschland sich verschlechtert, und damit die soziale Situation vieler Bundesbürger, ist zu erwarten dass die AFD zur stärksten Partei in Ostdeutschland wird, was in den neuen Bundesländern, abgesehen von Thüringen, bei den nächsten Landtagswahlen auch sein wird.

Wie sich die sozialen Verschlechterungen und die Verringerung der sozialen Sicherheit auf ein ganzes Gebiet innerhalb der Bundesrepublik Deutschland, nämlich auf die Altmark in Sachsen-Anhalt auswirkt, hat der Psychologe Thomas Kliche in einer umfangreichen qualitativen Befragung untersucht (Kliche 2019).

Er schreibt: „Wir haben 2014, also vor dem Anstieg der Flüchtlingszahlen, mit unseren Untersuchungen begonnen und uns auf die Altmark konzentriert, eine der strukturschwächsten Regionen in Deutschland mit Kinderarmut und Hartz IV Abhängigkeit auf Rekordniveau. Es wurden 120 Leitfadeninterviews von ein bis zwei Stunden Dauer geführt."

Zentrales Ergebnis der Befragung:

> dass wir Folgen der 28 Jahre zurückliegenden Vereinigung und die damit verbundenen sozialen Traumatisierungen bis heute feststellen können und dass sie in die jeweils nächste Generation weitergegeben worden sind. Diese tief sitzenden Erfahrungen verschwinden nicht einfach mit der Zeit. Unserer Befragung zufolge haben die Menschen den sozialen Wandel als Zerstörung von so ungefähr allem erfahren, was ihr Leben ausgemacht hat: von wirtschaftlichen Aussichten, von politischen Zusammenhängen, von eigenen Handlungsansätzen und Lebensmöglichkeiten und von sozialen Beziehungen. In diesem Prozess haben sie sich selbst als ohnmächtig erlebt. (Kliche 2019, S. 4 f.)

Die Befragten geben dem „System" die Schuld für das, was in den letzten 28 Jahren passiert ist: „Mit System meinen sie mehrheitlich nicht Kapitalismus und Sozialismus, sondern ein Gesamtgemenge von Politik, Medien, Unternehmen, Management, Wissenschaft, die aus dem Westen importierten Juristinnen und Juristen, Lehrerinnen und Lehrer, also alle, die etwas zu sagen haben und Definitionsmacht beanspruchen."

Was die grundlegenden Einstellungen zu eigenem politischen Engagement oder überhaupt politischem Verhalten angeht, drückten die Befragten folgende Einstellung aus: „Einerseits bin ich verantwortlich, ich sollte wählen gehen. Aber ich kann ja sowieso nichts ändern, also gehe ich nicht wählen." Kliche schreibt weiter: „das einzige, was wir bei denen, die in Arbeit sind und Karriere machen, im Grunde durchgehend als Handlungsraum gefunden haben, ist die Überzeugung, für sich selber sorgen zu müssen. Man muss eine Arbeitsstelle suchen, pendeln sich anpassen" (S. 6). Die Fantasien und Vorstellungen der Untersuchten gehen in die Richtung: „das System wird als hermetisch, in sich kreisend erlebt. Daher kommt die Fantasie, man müsse alle Dazugehörenden wegjagen, alles umschmeißen, wieder auf die Straße gehen und – wie damals 1989 – Revolution machen. Dann – so die Annahme – würde alles anders. Die Straße ist ein magischer politischer Ort"(Kliche 2019, S. 6).

Kliche betont:

> Das ist ein Widerspruch, mit dem die Menschen leben. Auf der einen Seite erwarten sie viel von der Gesellschaft, auf der anderen sagen sie: das System ist sowieso manipuliert, korrupt, unzuverlässig und egoistisch; von dem kann man nichts erwarten. An seiner Stelle sollte ein tüchtiges, fürsorgliches volksnahes System treten. Dadurch beschränkt sich das eigene Handeln im Grunde auf die Systemfrage: Bin ich dafür oder dagegen? Und wenn ich dagegen bin, warte ich so lange, bis die Mehrheit auf die Straße geht. Wir haben in unseren Befragungen – selbst bei Bessergestellten – verbreitet Fantasien von Bürgerkrieg gefunden, zum Teil ergänzt durch den Hinweis, dass „viele schon Knarren im Keller" hätten. Dieser Bevölkerungsteil erwartet in absehbarer Zeit massive Zusammenbrüche, was aus psychologischer Sicht Vertrauensverlust verstärken und selbsterfüllend wirken kann. Das erschreckt. Doch ist es ganz verständlich, wenn man das System für so hermetisch hält, dass man es nur durch ein anderes ablösen kann. Diese Menschen nehmen sich vor, solange zuhause zu bleiben, bis Pegida oder wer auch immer die Massen auf die Straße bekommt und einen Umsturz einläutet. Dann werden sie dabei sein. Ein Interviewter fantasierte sinngemäß: „Dann kippt es. Wir lassen gerne die Bürgerrechtler vor. Wenn die ihren Job gemacht haben, gehen wir auf die Straße und schieben sie beiseite. Denn danach haben die auch in Ostdeutschland keinen Fuß mehr auf den Boden gekriegt." (Kliche 2019, S. 6 f.)

Im nächsten Abschnitt soll die kollektivpsychologische Entwicklung in den neuen Bundesländern anhand von Thüringen untersucht werden. Und zwar sollen die sozialen und politischen Prozesse in Gruppen am Beispiel des Wahlverhaltens und der Entwicklung politischer Einstellungen in Relation zu den dort stattgefundenen sozialen Brüchen untersucht werden und den Antworten, welche die unterschiedlichen Parteien real in ihrem politischen Handeln gegeben oder nicht gegeben haben.

11.2   Die kulturpsychologische aggressive Konstellation in Thüringen

Die politische Konstellation in Thüringen ist ein gutes Beispiel, wie die „feindliche Übernahme" der DDR durch die Bundesrepublik zu heftigen aggressiven Gegenreaktionen der ansässigen Bevölkerung führt, sobald sich für diese eine vermeintliche politische Alternative eröffnet. Thüringen ist deshalb aufschlussreich, weil es das einzige ostdeutsche Bundesland ist, in dem Die „Linke" nicht nur seit 2014 die Regierung bildete, sondern auch, weil der massive Abwärtstrend auch der Linken in Ostdeutschland nicht stattgefunden hat, im Gegenteil, in diesem Bundesland hat sich die Zustimmung zur Linken von 2014–2019 sogar vehement und in den neuesten Wahlumfragen von 29 auf 39 % massiv erhöht. Allerdings hat die AFD in Thüringen, die zum extrem rechten (faschistischen) Hügel der Partei gehört, von 2014–2019 sich praktisch von null auf 24 % gesteigert und dieser Stimmenanteil konnte auch bei der aktuellen Umfrage im Januar 2020 gehalten werden. Die CDU, die noch im Jahre 1999 sogar die absolute Mehrheit errang, sackte 2019 von 22 % auf aktuell in den aktuellen Wahlumfragen 13 % ab (Wahlen Thüringen).

Wie sind diese massiven politischen Verwerfungen zu verstehen, die innerhalb unserer politischen Landschaft speziell auch in den östlichen Bundesländern ganz ungewöhnlich sind. Wie ist zu verstehen, dass die rechtsextreme AFD von den 18- bis 30-Jährigen mehr gewählt wurde als die linke und der Anteil der Arbeiter bei der AFD gleich hoch ist als bei dieser, bei den Selbstständigen sogar 26 %, während der Anteil der an sich dominierenden Linken in dieser Gruppe gerade einmal 23 % ist. Kulturpsychologisch lässt sich dies verstehen, so die hier vertretene These, aus der spezifischen Entwicklung der Mentalität in der Bevölkerung Thüringens bzw. der spezifischen kollektiven Reaktion aufgrund der feindlichen Übernahme durch die Bundesrepublik 1990:

1999 als die massiven ökonomischen Umbrüche in den neuen Bundesländern bereits 10 Jahre andauerten, hatte die CDU die absolute Mehrheit (51 %). Offenbar hatte die Bevölkerung zu diesem Zeitpunkt noch gehofft, es werden nach dem „Tal der Tränen" doch endlich die „blühende Landschaften" sich einstellen mit der CDU. Immerhin erzielte die damalige Vorläuferpartei der Linken, die PDS zu diesem Zeitpunkt noch 21 %. Ein Fünftel der Wähler waren damals wohl der Meinung, eine Form des Demokratischen Sozialismus sei eine bessere Variante für die soziale Situation der Menschen. Fünf Jahre später, 2004, sank die CDU bereits von 51 % auf 43 %. Ebenso verringerte sich der Anteil der SPD von 18,5 auf 14,5 %. Der Anteil der Linken stieg von 21 auf 26 %. Es war die Zeit, in der unter einer SPD-Regierung die Hartz-IV-Gesetze verabschiedet wurden, verbunden mit massivem Sozialabbau, vor allem vermehrter sozialer Unsicherheit. 2009 sank die CDU von 43 auf 31 % (!), Die Linke erreichte 27 %, die SPD wieder 18,5 %. Offensichtlich trauten die Wähler der CDU keine Besserung der sozialen Situation zu, eher noch der SPD, vor allem aber wurde die Linke wieder etwas stärker. Sie näherte sich bereits der CDU (27 zu 31 %). Dies blieb auch so bei der Wahl 2014: Lediglich die SPD sank von 18,5 auf 12,4 %. Dann geschah etwas völlig Neues: Es gelang der Linken 2014 gemeinsam mit SPD und den Grünen und offenbar einem Überläufer der AFD, die damals erstmalig in den Landtag kam, eine Regierung unter Bodo Ramelow zu bilden. Diese Regierung errang 2019 nicht mehr die Mehrheit. Aber die Linke steigerte sich trotz der Verdoppelung des Wahlergebnisses der AFD von 12 auf 23 %, selbst von 27 auf 31 % zu kommen. Die CDU sackte von 31 auf 21,7 % ab.

Von 2014–2019 war der Zeitraum in dem vor allem wegen der Asylpolitik von CDU SPD und Linken die AFD in Thüringen von 12 auf 23 % anstieg. CDU, SPD und Linke in allen anderen neuen Bundesländern hatten allesamt massive Einbrüche, nicht aber die Linke in Thüringen. Offenbar waren die Wähler in Thüringen zu diesem Zeitpunkt der Auffassung, Die Linke habe unter dem Ministerpräsidenten Ramelow gut für die Bevölkerung gewirkt. Dies wäre aber nicht von der CDU zu erwarten. Ein Drittel der ehemaligen CDU-Wähler wanderten von 2014–1019 zur AFD, was zu deren Verdoppelung des Wahlergebnisses von 11 auf 23 % führte. Trotz der massiven Verluste weigerte sich die CDU, Die Linke, bzw. eine Minderheitsregierung, unter Ramelow zu unterstützen. Im Februar 2020 erreichte die Abstimmung über eine Minderheitsregierung Ramelow (Die Linke gemeinsam mit SPD und Grünen) keine Mehrheit für Ramelow. Es wurde mit einer Stimme Mehrheit von CDU FDP und AFD(!) der FDP-Kandidat Kemmerich gewählt. Noch am selben Tag wurde sowohl von der CDU als auch von der FDP größtes Bedauern ausgesprochen, betont man wolle auf keinen Fall mit der AFD einen Ministerpräsidenten wählen.

Die FDP (damals 5 % im Landtag) veranlasste ihren gewählten Ministerpräsidenten rasch zurückzutreten und forderte Neuwahlen, die CDU lehnte dies ab, da sie bei aktuellen Umfragen (nach dem Wahldesaster mit der FDP) von 22 auf 13 % (!) absacken würde. Die Linke käme hingegen bei Neuwahlen nach aktuellem Stand (Dezember 2019) von 31 auf 40 %. Diese 9 % kämen von der CDU, nicht von der AFD, die praktisch gleich bei 24 % bliebe.

Was besagen diese aktuellen Wahlprognosen: Offenbar halten die Wähler in Thüringen die Linke und mit ihr SPD und Grüne für die Regierungsvariante, die sie haben wollen. Nicht eine Regierung mit der CDU und auch keine mit der AFD. Das bedeutet, eine Regierung aus Die Linke, Grünen und SPD gewünscht wird. Eine solche Regierung steht offenbar gegen den massiven Sozialabbau in den Jahren nach 1990 und danach. Ihr wird zugetraut, wirklich etwas für die Bevölkerung zu tun, wie unter der Regierung Ramelow von 2014–2019 deutlich wurde. Zu vermuten ist das die gleich bleibenden 24 % für die strenge Rechte offenbar von den Menschen gewollt wurde, die nicht mehr der bislang dominierten Politik von CDU und SPD vertrauen. Sie wollen eine stramm national ausgerichtete Politik und eine Verstärkung neoliberaler Austeritätspolitik für die Deutschen, vor allem für die Ostdeutschen. Sie vertrauen den „Altparteien" nicht mehr, die verantwortlich sind für die feindliche Übernahme der DDR. Die Übernahme durch die Politik und die Wirtschaft der alten Bundesländer soll rückgängig gemacht werden. Es soll wieder Politik für alle Deutschen gemacht werden, nicht für Ausländer oder Asylanten und auch nicht für Sozialschmarotzer und Sozialisierung, wie es die SPD und teilweise auch die CDU anstrebt.

Auffallend ist bei diesem politischen Prozess die ungeheure Aggression der Thüringer, aber auch der bundesdeutschen CDU gegenüber der Partei „Die Linke", weniger gegenüber der AFD. Die Alternative für Deutschland wird zwar als nicht wählbar oder für keine Koalition möglich angesehen. Aber Der Linken wird rasch immer wieder von der CDU, auch von der AFD mit dem antisozialistischen und antikommunistischen Vorwurf begegnet, in Thüringen ähnliche Verhältnisse wie in der ehemaligen DDR einführen zu wollen. Was angesichts der Politik Der Linken in Thüringen seit ihrer Regierungsübernahme 2014 völlig unsinnig ist. Allerdings schimmert in dieser Auffassung die alte Angst der CDU durch, die politische Situation und die Sozialpolitik der SPD könnte zu einer Veränderung in Richtung auf eine Einführung „sozialistischer

Verhältnisse" und damit die aktuellen sozial ungerechten Verhältnisse ändern wollen. Das hat die CDU vor allem bei der Übernahme des Sozialsystems der ehemaligen DDR durch das Versprechen, blühende Landschaften zu schaffen, durch das westdeutsche kapitalistische neoliberale Modell, zu verhindern versucht. In jedem Fall hat die Bundesrepublik durch die „Verramschung" des gesamten Staatsvermögens der DDR, 1990 konservativ geschätzte 360 Mrd. DM, auch rasch zu verhindern gewusst (Behling 2019).

Offenbar traut die Bevölkerung Thüringens einer Regierung Ramelow mittlerweile mit überwiegender Mehrheit mehr zu, im Land Thüringen sozial gerechtere Verhältnisse zu ermöglichen als der CDU oder auch der AFD. Das westdeutsche Modell, das in den neuen Bundesländern eingeführt wurde, hat speziell dort zu vermehrter Enttäuschung und Unzufriedenheit geführt und eine Suche nach möglichen politischen und wirtschaftlichen Alternativen geführt, mindestens sozial gerechteren Verhältnissen. Die „feindliche Übernahme" hat mindestens im Sozialbereich, auch wirtschaftlich, keine „blühenden Landschaften" entstehen lassen. Dies hat in den neuen Bundesländern mit Ausnahme von Mecklenburg-Vorpommern zu einem ungeheuren bis heute bleibenden Wahlerfolg der AFD geführt (in der Regel 25 % und mehr) und zu einer kollektivpsychologischen Aversion gegen alle „Altparteien", mittlerweile auch vermehrt Enttäuschung gegenüber der ursprünglich als „Kümmerpartei" betrachteten Linken.

Allerdings hat das in den neuen Ostländern eingeführt neoliberale Modell mittlerweile auch in den alten Bundesländern zu massiven sozialen Verwerfungen geführt: Die Schere zwischen Arm und Reich wird immer größer. Mindestens ein Drittel der Bevölkerung befindet sich „in prekären Verhältnissen" (Bude 2008; Nachtwey 2016; Sandner 2022a). Für 20 % der Bevölkerung in der Bundesrepublik droht Altersarmut, 1,5 Mio. Kinder wachsen in Hartz-IV-Verhältnissen auf, 8–10 Mio. Berufstätige arbeiten im Niedriglohnsektor. Die aggressive neoliberale Politik und die entsprechenden staatlichen Flankierungsmaßnahmen sind Ausdruck eines kulturellen Modells des „Recht des Stärkeren" der Wenigen, auf Kosten der Vielen. Für diesen Kampf ist die Übernahme der ehemaligen DDR durch die Bundesrepublik nur ein besonders deutliches Beispiel. Es hat aber auch in der Bundesrepublik seit den 1980er-Jahren eine Art „feindliche Übernahme" stattgefunden: Die nach dem Zweiten Weltkrieg eingeführte Soziale Marktwirtschaft wurde spätestens seit der Regierung Schröder im Jahr 2000 und dann in 16 Jahren der Regierung Merkel weitgehend durch neoliberale Doktrin und auch gerade durch politisches Handel als „alternativlos" übernommen.

Wenn vermehrt eine sozialere Politik von einer rot-rot-grünen Koalition auf Bundesebene drohen könnte, müssen alle Links-Tendenzen im Keim erstickt werden. Erfolge in Thüringen dürfen erst gar nicht weiter unterstützt werden. Deshalb wohl die diffamierenden Angriffe auf Die Linke, Nachfolger der verbrecherischen SED zu sein, wohlweislich aber kein Wort über die sozialen Errungenschaften in der ehemaligen DDR. Diese Errungenschaften sind in der Bevölkerung der ehemaligen DDR offenbar noch lebendig, angesichts der immer noch schwierigen sozialen Lage in den neuen Bundesländern. Es geht dabei um einen Kulturkampf, um die Köpfe, wie von Anfang an bei der Übernahme der neuen Bundesländer durch die alten Bundesländer. Diesen

Kampf um die Köpfe schildert der Kulturpsychologie Mausfeld eindrucksvoll in seinem Buch „Das Schweigen der Lämmer" mit dem Untertitel „wie Eliten-Demokratie und Neoliberalismus unsere Gesellschaft und unsere Lebensgrundlagen zerstören" (Mausfeld 2018).

Literatur

Behling K (2019) Die Treuhand. Wie eine Behörde ein ganzes Land abschaffte. Berlin, edition berolina

Bude H (2008) Die Ausgeschlossenen. Das Ende vom Traum einer gerechten Gesellschaft. München, Hanser

Nachtwey O (2016) Die Abstiegsgesellschaft. Frankfurt, Suhrkamp

Mausfeld (2018) Warum schweigen die Lämmer, Wie Elitendemokratie und Neoliberalismus unsere Gesellschaft und unsere Lebensgrundlagen zerstören. Frankfurt, Westend

Sandner D (2022a) Aggression und Gesellschaft – Schicksale der Aggressionen im Rahmen der sozio-strukturellen gesellschaftlichen Dynamik, Vortrag auf der 36. Arbeitstagung der Gesellschaft für Psychoanalyse und Psychotherapie (GPP) vom 21–23.9.2018 in Speyer. In diesem Band, Kap. 2

Sandner D (2022b) Kulturpsychologie der Gesellschaft, unveröffentlichtes Manuskript. In diesem Band, Kap, München, S 6

www. Thüringen Wahl

www. Thüringen Wahlumfragen

Das Aufbegehren in der Gesellschaft des Zorns

▶ Auf der Basis umfangreicher Analysen von Nachtwey und Koppetsch zur Frage des gesellschaftsweiten Entstehens von Zorn bzw. Aggressionen wird in diesem Beitrag den sozialpsychologischen und kultursoziologischen Hintergründen nachgegangen: dem „Aufbegehren" seit den 1980er-Jahren des vorigen Jahrhunderts (Nachtwey) und der aktuellen sich verstärkenden „Gesellschaft des Zorns" (Koppetsch). In beiden Fällen handelt es sich um massive Veränderungen der sozialen und ökonomischen Situation der Bevölkerung, denen vonseiten des Staates weder Abhilfe geschaffen, sondern die eher durch neoliberale „Reformen" unter der Devise, das alles sei absolut alternativlos, verstärkt wurden. Hierdurch entstanden für die Bevölkerung große soziale Abstiegsängste, vor allem Ängste, was die eigene soziale Absicherung anbelangt. Es entstanden auch starker Zorn und massive Aggressionen, die vielfach sich in Depressionen verwandelten, angesichts zunehmender gesellschaftsweit erlebter Ohnmacht in der Bevölkerung.

In seiner Schilderung der Abstiegsgesellschaft, in der sich seit den 1980er-Jahren unsere Gesellschaft befindet, beschreibt Nachtwey lediglich im letzten Kapitel gewisse Anzeichen des „Aufbegehrens" gegen die Verschlechterung der Lebensbedingungen eines Gutteils der Menschen.

Gab es vor 1980 in der sogenannten „Aufstiegsgesellschaft" fast keine Streiks, so hat dies danach stark zugenommen und es entstand eine regelrechte Massenbewegung, ein kollektives Aufbegehren im Zusammenhang der Hartz-IV-Gesetze und den sozialen Veränderungen durch die Agenda 2010.

D. Sandner, *Wie Angst und Aggression in der Gesellschaft entstehen*, https://doi.org/10.1007/978-3-658-36698-8_12

12.1   Das Aufbegehren seit den 1980er-Jahren

Es begann, als im Jahre 1996 „im Bonner Hofgarten 350.000 Menschen gegen Sozialabbau und insbesondere die Veränderung der Lohnfortzahlung im Krankheitsfall"
demonstrierten (Nachtway 2018, S. 191). Den weiteren Verlauf der Massenbewegung
beschreibt Nachtway wie folgt:

> Im Frühjahr 2004 mobilisierten dann die DGB-Gewerkschaften, die sich aufgrund ihrer engen
> Beziehungen zur Sozialdemokratie zunächst gegen solche Maßnahmen ausgesprochen hatten,
> nach eigenen Angaben mehr als 500.000 Menschen zu Demonstrationen in vier Städten. Seit
> mehr als fünfzig Jahren waren nicht mehr so viele Menschen für soziale Anliegen auf die
> Straße gegangen. Im Herbst 2004 kehrte ferner ein zwar bekannter, aber in diesem Kontext
> überraschender Protesttyp wieder, die Montagsdemonstrationen. (ebd., S. 191)

Hatten sich zu Beginn 1989 die Menschen in Ostdeutschland

> für politische Freiheit versammelt, richteten sich die Kundgebungen nun gegen den Abbau
> sozialer Bürgerrechte durch die Hartz Gesetze. In der ganzen Bundesrepublik insbesondere
> in Ostdeutschland wurden die montäglichen Kundgebungen vor allem von Erwerbslosen
> organisiert – eine erstaunliche Entwicklung angesichts der bekannten Probleme bei der
> Mobilisierung von Prekären. (ebd., S. 191)

Die Fortsetzung der Protestwelle mündete nach Nachtway

> schließlich in der Gründung der neuen Partei „Die Linke", die aus der alten PDS sowie
> einer Abspaltung der SPD in Westen, der „Wahlalternative Arbeit und soziale Gerechtig-
> keit" (WASG), entstand und überwiegend vom Abstieg bedrohte Bevölkerungsgruppen
> organisiert und repräsentiert (Nachtway/Spier 2007). Die erneuerte soziale Frage fand so
> eine parteipolitische Verankerung." (Nachtway 2018, S. 191f.)

Seitdem haben sich die Proteste der Menschen nicht mehr umfassend auf die Veränderung
der sozialen Bedingungen generell bezogen. Es kam aber vermehrt zu Streiks bestimmter
Berufsgruppen mit dem Ziel, die jeweiligen Arbeitsbedingungen zu verbessern:

> Im öffentlichen Dienst, in den Sozial- und Erziehungsdienstleitungen, bei der Post, der
> Bahn in Krankenhäusern und bei Amazon gab es mitunter wochenlange und militante
> Arbeitsniederlegungen. (ebd., S. 193f)

Inzwischen gibt es neben beruflichem Aufbegehren „Konflikte um Wohnraum und urbane
Lebensqualität" und mit den Freitagsdemos eine starke Bewegung, vor allem junger Leute,
gegen die drohende Klimakatastrophe. Aber bei all diesen Engagements handelt es sich um
Aufbegehren gegen bestimmte Teilentwicklungen in der Gesellschaft, nicht um eine Veränderung gesellschaftlicher Rahmenbedingungen, wie dies noch bei der Gründung der
Partei „Die Linke" zentral war. In all den geschilderten Protestfeldern wurde der Unmut
der Bevölkerung im Aufbegehren bestimmter gesellschaftlicher Gruppen sichtbar bzw. hat
sich dort jeweils artikuliert.

Dass durch die neoliberalen Veränderungen seit den 1980er-Jahren nach und nach so etwas wie „kollektiver Zorn" entstanden ist und entsteht, hat Cornelia Kippetsch 2019 umfassend in ihrem Buch „Die Gesellschaft des Zorns" soziologisch und sozialpsychologisch herauszuarbeiten versucht.

12.2   Cornelia Koppetsch „Die Gesellschaft des Zorns"

Aus kulturpsychologischer bzw. sozialpsychologische Sicht analysiert Cornelia Koppetsch in ihrem Buch „Die Gesellschaft des Zorns" das ihrer Auffassung nach generell vorhandene aggressive Potenzial in unserer Gesellschaft: Durch die ökonomischen, sozialen und politischen Entwicklungen in unserer Gesellschaft und die staatlich-rechtliche Förderung der neoliberalen Ideologie und wirtschaftlichen Praxis sei mittlerweile in allen Schichten der Gesellschaft zunehmend Aggression entstanden. Eine Aggression, die durch soziale Abstiegsängste, die Verringerung sozialer Sicherungssysteme und die Verwiesenheit auf individuelle Leistung und Erfolg bei gleichzeitig bestehender sozialer und wirtschaftlicher Ungerechtigkeit, entstanden ist.

Koppetsch schildert 5 umfangreiche soziostrukturelle Veränderungen in unserer Gesellschaft seit den 1980er-Jahren, die für die Steigerung der Aggressivität ursächlich sind:

1. *Mit dem Fall der Mauer erreichte die globale Wirtschaftsverflechtung eine neue Stufe.*

   Im Windschatten des explosionsartigen Aufstiegs globaler Finanzmärkte und transnationaler Wertschöpfungsketten kam es zur Auflösung der Strukturen des Konzernkapitalismus. Durch den Aufbau globaler Produktions- und Lieferketten wurden die alten Produktionssysteme in Einzelteile zerlegt und rund um den Erdball jeweils dort (immer wieder) neu aufgebaut, wo sich Produkte am besten entwickeln oder am billigsten fertigen lassen. (Koppetsch 2019, S. 19)

   Dies hat dazu geführt, dass die soziale und wirtschaftliche Situation und die damit vor dieser Entwicklung vorhandenen Systeme der sozialen Sicherheit zunehmend von internationalen Prozessen abhängig wurden. Nichts ist mehr für die Menschen im nationalstaatlichen Bereich sicher, alles in Bewegung.

2. *Gleichzeitig mit der Internationalisierung der Produktion ist ein Verlust von Souveränität der Nationalstaaten entstanden und eine Dominanz gewisser ökonomischer gegenüber politischen Akteuren (ebd., S. 16).*

   Entscheidungen werden auf den internationalen Finanzmärkten und von international tätigen Konzernen getroffen, denen die Nationalstaaten sich mehr oder weniger anpassen müssen, wenn sie konkurrenzfähig bleiben wollen und verhindern, dass Investoren auf andere Länder ausweichen, die ihnen günstigere Bedingungen anbieten. So wurde z. B. die zentralen Veränderungen der nationalen sozialen

Sicherungen in Deutschland durch die Hartz-IV-Gesetze wesentlich damit begründet, weil die deutsche Wirtschaft und die Ausgaben des Staates der internationalen Konkurrenz gegenüber nur so konkurrenzfähig blieben. Nicht unerheblich waren dabei steuerliche Veränderungen für in Deutschland tätige internationale Konzerne in der Weise, dass sie Veräußerungsgewinne nicht mehr in Deutschland versteuern mussten bzw. international in anderen steuerlich günstigeren Ländern versteuern konnten.

3. *Kam es mit der zunehmenden Liberalisierung der internationalen Märkte zum „Aufstieg der Global Cities zu transnationalen Steuerungszentren" (ebd., S. 17).*
Koppetsch schreibt:

Diese sind Knotenpunkte einer neuen Geographie der Macht. Mit der Ablösung des Industriezeitalter hat die Gleichförmigkeit der Industriestädte mit ihrer Massenproduktion, ihren Massenarbeitnehmern und ihren funktionalen Aufteilungen ein Ende, während Großstädte und Metropolregionen einen enormen Aufstieg erleben und eine auch in sozial räumlicher Hinsicht polarisierte Bevölkerungsstruktur hervorbringen ... In den großen Städten konzentriert sich ein Großteil hochqualifizierter Dienstleistungsarbeit, wie sie typischerweise von transnationalen Unternehmen nachgefragt wird. Gleichzeitig konzentriert sich hier auch ein Großteil der einfachen Dienstleistungsarbeit, sowie der unterprivilegierten Bevölkerungsgruppen, denn das Wachstum des Finanzgewerbes und der unternehmensbezogenen Dienstleistungen schaffen nicht nur für Akademiker vielfältige Beschäftigungsmöglichkeiten, sondern auch für niedrig bezahlte, oftmals migrantische Arbeitskräfte. (ebd., S. 17)

Dies hat „zur Entleerung und Verödung ganzer Landstriche in ländlichen Regionen, d. h. zur Herausbildung neuer Peripherien inmitten Europas" geführt:

Aus den deindustrialisierten Gebieten etwa in Ostdeutschland und vielen Regionen Osteuropas sind immer größere Teile der aktiven Bevölkerung abgewandert – Arztpraxen, Schulen, Kindergärten und Geschäfte mussten schließen ... Die Ankunft von Migranten verstärkt die demographische Melancholie in diesen Regionen und das Bedürfnis, zu den Strukturen des Industriezeitalter zurückzukehren. (ebd. S. 18)

Es entstehen vermehrt in diesen Gebieten sowohl Ängste als auch Aggressionen gegenüber einem Staat, der dies alles zulässt und nur auf eine neoliberale Wirtschaft und Sozialpolitik setzt.

Durch die Konzentrierung der Wirtschaft auf finanzielle und wirtschaftliche Zentren entstanden dort viele Möglichkeiten für gut Gebildete, gleichzeitig verschlechterten sich die Bedingungen für weniger Gebildete und Berufstätige, die dort weniger gebraucht werden, vor allem mittelständische Betriebe und Geschäftsleute. In den Zentren werden zwar viele Arbeitskräfte in den sozialen Dienstleistungen benötigt. Da aber viele Menschen in diese Zentren wollen, verdienen sie auch relativ wenig (ebd., S. 18).

4. Durch die neoliberale wirtschaftliche und finanzielle Entgrenzung kommt es zur Herausbildung von „transnationalen Klassenlagen" bzw. zur „Transnationalisierung sozialer Ungleichheitsverhältnisse".

Koppetsch betont:

Am oberen Pol befinden sich Gruppen, die als Globalisierungsgewinner verstanden werden können. Dazu gehört zum einen die kleine Elite der Superreichen, die in den Winner-take-it-all-Prozessen überproportionale Vermögens- oder Aufmerksamkeitsgewinne erzielt haben, und zum anderen die relativ breite Schicht der Kosmopoliten in den Kultur- und Wissensökonomien der Global Cities, die weder emotional noch ökonomisch übermäßig an einen spezifischen Nationalstaat gebunden ist. (ebd., S. 18)

Im unteren Bereich der Gesellschaft, der sozialen gesellschaftlichen Hierarchie finden sich strukturell unterprivilegierte Gruppen ebenfalls „zu einer transnationalen Klasse, zu einem transnationalen Unten zusammen":

Hier finden sich Geringverdiener aus unterschiedlichen Weltregionen als globales Dienstleistungsproletariat wieder. Für dieses existiert die soziale Rolltreppe in die Mittelschicht zumeist nicht mehr, weil sich unter dem Druck internationaler Wettbewerbsfähigkeit auch die Löhne in den Ländern des globalen Nordens an die niedrigeren internationalen Maßstäbe angeglichen haben ... Verflechtung mit konkurrierenden Arbeitnehmern anderer Weltregionen hat gerade auch dort gefunden, wo sich die einzelnen gar nicht bewegt haben. (ebd., S. 19)

Wie entwickeln sich die traditionellen sozialen Mittelschichten?

Die akademisch ausgebildete urbane Mittelschicht wird zunehmend in die globale Oberschicht integriert, während die in den Regionen und Kleinstädten angesiedelte mittlere und untere Mittelschicht zunehmend in die Defensive gerät und ein unbedingtes Interesse am Erhalt eines exklusiv nationalen Wirtschaft- und Wohlfahrtsraums hat, notfalls auch durch Abkoppelung von der Globalisierung. (ebd., S. 20)

Dies führt nicht nur in den neuen Bundesländern, sondern in allen Gegenden Deutschlands, in d12 enen die ländlichen Regionen sich abgehängt fühlen, zu vermehrten Gefühlen der Aggression gegenüber den staatlichen Einrichtungen und Politik der dominanten politischen Parteien, die für diese ungerechte soziale Situation verantwortlich gemacht werden und Hinwendung zu Parteien bzw. Bewegungen, zu einer nationalen deutschen Politik „Germany first", wie dies in Deutschland die „Alternative für Deutschland" anstrebt.

5. Haben sich durch die neoliberale Öffnung der nationalen staatlichen Strukturen auch politische Steuerungsinstrumente der nationalstaatlichen Politik transzendiert (ebd., S. 40 f.).

Dies bedeutet, dass „soziale Felder und Positionen nicht mehr innerhalb von Nationalstaaten gestaltet werden, sondern sich zunehmend durch soziale Kontexte geprägt

finden, deren flächenräumliche Ausdehnung die Grenzen von Staaten überschreitet"
(ebd., S. 21).

Hier verweist Koppetsch auf eine besondere Weise der „Transnationalisierung"
durch die Wende 1989 bzw. das wiedervereinigte Deutschland:

> Während im Westen nach der Wende zunächst noch vieles beim Alten blieb, durchlief Ost-
> deutschland die Transformation von der Industriemoderne in die spätmoderne Dienstleistungs-
> ökonomie gleichsam im Zeitraffer, was bei vielen Ostdeutschen zu einer quasi-migrantischen
> Erfahrung führte – der Erfahrung, fremd im eigenen Land zu sein und über ungleich geringere
> Gestaltungsmöglichkeiten als die Westdeutschen zu verfügen. (ebd., S. 23)

Dies hat dazu geführt, dass viele Menschen in den neuen Bundesländern Wiedervereinigung als „feindliche Übernahme" erlebt haben, verbunden mit großen Ängsten,
sozial abzusteigen und massiven Aggressionen gegenüber der alten Bundesrepublik,
deren wirtschaftliche und politische Dominanz (Sandner 2022b).

12.3   Die aktuelle Psychodynamik von Angst und Aggression in der Gesellschaft

Die geschilderte soziale und wirtschaftliche neoliberale Umgestaltung in Deutschland
hat nach Koppetsch zu einer kollektiven Veränderung in den sozialen Beziehungen bzw.
Sicherungen der Menschen geführt, mit viel Angst und Aggressionen bei allen Mitgliedern unserer Gesellschaft. Angst, weil die bislang bis in die 1980er-Jahre bestehende
soziale Sicherheit am Arbeitsplatz, bei den Renten, bei Arbeitslosigkeit und der Lebensbedingungen im Alter (Pflege, Rente) zunehmend einer permanenten Unsicherheit
gewichen ist (Sandner 2022b).

Aggression auf kollektiver Basis entstand, weil die Menschen zunehmend das Gefühl
hatten, vom Staat und seinen Regelungen nicht gerecht behandelt zu werden angesichts
einer ständig boomenden Wirtschaft und einer Vermehrung gesellschaftlichen Reichtums
im oberen Drittel der Gesellschaft: Der Wirtschaftswissenschaftler Rudolf Hickel hat
berechnet,

> dass auf das oberste eine Prozent der Bevölkerung 35 % des gesamten Nettovermögens ent-
> fallen und auf die obersten 10 % 65 % des Nettovermögens. Auf die restlichen 90 % Chrom
> verteilen sich nur 35 % des Nettovermögens! (Hickel 2020)

Diese Tendenz hat sich in den letzten Jahren zunehmend verstärkt. Ganz offensichtlich
haben sich die individuellen Chancen des Erwerbs von Vermögen und die damit verbundene soziale Sicherung der Lebenshaltung für 90 % der Bevölkerung zunehmend
verschlechtert.

Die neoliberale wirtschaftliche Entwicklung hat zu einer extremen Ungleichheit
geführt, „Wer hat, dem wird auch noch gegeben werden."

Es entstand eine Gesellschaft des Zorns, nicht nur im unteren Drittel der Gesellschaft, sondern auch in der Mitte und in der Oberschicht. Dies zeigt sich in Untersuchungen zu den Abstiegsängsten der Bundesbürger (Kohlrausch 2018), die dazu führen, dass beträchtliche Teile der Menschen (etwa 30 %) zu rechten Überzeugungen tendieren und in den neuen Bundesländern in fast ähnlicher Größenordnung AFD wählen. Diese Partei verspricht, als „Partei der Deutschen" wieder zu den alten „guten Zeiten" zurückzukehren, als alles sich noch um die Deutschen gedreht hat. Was Ostdeutschland angeht, ist dies nicht verwunderlich, weil nach der Wiedervereinigung besonders gravierende soziale, politische und wirtschaftliche Veränderungen, richtiggehende Brüche stattgefunden haben, denen die Menschen dort wirklich alternativlos ausgesetzt waren.

Wie die „Gesellschaft des Zorns" in diesen Ländern aussieht, hat der Sozialpsychologe Kliche in einer qualitativen Untersuchung über die Mentalität und die aggressiven Reaktionen der Menschen festgestellt, die in Brandenburg in einem von den Umbrüchen besonders betroffenen Gebiet leben (Kliche 2019; Sandner 2022a).

In der Gesellschaft des Zorns geht es aber nicht zuletzt um den Zorn relativ großer Gruppen aus der Mittel- und Oberschicht, die befürchten, ihre finanziellen und sozialen Privilegien zu verlieren, durch die Forderung unterprivilegierter Gruppen nach mehr sozialer und steuerlicher Gerechtigkeit. Diese Form der Aggression äußert sich in der Art und Weise der Durchsetzung und Beibehaltung der eigenen Privilegien durch entsprechendes staatliches, gesetzgeberisches Handeln, und die massive soziale und politische Abwehr aller Vorstellungen und Vorhaben, eine soziale und gerechte Gesellschaft zu entwickeln und zu realisieren.

Die Aggression dieser dominanten Gruppen drückt sich aus in der für alle wesentlichen Parteien fest zementierten Vorstellung, die Gesellschaft könne und dürfte gar nicht politisch gerechter gestaltet werden: Der Neoliberalismus ist die beste Gesellschaftsform, eine bessere gebe es nicht, dass führe nur zum desavouierten Sozialismus, durch den die Verhältnisse noch schlechter werden. Auf diesem Hintergrund werden die politischen Entscheidungen generell für „alternativlos" betrachtet und entsprechende ideologische und psychologische Maßnahmen ergriffen, die dazu führen sollen, dass „die Lämmer schweigen", wie Mausfeld in seinem Buch „Warum schweigen die Lämmer?" aus sozialpsychologischer Sicht umfassend und differenziert analysiert (Mausfeld 2018).

Durch die herrschende politische, rechtliche und ideologische Struktur, die von den dominierenden gesellschaftlichen Gruppen hergestellt und bewahrt wird, entsteht reaktiv wieder bei den weniger Privilegierten Zorn, „heiliger Zorn". Aber dieser Zorn äußert sich vielfach nicht gegen die ungerechten sozialen Verhältnisse, sondern wird vom überwiegenden Teil der Gesellschaft als eigene Unzulänglichkeit erlebt: Wenn es den Menschen individuell schlecht geht, haben sie sich nicht genügend angestrengt und sind in ihrer beruflichen Aktivität nicht gut genug. Viele merken dass dies nicht stimmt, aber die gesellschaftsweit verbreitete dominante Vorstellung ist, „Jeder ist seines Glückes Schmied." Da die reale soziale Situation nicht verändert werden kann, entstehen auf diese Weise in der gesamten Gesellschaft zunehmend Depressionen. Die Gesellschaft insgesamt ist sozusagen „depressivogen": Wenn die Menschen sich den „lieblosen" und brutalen staatlichen und wirtschaftlichen Bedingungen schlicht unterwerfen müssen, bleibt psychologisch vielfach der Ausweg, sich den dominanten Mächten zu unterwerfen und zu versuchen, durch viel Leistung und Unterordnung, Anerkennung zu erhalten (Sandner 2017).

Wenn die Menschen feststellen, dass sie durch viel Leistung und Anpassung nicht in eine gute soziale und wirtschaftliche Position bzw. Situation gelangen, werden sie vermehrt depressiv, oder aber sie entwickeln zunehmend einen „Burn-out". Sie werden aber in der Regel nicht politisch aktiv, es sei denn, es bildet sich eine politische Gruppierung heraus, die verspricht gegen ungerechte soziale Verhältnisse vorzugehen und verspricht, die Interessen der unterprivilegierten Gruppe oder die Gruppe der Abstiegsgefährdeten zu vertreten. Genau dies verspricht in Deutschland die AFD, in Österreich die FPÖ, in Frankreich der „Front National", in Italien „die Liga" und in den USA, Donald Trump. Dabei spielt es keine besondere Rolle, ob die entsprechenden Parteien oder Bewegungen wirklich gerechtere Verhältnisse anstreben oder auch versteckt ganz andere Interessen vertreten bzw. anstreben, sondern lediglich, dass die Menschen dies glauben. Wichtig ist hierbei auch, dass die Neuen-Rechten-Bewegungen auch immer „wissen", wer schuld ist an ungerechten oder desolaten sozialen Verhältnissen: in Deutschland die herrschenden politischen Parteien in Berlin, die „Sozialschmarotzer", die nicht arbeiten wollen und deshalb immer mehr Versorgung vom Staat möchten und natürlich die Asylanten.

Auf die geschilderte Weise verteilt sich der Zorn in der Gesellschaft, er nimmt zu, aber er führt in der Regel nur wenig zu einem politischen Engagement, *ungerechte Verhältnisse* zu verändern. Die an sich berechtigte Aggression verpufft in politisch aggressivem Verhalten, vor allem aber in zunehmende Depressionen bei den Menschen.

12.4 Gibt es Wege aus der destruktiven Aggression?

Die kulturpsychologisch zentrale Frage lautet: Ist es möglich die vorhandene Dynamik des kollektiven Aufbegehrens der Unterprivilegierten und des versteckten untergründigen bis manifest aggressiven Zorns der Privilegierten psychologisch und politisch zu nutzen, um gerechtere soziale Verhältnisse voranzubringen?

Es gibt realistische Möglichkeiten, wenn eine politische Partei mit einer Führergestalt sich den Anliegen der Bevölkerung nach Verbesserungen der sozialen Sicherheit, gerechteren wirtschaftlichen und finanziellen Bedingungen, vor allem auch von Steuergerechtigkeit annimmt und die Bevölkerung kontinuierlich um Unterstützung bittet. Dies wird im Kapitel „Kulturpsychologie der politischen Handlungsfähigkeit" am positiven Beispiel des in „New Deal" oder dem Präsidenten Roosevelt dargelegt (Sandner 2021a). Es geht dabei insbesondere um eine gerechtere Steuerpolitik, was die Besteuerung hoher Einkünfte, aber auch die Einführung einer ökonomisch möglichen Vermögenssteuer anbetrifft. Wichtig ist hierbei, dass die progressive Politik gegen massive Widerstände starker wirtschaftlicher und finanzieller Machtgruppen mit der Unterstützung der Bevölkerung durchgesetzt wird (Saez und Zugman 2020, Sandner 2022b).

Literatur

Kliche T (2019) Soziale Traumatisierung und Fantasien vom Bürgerkrieg. Reportpsychologie 3(2019):4–7

Kohlrausch B (2018) Abstiegsängste in der Arbeitswelt von heute, Präsentation Prof. Dr. Bettina Kohlrausch, https://www.fes.de/index.php?eID=dumpFile&t=f&f=31424&token

Kopetsch B (2019) Die Gesellschaft des Zorns. Transkript, Bielefeld

Mausfeld (2018) Warum schweigen die Lämmer, Wie Elitendemokratie und Neoliberalismus unsere Gesellschaft und unsere Lebensgrundlagen zerstören. Westend, Frankfurt

Mausfeld (2019) Angst und Macht. Herrschaftstechniken der Angsterzeugung in kapitalistischen Demokratien. Westend, Frankfurt

Nachtwey O (2016) Die Abstiegsgesellschaft. Suhrkamp, Frankfurt

Saez E, Zugman G (2020) der Triumph der Ungerechtigkeit. Steuern und Ungerechtigkeiten im 21. Jahrhundert. Suhrkamp, Berlin

Sandner D (2017) Die psychologischen Grundlagen des kollektiven Unbewussten, in: Sandner, D, Die Gesellschaft und das Unbewusste, Springer, Berlin, S 89–102. In diesem Band, Kap. 3

Sandner D (2021) Aggression und Gesellschaft – Schicksale der Aggressionen im Rahmen der sozio-strukturellen gesellschaftlichen Dynamik, Vortrag auf der 36. Arbeitstagung der Gesellschaft für Psychoanalyse und Psychotherapie (GPP) vom 21.-23.9.2018 in Speyer. In diesem Band, Kap. 2

Sandner D (2022a) Entstehung struktureller aggressiver Gewalt durch staatliche Regelungen. Wie reagieren die Betroffenen? Vortrag auf der 37.Arbeitstagung der Gesellschaft für Psychoanalyse und Psychotherapie (GPP) vom 22.–24.9.2019 in Speyer. In diesem Band, Kap. 9

Sandner D (2022b) das kollektivpsychologische Kraftfeld politischer Handlungsfähigkeit. Unveröffentlichtes Manuskript, München. In diesem Band, Kap. 8

Warum schweigen nicht nur die Lämmer?

13

> ▶ Es wird untersucht, wieso sich die Menschen in unserer Gesellschaft nicht kollektiv gegen ungerechte politische Verhältnisse auflehnen und versuchen, gerechtere Bedingungen zu erreichen. Herausgearbeitet wird, dass das etablierte politische Parteiensystem mit der Unterstützung politisch dominanter Gruppen das bestehende politische System verteidigt. Es wird dafür gesorgt, dass die Bürger glauben, nur dieses System sei alternativlos gerecht. Außerdem wird das bestehende politische System immer mehr rechtlich abgesichert. Politische Veränderungen benötigten eine Wählermehrheit, die von den etablierten Parteien nicht gewünscht wird. In der Bevölkerung entsteht Ohnmacht und Abkehr vom politischen Engagement angesichts der kollektivpsychologisch erlebten Perspektivlosigkeit sowie zudem aktive oder passive Unterstützung des politischen Systems.

In seinem Buch „Warum schweigen die Lämmer?" geht es Rainer Mausfeld (2018) um 2 zentrale Fragen: Wieso gibt es extrem ungerechte Verhältnisse in unserer Gesellschaft, aber auch insgesamt auf der ganzen Welt? Zum anderen fragt Mausfeld: Wieso wird von den Menschen nicht wirklich gegen diese Verhältnisse aufbegehrt, sondern sie vielmehr geduldet oder gar für gut geheißen?

Dass in unserer Gesellschaft ungerechte Verhältnisse herrschen, die sich besonders in den letzten 40 Jahren stark verstärkt haben, zeigt sich, um ein zentrales wirtschaftliches bzw. finanzielles Kriterium herauszugreifen, im folgenden ökonomischen Befund, den der Wirtschaftswissenschaftler Rudolf Hickel in neuesten Untersuchungen zur Vermögensverteilung in Deutschland festgestellt hat. „Das eine Prozent an der Spitze der Vermögenspyramide … verfügt über 35 % des Nettovermögen, bei den obersten 10 % der Vermögenden konzentrieren sich sogar gut zwei Drittel des gesamten Nettovermögens" (Hickel 2000, S. 2011 f.). Die restlichen 35 % der Nettovermögen fallen auf 90 % der Bundesbürger.

© Der/die Autor(en), exklusiv lizenziert durch Springer Fachmedien Wiesbaden GmbH, ein Teil von Springer Nature 2022
D. Sandner, *Wie Angst und Aggression in der Gesellschaft entstehen,*
https://doi.org/10.1007/978-3-658-36698-8_13

13.1   Politik ist der Kampf um die gerechte Ordnung (von der Gablentz 1958)

Wie kann es zu einer so krassen Vermögensverteilung kommen? Welche Rolle spielen dabei staatliche, politische und rechtliche Entscheidungen und warum begehren unsere Parteien nicht auf, wenn schon nicht die 90 % der ungerecht Behandelten der Bevölkerung?

Schließlich geht es bei einer demokratischen Kultur „um den Kampf um die gerechte Ordnung, wie sie klassischerweise der Politologe von der Gablentz bereits in den 1950er-Jahren der jungen Demokratie der Bundesrepublik ins Stammbuch geschrieben hat" (von der Gablentz 1958).

Mausfeld stellt in seinem Buch 2 zentrale Thesen auf bzw. Befunde vor: In der Bundesrepublik hat sich auf dem Hintergrund etlicher, vor allem neoliberaler Politikinteressen und Entscheidungen eine „Elitendemokratie" entwickelt. Dominante wirtschaftliche Interessengruppen haben über ihren Einfluss auf die politischen Entscheidungsträger erreicht, dass rechtliche Rahmenbedingungen geschaffen wurden, die zu einer zunehmend „freien Bahn" für jedwede wirtschaftliche Aktivitäten geführt haben. Hierbei verblieb der finanzielle wirtschaftliche Erfolg in ungerechter Weise überproportional bei den Wirtschaftsunternehmen und den Finanzunternehmen. So entstanden kontinuierlich die geschilderten Vermögensverhältnisse, wie sie der Ökonom Hickel für Deutschland und in noch größerem Ausmaße die beiden Nationalökonomen Saez und Zucman (2020) für die Vereinigten Staaten festgestellt haben.

Entstanden ist diese Entwicklung über ganz legale politische Entscheidungen der Abgeordneten und sonstigen Amtsträgern jeweils mit der politischen Begründung: Das sei das Beste und Gerechteste für alle Bürger und als solches „alternativlos". Die einzige Alternative sei „der Sozialismus", eigentlich der „Kommunismus" und da habe sich ja gezeigt, wohin das führe.

Das ist der wichtige These von Mausfeld: Die Unterstützung der Bevölkerung und der politischen Entscheidungsträger für die neoliberale Politik sei nur möglich gewesen durch die Verbreitung eben dieser Politik Hierzu war es nötig, ein System der Meinungsbildung auf allen Ebenen des gesellschaftlichen Lebens, in der Kultur, den Massenmedien, den politischen Parteien und in der öffentlichen Diskussion zu etablieren und gegen „weltanschauliche Veränderungen" abzusichern.

Erkennbar werden diese politischen „bestandswahrenden Maßnahmen" in Deutschland, wenn es um die Frage geht, ob bei der zunehmenden ungerechten Verteilung des Vermögens eine Besteuerung großer Vermögen oder Erbschaften durchgeführt werden sollte sowie eine besondere Verfolgung von Steuerhinterziehung großer, vor allem internationaler Unternehmen gesetzlich beschlossen werden sollte. Dann breche bei uns der Sozialismus aus und bedroht mühsam erarbeitete Vermögen Besserverdienender. Es wurden 2001 von der Regierung Schröder nicht einmal höhere Steuern für Finanzanlagen auf der Basis der Gesamteinkünfte der Vermögenden festgesetzt. Es wurde argumentiert, dann investieren Vermögende nicht mehr in die Wirtschaft, insbesondere in die Akten, und das schade allen.

Dabei gibt es ein historisch beeindruckendes Beispiel, dass staatlich krasse steuerliche Maßnahmen in den USA nach der Weltwirtschaftskrise 1930 zu einer kontinuierlichen Steigerung der amerikanischen Wirtschaft geführt haben und zu einer Vermehrung des Wohlstands aller Amerikaner bis in die 1980er-Jahre (Lehndorff 2020a, b).

13.2 Schaffung einer gerechten Gesellschaft – der New Deal von Roosevelt

In ihrem Buch „Der Triumph der Ungerechtigkeit" haben die beiden amerikanischen Ökonomen Saez und Zucman (2020) diese Entwicklung, unterlegt mit empirischen Daten, eindrücklich beschrieben: In den USA, das bereits seit der Jahrhundertwende als das Land des ungebremsten Kapitalismus galt, hat auf dem Höhepunkt der Weltwirtschaftskrise der New Deal des Präsidenten Roosevelt zu massiven steuerlichen Maßnahmen geführt, die staatlicherseits gegen massive Widerstände dominierender Wirtschaftsgruppen auch im Wesentlichen durchgesetzt wurden. Die Autoren schreiben:

„Zwischen 1930 und 1980 betrug der Spitzensatz bei der Einkommensteuer im Durchschnitt 78 Prozent und erreichte zwischen 1951 und 1963 mit 91 Prozent den Höchststand. Große Nachlässe wurden Mitte des 20. Jahrhunderts quasikonfiskatorisch besteuert, wobei sich die Steuersätze für die reichsten US-Bürger zwischen 1941 und 1976 nahe 80 Prozent bewegten." (Saez und Zucman 2020, S. 50)

Roosevelt führte gleichzeitig eine massive generelle Erhöhung der Einkommensteuer durch:

„Nach seiner Wahl zum Präsidenten fügte Franklin D. Roosevelt ... ein weiteres Ziel hinzu, nämlich sicherzustellen, dass niemand mehr als eine bestimmte Summe verdiente. Exzessive Einkommen, hieß das konkret, wurden eingezogen. 1936 hob Roosevelt den Spitzensatz bei der Einkommensteuer auf 79 und 1940 auf 81 Prozent an. Während des Zweiten Weltkrieges lag der Spitzensteuersatz dann bei fast 100 Prozent." (ebd., S. 63)

1942 betonte Roosevelt in einer Rede vor dem Kongress, allerdings unter den besonderen Bedingungen des Krieges:

„Eine Steuer von 100 % auf Nettoeinkünfte über 25.000 (dem heutigen Gegenwert von über 1 Million) sollte implementiert werden, und zwar nicht nur auf Arbeitseinkommen, sondern auf alle Einkommensquellen, inklusive der Zinseinnahmen aus steuerbefreiten Wertpapieren." (ebd., S. 64)

Was wurde mit den riesigen, vom Staat eingenommenen Steuern gemacht: Es wurden große Summen aufgewendet unter anderem „an öffentliche Ausgaben für Wohnungsbau, Eisenbahnen und regionale Energieversorgung (Lehndorff 2020a, b, S. 93). Generell gesehen wurde die finanzielle Basis des Staates für infrastrukturelle Maßnahmen gesichert und für die Bevölkerung bessere soziale Bedingungen geschaffen. Lehndorff schildert die Maßnahmen im Einzelnen:

> „Der Bankensektor wurde saniert und reguliert, und die Börse wurde einer staatlichen Aufsicht unterstellt; mithilfe verschiedenster Beschäftigungsprogramme wurden innerhalb weniger Monate über 6 Millionen bis dahin arbeitslose Menschen für den Bau von Schulen, Spielplätzen, Kindergärten, Straßen, Grünflächen, für Aufforstung und Landschaftspflege eingesetzt; mit weiträumigen Infrastrukturprojekten wurden Staudammsysteme zur Bewirtschaftung, Bewässerung und Elektrifizierung ganzer Regionen geschaffen. Mit neu eingeführten Systemen sozialer Unterstützung gelang es, im Laufe der 1930er Jahren insgesamt einem Drittel der Bevölkerung staatliche Hilfe zukommen zu lassen. Die Steuern für hohe Einkommen, Erbschaften und Unternehmensgewinne wurden drastisch erhöht; erstmals wurden soziale Mindeststandards wie das Verbot von Kinderarbeit, das Recht auf gewerkschaftliche Organisierung, ein Mindestlohn und eine Regelarbeit von 40 Wochenstunden gesetzlich verankert; es wurde ein Sozialversicherungssystem eingeführt mit den Schwerpunkten einer Arbeitslosen- und einer Rentenversicherung und last not least: 3000 Kulturschaffende verschiedenster Disziplinen wurden gefördert und brachten Kunst unters Volk." (ebd., S. 83f.)

Diese vielfältigen soziostrukturellen, vor allem rechtlichen, staatlichen Maßnahmen wurden unter massiver Gegenwehr vor allem wirtschaftlicher Interessengruppen realisiert. Als der Widerstand mächtiger Gruppen immer heftiger wurde, mobilisierte Roosevelt die Bevölkerung. Lehndorff schreibt:

> „Ein Beispiel für die offensive und mobilisierende Antwort auf die von rechts betriebene politische Polarisierung war Roosevelts Wahlkampfrede im New Yorker Madison Square Garden vom Oktober 1936, in der er „Industrie- und Finanzmonopole, Spekulanten und rücksichtslose Banken" wie folgt angegriffen hat: „Sie hatten begonnen, die Regierung der Vereinigten Staaten als ein bloßes Anhängsel ihrer eigenen Geschäfte zu betrachten wir wissen jetzt, dass die Regierung durch das organisierte Geld genauso gefährlich ist, wie die Regierung durch das organisierte Verbrechen. Niemals zuvor in unserer Geschichte waren diese Kräfte so vereint gegen einen Kandidaten, wie sie es heute sind. Sie sind sich einig ihrem Hass auf mich – und ich begrüße ihren Hass." (ebd., S. 91)

Die sozialrechtliche Fixierung wichtiger Bereiche des Arbeitsrechts (40-Stunden-Woche, Tarifverträge, Urlaub, Gewerkschaftsautonomie), des Rentenrechts, der Krankenversicherung sowie die Besteuerung hoher Vermögenseinkünfte und Vermögen sowie strikte staatliche Kontrollen dieser Maßnahmen blieben auch nach dem Krieg bis in die 1980er-Jahre im Wesentlichen erhalten. Erst mit Präsident Reagan wurden die Steuern massiv gesenkt und die staatliche Regulierung des Bankensektors und des Finanzsektors rasch aufgehoben. Insbesondere konnten Erträge der Unternehmen ins Ausland, in sogenannte Transfergesellschaften, sowie in Steueroasen verlagert werden, mit niedrigen Steuern. All diese Steuern gingen so dem amerikanischen Staat verloren.

Die geschilderte Entwicklung in den USA ging in stark vermindertem Ausmaß auch in Deutschland nach dem Zweiten Weltkrieg vor sich, in der Zeit der „Sozialen

Marktwirtschaft". Insbesondere seit den 1980er-Jahren unter der Regierung Kohl kam es aber zu einer sozialrechtlichen, schleichenden Verschlechterung der bis dahin vorhandenen sozialen staatlichen Sicherungssysteme. Unter der Regierung Schröder dann zu einer massiven Umgestaltung der bisherigen sozialen Marktwirtschaft zu einer weitgehend neoliberale Wirtschaftspolitik und vor allem Finanzwirtschaft: Es wurden vielfältige Verschlechterungen der staatlichen sozialen Absicherung vorgenommen, massive Erleichterungen für Finanzspekulation, steuerliche Erleichterung für Finanzerträge sowie der Grenzsteuersatz für höhere Einkommen von 56 % auf 42 % gesenkt (Sandner 2022b).

Das hat dazu geführt, dass sich seitdem die Kluft zwischen Reich und Arm in Deutschland vor allem seit 2001 zunehmend vergrößert und zu dem oben genannten extremem Gefälle bei den Nettovermögen geführt hat.

Wieso hat die Bevölkerung in Deutschland gegen diese Entwicklung nicht aufbegehrt? Wieso haben die wichtigen Parteien nichts gegen diese Entwicklung unternommen, im Gegenteil, all diese neoliberalen Veränderungen unterstützt und rechtlich abgesichert?

13.3 Warum schweigen die Lämmer?

Zunächst war es so, dass die politischen, rechtlichen Veränderungen bis 1998 unter der Regierung Kohl relativ moderat und schleichend vorgenommen wurden: Es wurden vor allem leichte Änderungen im Rentenniveau beschlossen. Außerdem fand in dieser Zeit, nämlich 1990, die Wiedervereinigung statt und hierfür mussten viele steuerliche Mittel zur Verfügung gestellt werden und die Bürger wurden aufgefordert, weniger Lohnforderungen zu stellen. Auch dass durch die Wiedervereinigung bei den Renten Einschränkungen erforderlich waren, leuchtete vielen ein. Immerhin haben die relativ moderaten Änderungen in der Sozialgesetzgebung dazu geführt, dass die Regierung Kohl 1998 abgewählt wurde (Sozialabbau unter Kohl 2010).

Wirklich massive Einschränkungen im Bereich der sozialen Sicherungssysteme wurden dann in der Regierungszeit von Bundeskanzler Schröder durchgeführt, um nicht zu sagen durchgedrückt: Mit den Harz-IV-Gesetzen und der Agenda 2010 wurde nicht nur die soziale Sicherung bei Arbeitslosigkeit, sondern auch die rechtlichen Bestimmungen auf dem Arbeitsmarkt massiv verschlechtert. 2014 befanden sich dann wegen dieser Maßnahmen bereits ein Drittel der Berufstätigen in sogenannten „prekären Arbeitsverhältnissen", bei denen das monatliche Einkommen weit unter dem durchschnittlichen Einkommen aller Erwerbstätigen lag. Dies kam unter anderem daher, weil Berufstätige, die unverschuldet arbeitslos wurden, nach einem Jahr Arbeitslosengeld sich in der Hartz-IV-Regelung befanden und dann jede auch geringer bezahlte Arbeit annehmen mussten, sonst erhielten sie auch keine Hartz-IV-Bezüge mehr. Die Betriebe versuchten auch neue Arbeitskräfte aus dem Bereich der Tarifbindung auszugliedern und auf Leiharbeit oder auf nichtfestangestellte Mitarbeiter zu verlagern, die keine Tariflöhne erhielten (Nachtwey 2016, S. 136 ff.).

Für alle Berufstätigen, die im Bereich der gesetzlichen Rentenversicherung waren, wurden die im Alter zu erwartenden Rentenansprüche massiv verringert: Die Ansprüche wurden gesetzlich kontinuierlich von 70 % des durchschnittlichen Nettoeinkommens auf bis heute 50 % gesenkt. Vielen Berufstätigen droht eine niedrige Rente, auch weil sie vorher nur geringe Einkünfte hatten. Aus beiden Gründen entstanden niedrige Rentenansprüche und Altersarmut (Sozialabbau unter Schröder 2020).

Wurden durch die Sozialpolitik der Regierung Schröder besonders das untere Drittel der arbeitenden Bevölkerung in prekäre soziale Verhältnisse gebracht, so wurden das mittlere Drittel, vor allem aber das obere Drittel massiv bevorteilt: Durch das Steuersenkungsgesetz von 2001 wurde der Grenzsteuersatz der Einkommensteuer für die obersten 10.000 € von 53 auf 42 % gesenkt. Gleichzeitig wurden große Steuersenkungen für die Unternehmen (Körperschaftsteuer) und individuelle Vermögenszuwächse bei Aktienbesitz oder Finanzanlagen festgelegt. Es wurden Tür und Tor für Finanzanlagen in Steuerparadiesen und in Investmentfonds eröffnet sowie die zunehmend erfolgte Steuerflucht und Steuerhinterziehung erleichtert bzw. völlig unzureichend kontrolliert.

Die mittleren aber auch vor allem oberen Einkommensgruppen wurden durch die geschilderte gesetzlichen Veränderungen insbesondere in den letzten 20 Jahren immer reicher und der Staat erhält immer weniger Steuermittel, um wichtige infrastrukturelle Maßnahmen aber auch staatliche Sicherungsmaßnahmen für sozial Benachteiligte zu finanzieren (zum Beispiel Hartz IV in adäquater Höhe für die Bestreitung der Grundbedürfnisse vor allem für Familien mit Kindern, Alleinerziehende und arme Rentner).

Wir haben sich die sozialrechtlichen Veränderungen auf die Bevölkerung insgesamt ausgewirkt? Es entstand besonders im unteren Drittel viel Angst, aber auch Zorn wegen der Verschlechterungen durch „den Staat", der ihnen gegenüber so aggressiv ihre bisherigen Rechte verletzt hatte und die Reichen andererseits immer reicher werden ließ. Diese Wut verstärkte sich, weil dies insbesondere durch die Regierung Schröder von der „Partei der Arbeit" und unter ihrer Federführung vorgenommen wurde. Aber an wen sollten sich die „Verlierer" wenden?

Die Wut und Enttäuschung aber auch die Ohnmacht der Menschen zeigte sich dann bald zu Beginn der Regierung Merkel, indem die SPD als Volkspartei bei den Wahlen von 34 % im Jahr 2005 auf heute (Juli 2021) 15 % absackte. Andererseits wurde von der SPD und allen anderen Parteien bis auf „Die Linke" unisono verkündet: Die getroffenen Maßnahmen seien notwendig, sonst wäre die wirtschaftliche Situation aller, vor allem aber der Industrie schlechter und damit bei den Arbeitsplätzen noch schlimmer: Dann ist bald die gesetzliche Rente nicht mehr zu finanzieren. In dieser vermeintlichen Situation blieb für viele Bundesbürger, auch in besser gestellten Schichten, die Angst, es könne nur schlechter werden. Die finanzrechtlichen steuerrechtlichen und sozialrechtlichen Veränderungen müsse man alle akzeptieren.

Gleichzeitig mit dem umfangreichen Sozialabbau wurde universell von den dominierenden gesellschaftlichen Eliten die neoliberale Auffassung verbreitet, jeder sei selbst für seine finanzielle Lage verantwortlich und könne durch vermehrte Anstrengungen alles oder doch vieles erreichen. Der Staat soll und muss sich da raushalten (Mausfeld 2017).

Angst, in der Gesellschaft abzusteigen gab und gibt es auch im mittleren bis oberen Drittel der Gesellschaft (Kohlrausch 2018; Sandner 2022b). Sie ist aber weniger verbreitet, weil ein beträchtlicher Teil dieser Menschen bei allen sozialrechtlichen Verschlechterungen durch die neoliberalen Reformen viele Vorteile hatte und hat. Ihre Angst dürfte sich eher darauf richten, durch Reformen der sozialen Sicherungssysteme höhere Steuern entrichten zu müssen und generell die finanziellen Privilegien, z. B. von Geldanlagen, zu verlieren. Deshalb müssen sozialpolitische Vorhaben im Keim erstickt werden, die zu einer gerechteren Gestaltung der sozialen Sicherungssysteme oder einer gerechteren Besteuerung führen, um dem Staat für infrastrukturelle Maßnahmen und die sozialen Sicherungssysteme hinreichend Mittel zur Verfügung zu stellen. Das zeigte sich bereits bei der Frage der Einführung des Mindestlohns 2005. Diese rechtliche Maßnahme führe zu einer unzureichenden Wettbewerbsfähigkeit der deutschen Wirtschaft oder gar in den Ruin zahlreicher Unternehmen. Der Mindestlohn wurde zwar eingeführt, aber so niedrig angesetzt und so „prozedural rechtlich" abgesichert, dass er wohl nie das erforderliche Grundeinkommen zur Lebenssicherung erreichen wird.

Angesichts riesiger Vermögen, die sich vor allem bei den oberen 10 % der Bundesbürger ansammeln, nämlich 65 % der Nettovermögen (Hickel 2020), wird jede Diskussion über die Einführung höherer Erbschaftssteuer oder gar eine mögliche einmalige Einführung von Vermögensabgaben für riesige Vermögen im Keim erstickt. Das verwundert, denn wie sind große Vermögen entstanden? Durch individuelle Arbeit der Vermögenden? Darüber wird seltsamerweise in allen politischen Parteien, außer vielleicht bei „Der Linken", nicht einmal diskutiert.

Gruppen, die von steuerlichen Erleichterungen und hohen Vermögenszuwächsen profitieren, reagieren mit Aggressionen sobald sie in ihrem Besitzstand bedroht bzw. auch nur eingeschränkt werden sollten. Die Wut bzw. Aggression dieser Gruppen wird kanalisiert bzw. vermittelt über nahezu alle Parteien in kollektive Aggression des Staates und drückt sich aus in der rechtlichen Fixierung des Status quo, d. h. der staatlichen Gesetzgebung (Sandner 2022b). Alle Gesetze, die zu einer ungerechten Verteilung des gesellschaftlichen Reichtums führten und führen werden ganz öffentlich vom Bundestag beschlossen.

Abgesichert werden muss diese Politik allerdings besonders durch die Vorstellung, sie sei „alternativlos", um als Gesellschaft innerhalb des weltweiten neoliberalen Wirtschaftssystems bestehen zu können. Versuche, die sozialrechtlichen Bedingungen auf eine gerechtere Gesellschaft hin zu verändern, wie sie z. B. in England von Korbyn oder in den USA von Biden geplant waren, wurden und werden regelmäßig als sozialistisch-utopisch, nicht realisierbar oder als kommunistisch abqualifiziert. All diese politischen bzw. sozialen Reformen führten nur ins soziale Verderben, wie es sich ja in dem Desaster der sozialistischen Staaten gezeigt habe.

Das geschilderte soziale und politische Szenarium und die emotionalen Reaktionen der Bevölkerung machen deutlich, warum die Lämmer schweigen. Es gibt allerdings politische Konstellationen, die dazu führen, dass Menschen in großen Gruppen aufbegehren:

Wenn Politiker wie Trump in den USA oder bei uns führende Leute der AFD versprechen, die Ungerechtigkeit in der Gesellschaft zu verändern und eine Lösung auf nationaler Ebene zu erreichen, kommt es zu heftig kollektivem politischem Aufbegehren. Es reicht, wenn die Wähler dies glauben oder für möglich halten. Eine solche Bewegung entsteht sogar, wenn viele Menschen aktuell feststellen müssen, dass diese Versprechungen gar nicht eintreten. Es reicht, wenn sie das illusionär erhoffen, aber bei mindestens der Hälfte der Bürger zu einer weiteren Verschlechterung der Lage führen, wie z. B. in den USA nach 4 Jahren unter Trump.

Um die Eingangsfrage „Warum schweigen die Lämmer?" zu beantworten, können wenigstens 5 unterschiedliche psychologische kollektive Reaktionen in identifizierbaren gesellschaftlichen Gruppen angenommen werden:

1. Eine Gruppe, die vermutlich fast 50 % der Bevölkerung umfasst, sind Menschen, die sich ohnmächtig fühlen, weil sie nichts gegen die herrschende Politik tun können. Zu dieser Gruppe gehören die Nichtwähler, die bei den Bundestagswahlen Deutschland 30 % der Wahlbevölkerung sind und bei den Landtagswahlen 40–50 %.

2. Eine große Gruppe von vielleicht 20 % der Wahlbürger stimmt der Politik aus wirtschaftlichen Gründen zu, möchte keine Veränderung, weil sie davon wirtschaftlich und finanziell profitiert.

3. Eine relativ große Gruppe von 20 % der Bürger stimmt der herrschenden Politik zu, weil sie die für alternativlos hält, obwohl sie mit den realen sozialen Verhältnissen unzufrieden ist. Aus dieser Gruppe können viele für Veränderungen aktiviert werden, sobald eine der etablierten Parteien verspricht, ernsthaft soziale Veränderungen anzustreben. Dies zeigte sich, als vor der Bundestagswahl 2017 der SPD-Kanzlerkandidat Schultz ankündigte, sich für gerechtere soziale Verhältnisse zu engagieren: Bei Wahlumfragen binnen zweier Wochen erhöhte sich die Wählergunst der SPD-Wähler von 20 % auf 30 %. Aktuell zeigt sich diese Tendenz auch deutlich, als die SPD innerhalb von Wochen von 15 auf real über 26 % der Wählerstimmen kam in dem wenigstens die gröbsten Ungerechtigkeiten beseitigt werden sollte (u. a. die Erhöhung des Mindestlohns auf 12 €).

4. Eine relativ kleine Gruppe der Wähler ist an Veränderungen von Fall zu Fall interessiert. Sie engagieren sich in konkreten Projekten wie z. B. dem Klima, bei Lohn- und Gehaltsverhandlungen, Wohnraum und Mieten, Regionalverkehrsprojekten oder der Schaffung von Kita und Kindertagesstätten.

5. Schließlich gibt es eine relativ große Gruppe (bis zu 20 %) von Bundesbürgern, die mit herrschenden Verhältnissen unzufrieden sind, vielfach nicht wählen, aber leicht zu aktivieren sind von politischen Bewegungen, deren Protagonisten versprechen, die sozialen Bedingungen für die Deutschen zu verbessern und gleichzeitig angeben, wer

für die Benachteiligungen für deutsche Bürger verantwortlich ist: die herrschenden Parteien, insbesondere die Bundesregierung, bei ihrer Wirtschafts- und Sozialpolitik, insbesondere ihrer Asylpolitik.

Natürlich kommt es zwischen den skizzierten 5 Gruppen zu Überschneidungen und Verschiebungen. Insgesamt aber ist zu erwarten, dass wenigstens zwei Drittel oder mehr mit zu den schweigenden Lämmern gehören, von denen nur unter besonderen politisch krassen Ereignissen sich viele vermehrt politisch engagieren bzw. in der Öffentlichkeit zeigen (z. B. einer Pandemie, Wirtschaftskrise, Finanzkrise, Geldentwertung oder Naturkatastrophe). Aber auch in diesen Krisen scharen sich vielfach alle um die Regierung und ihre Politik, wie sich 2008 in der Finanzkrise und aktuell gerade in der Coronapandemie zeigt.

Aus kollektivpsychologischer Sicht bedeutsam ist, dass aktuell nach der Bundestagswahl 2021 reale politische Spielräume bestünden, gerechtere soziale Verhältnisse anzustreben. Protagonisten sind die SPD und die Grünen, die zusammen sich bereits in der Nähe einer politischen Mehrheit befinden. Nachdem Die Linke aber lediglich 4,9 % der Stimmen erhalten hat, sind die beiden Parteien SPD und Die Grünen regelrecht auf die FDP angewiesen, die in keinem Fall sozialen Veränderungen zustimmen wird, höchstens noch Veränderungen, in welchen die sowieso moderaten Vorstellungen sozialpolitischer Verbesserungen noch weiter verwässert würden. Immerhin bestünde kollektivpsychologische vom Wählerverhalten her, eine gewisse Unterstützung einer sozialeren Politik. Es wird aber auch deutlich, dass im etablierten politischen System diese Unterstützung nicht genutzt werden kann, weil massive Gegenbewegungen etablierter politischer Gruppierungen dies verhindern (CDU/CSU, FDP, aber auch der AFD). Aber anzunehmen ist, dass auch bei einer gewonnenen Mehrheit von rot-rot-grün sehr wahrscheinlich ist, dass die SPD und die Grünen eine solche Regierung nicht gebildet hätten, weil dies mit Der Linken aus außenpolitischen Gründen (!!!) nicht opportun gewesen wäre. Und dies, obwohl Die Linke sicherlich die sozialpolitischen Vorstellungen von SPD und Grünen unterstützt hätte. Anders ausgedrückt: Es besteht im kollektivpsychologischen Kraftfeld (Sandner 2022c) nach wie vor Dominanz der Gruppen, die keine wirklichen sozial gerechten Änderungen zulassen.

Literatur

Hickel R (2020) Die Kosten der Coronakrise: Wer begleicht die Rechnung? Blätter für deutsche und internationale Politik 10(2020):105–112

Kohlrausch B (2018) Abstiegsängste in der Arbeitswelt von heute, Präsentation Prof. Dr. Bettina Kohlrausch. https://www.fes.de/index.php?eID=dumpFile&t=f&f=31424&token

Lehndorff S (2020a) Vorbild und Verheißung: Roosevelts New Deal. Blätter für deutsche und internationale Politik 9(20):83–93

Lehndorff S (2020b) New Deal heißt Mut zum Konflikt. VSA, Hamburg

Mausfeld (2018) Warum schweigen die Lämmer, wie Elitendemokratie und Neoliberalismus unsere Gesellschaft und unsere Lebensgrundlagen zerstören. Westend, Frankfurt

Sandner D (2022a) Aggression und Gesellschaft – Schicksale der Aggressionen im Rahmen der sozio-strukturellen gesellschaftlichen Dynamik, Vortrag auf der 36. Arbeitstagung der Gesellschaft für Psychoanalyse und Psychotherapie (GPP) vom 21–23.9.2018 in Speyer. In diesem Band, Kap. 2

Sandner D (2022b) Entstehung struktureller aggressiver Gewalt durch staatliche Regelungen. Wie reagieren die Betroffenen? Vortrag auf der 37.Arbeitstagung der Gesellschaft für Psychoanalyse und Psychotherapie (GPP) vom 22.-24.9.2019 in Speyer. In diesem Band, Kap. 9

Sandner D (2022c) Das kollektivpsychologische Kraftfeld politischer Handlungsfähigkeit, unveröffentlichtes Manuskript. In diesem Band, Kap, München, S 8

Saez E, Zucman G (2020) Wie die Ungerechtigkeit triumphierte. Bl dtsch int Polit 6(20):57–69

Von der Gablentz (1958) Politik, In: Das Bertelsmann Bildungsbuch (S. 1047–1080). Bertelsmann, Gütersloh

Zur kollektivpsychologischen Dynamik der Querdenker

14

▶ Am Beispiel der Entwicklung der Querdenkerbewegung im Rahmen der Coronapandemie wird untersucht, wie eine kollektive psychologische Massenbewegung entsteht: Es findet zunächst eine Solidarisierung statt gegen als ungerecht, einseitig interessenbedingt erlebte staatliche Maßnahmen. Die Bewegung weitet sich dann aus auf generelle Kritik bzw. zu einem allgemeinen Misstrauen gegen staatliche Maßnahmen, die als ungerecht und durch alternativlos dargestelltes Vorgehen massenmedial verbreitet werden und in gesetzlichen Stimmungen auch real durchgesetzt werden. Hierdurch entsteht zunehmend untergründig Unmut und Angst, die kollektivpsychologisch bei entsprechenden Anlässen wie bei der Coronapandemie, dem ungebremsten Zustrom von Asylanten, sich verstärkender Altersarmut, Wohnungsnot bei massiv steigenden unbezahlbaren Mieten u. Ä. kollektivpsychologisch zum Ausdruck kommen.

Im Zusammenhang mit den staatlichen Einschränkungen zur Eindämmung der Coronapandemie im Frühjahr 2000 entstand eine Protestbewegung, die immer stärker wurde und zeitweilig auf 10.000 Teilnehmern bei einzelnen Demonstrationen anwuchs. Zunächst dominierte in der öffentlichen Meinung sowie der Einschätzung von Politikern und von sozialwissenschaftlichen Experten die Auffassung, es handele sich um ein wirres Gemengelage von Spinnern, die sich gegen staatliche Einschränkungen wehren. Gegen Ende 2020 wurde deutlich, dass es sich um eine Protestbewegung handelt, in der zunehmend die Vorstellung um sich griff, nicht nur die Coronapandemie, sondern auch viele andere gesellschaftlichen Probleme müssten anders angegangen werden: Das gesellschaftsweit verbreitete Denken über Probleme sei generell einseitig, falsch oder gar für die Menschen und die Lösung ihrer Probleme gefährlich. Es verbreitete sich in dieser Bewegung die Vorstellung, die Bürger müssten zur offiziell verbreiteten Meinung, die vielfach für „alternativlos" erklärt wurde, andere Vorstellungen entwickeln: Die

D. Sandner, *Wie Angst und Aggression in der Gesellschaft entstehen*,
https://doi.org/10.1007/978-3-658-36698-8_14

Menschen müssten, sollten und wollten „querdenken" (Reichhardt 2021, Nachtwey et al. 2020).

Es ist sicher nicht zufällig, dass die zunächst eher unorganisiert gegen die Coronaeinschränkungen auf die Straße gehenden Bürger sich bald unter dem Label „Querdenker" versammelten und verstanden. Wie, wenn dies die gemeinsame Weltanschauung aller Demonstrierenden wäre. Zunächst hatten die Demonstrierenden lediglich gegen staatliche Reglementierungen demonstriert und diese für unvernünftig, nicht erforderlich oder gar gefährlich gefunden. Das weitete sich aber bald aus auf eine Kritik an politischen Entscheidungen der Regierung und den politischen Parteien, grundlegenden Zweifeln an den Informationen in den Massenmedien und an den Wissenschaftlern, welche die „offiziellen", weitverbreiteten Einschätzungen der Politiker begründeten, wie das gesellschaftliche Leben gestaltet werden sollte und müsste. Insbesondere wurden alle Fachleute, die zu bestimmten politischen Vorstellungen die nötigen, „vernünftigen" Erklärungen lieferten, zunehmend als falsche Nachrichten, als „Fake News" verbreitend betrachtet, die nur bestimmten, dahinter stehenden Interessen dienten. In dieser Situation sei es erforderlich, sich an alternativen wissenschaftlichen Einschätzungen zu orientieren und – nicht zum mindesten – immer selber sich eine Meinung zu bilden. Am besten geschieht dies durch gemeinsame Diskussionen unter den Querdenkern und intensivem Austausch im Internet (Pantenburg et al. 2021).

Bei der Betrachtung der kollektivpsychologischen Entwicklung fällt auf, dass sich innerhalb der Bewegung 2 zentrale Tendenzen herausbildeten: Einmal die Überzeugung, es gelte generell, die Institutionen des politischen Systems, die etablierten Medien und die alten Volksparteien nicht nur infrage zu stellen, sondern auch als ungerecht, einseitig interessenabhängig und nicht an den berechtigten Bedürfnissen und Anliegen der Menschen orientiert zu entlarven.

Bisher sind 2 umfangreiche empirische Untersuchungen zu den Querdenkern durchgeführt worden: die Basler Studie „politische Soziologie der Corona-Proteste" von Nachtwey und Mitarbeitern (Nachtwey et al. 2020) und die Studie Konstanzer Sozialwissenschaftler über „die Misstrauensgemeinschaft der Querdenker", die von Sven Reichardt in einem Sammelband herausgegeben wurde (Reichardt 2021). In beiden Studien wurde übereinstimmend festgestellt, dass sich die Querdenker generell gegen die Regierung, die politischen Parteien, die Massenmedien und gegen die „offizielle" öffentliche Meinung stellen. Nicht ohne Grund hat Reichardt deshalb von einer „Misstrauensgemeinschaft" gesprochen (Koos 2021).

Diese Misstrauensgemeinschaft hat immer wieder auf den ersten Blick ausgesprochen seltsame Blüten hervorgebracht: Zum Beispiel die Vorstellung, bei einer Impfung würden Chips eingesetzt, die Menschen sollen dadurch unfruchtbar werden, bei der Impfung gehe es darum, amerikanische Milliardäre noch reicher werden zu lassen, Menschen sollen durch die Coronamaßnahmen kontrolliert und für staatliche Maßnahmen generell gefügig gemacht werden usw. Aber vielleicht wäre es schon gut, anstatt sich über diese „Blüten" lustig zu machen und die Vertreter dieser Behauptung für verrückt, mindestens als minderbemittelt, zu betrachten, zu untersuchen, was möglicherweise bei vielen Querdenkern verborgene psychologische Motive bzw. Überzeugungen entstehen lässt.

Um nur eine zunächst als absurd erscheinende Überzeugung herauszugreifen: Die Entwicklung eines Impfstoffs gegen das Coronavirus ist neben dem Schutz der Menschen für eine Infektion vor allem ein riesiges Geschäft für die forschenden Firmen und vor allem deshalb werden die Maßnahmen der Regierungen für erforderlich gehalten. Im Grunde sei der Coronavirus ähnlich wie ein Grippevirus. Aber vielleicht gibt es doch eine „psychologische" Verbindung zwischen der Pandemie, der Gewinnung und Entwicklung von Impfstoffen und die Mehrung des Reichtums reicher Unternehmer. Es wurde rasch deutlich und von politischer Seite betont, nur wenn die Pharmafirmen große Profite erzielen, forschen sie zu einer Pandemie und deshalb dürfen auf keinen Fall die gewonnenen Patente für eine Versorgung aller Menschen freigegeben werden:

Durch die Beibehaltung der Patenten entstehen riesige Vermögen der Pharmafirmen. Aber 90 % der Weltbevölkerung leiden unter der Pandemie. Hierfür werden aber keine Impfstoffe bereitgestellt bzw. die **ärmeren** Länder können sich die erforderlichen Impfstoffdosen nicht leisten, solange der Patentschutz aufrechterhalten wird. Was vertritt die Bundeskanzlerin Merkel und ihre Regierung bei der Frage der Aufhebung des Patentschutzes für die Coronaimpfstoffe? Sie besteht strikt darauf, dass er erhalten bleibt, unter anderem, weil eine deutsche Firma das Mittel Biontech entwickelt hat. Und dies, obwohl sogar der amerikanische Präsident Biden sich für eine Aufhebung des Patentschutzes eingesetzt hat und die Bevölkerung von über 1 Mrd. Menschen in Afrika bislang nur zu 1,3 % geimpft werden konnte. Die afrikanischen Staaten konnten sich schlicht nicht mehr Vakzine leisten.

Es ist natürlich eine falsche Verknüpfung, wenn manche Querdenker behaupten, die Coronapandemie und die strikten staatlichen Bestimmungen, die zu ihrer Eindämmung beschlossen wurden, seien auf Geheiß amerikanischer Milliardäre oder großer Konzerne erfunden und entwickelt worden, um die eigenen Profite zu gewährleisten. Aber wenn die Vakzine nicht genügend Abnehmer finden würden, zu konkurrenzlosen Preisen und die Patente nicht aufgehoben werden können für ärmere Länder, ist schon was dran an der Behauptung, die Pharmakonzerne bestimmen, was die staatlichen Maßnahmen sein sollen und müssen und unter welchen Bedingungen die Bevölkerung geimpft werden kann, soll und darf.

Im Übrigen sind die offiziellen Stellungnahmen der Bundesregierung auch „Fake News". Denn natürlich würde auch ein Impfstoff entwickelt, wenn die damit erzielten Profite nicht in den Himmel schießen würden.

Bei einer kritischen Betrachtung, „Querdenken", erweisen sich viele zentrale Überzeugungen in den politischen Parteien und der Regierung als „Fake News":

1. wer die Wirtschaft steuerlich, von den Sozialabgaben und bei den Löhnen entlastet, hilft den Berufstätigen generell durch das „Trickle down" der Gewinne;
2. bessere sozialrechtliche Bestimmungen für Arbeitnehmer schaden der Wirtschaft, da die Produktion hierdurch zu teuer wird;

3. große Konzerne dürfen nicht allzu sehr besteuert werden, z. B. durch Vermögens-abgaben, sonst können sie nicht mehr in neue Produkte investieren;
4. Geldanlagen und Aktien dürfen nicht normal als Einkünfte besteuert werden, sonst investieren Geldanleger nicht mehr in Aktien;
5. Veräußerungsgewinne großer Konzerne bzw. Finanzagenturen dürfen nicht normal besteuert werden, sonst investieren sie nicht mehr in Deutschland;
6. Beiträge für die Rente dürfen nicht auf breiter Basis von allen Berufstätigen erhoben werden, weil dies Höherverdienende in ungewöhnlicher Weise belastet usw.

Alle diese im politischen System weitverbreiteten und dominanten Behauptungen bzw. Einschätzungen sind nicht auf den ersten Blick „Fake News". Sie werden hierzu erst, wenn bei kritischer Betrachtung festgestellt werden kann, dass sie einseitig, interessen-bedingt und gerade nicht alternativlos betrachtet werden können.

Es ist sicher nicht ohne Grund anzunehmen, dass all die „offiziellen" politischen Verlautbarungen auf spezifische Interessen und Interessengruppen zurückgeführt werden können. Feststellbar ist zudem, dass die politischen Parteien die jeweiligen Behauptungen möglichst „wasserdicht" als alternativlos in der politischen Dis-kussion verbreiten und dann in eine entsprechende parlamentarische Beschlussfassung kanalisieren. Auf diese Weise wird eine rechtliche Verankerung, geltendes Recht, als die Basis politischen Handelns und für die Gestaltung des gesellschaftlichen Zusammen-lebens für alle Bürger verbindlich festgelegt (Sandner 2022c).

Hier wird ein weiterer zentraler Bestandteil der kollektiven psychologischen Dynamik der Querdenker deutlich: Sie wenden sich vehement gegen weitere Einschränkungen ihrer individuellen und kollektiven Freiheit. Rechtliche Regelungen sind aber immer Ein-schränkungen der individuellen Freiheit. Problematisch im Bewusstsein vieler Bürger wird dies, wenn sie wahrnehmen oder wenigstens die begründete Befürchtung ent-wickeln, dass die rechtlichen Einschränkungen den Interessen bestimmter wirtschaft-licher und finanzstarker Gruppen dienen. Jedenfalls nicht auf einer gerechten Berücksichtigung der Interessen aller Bürger: Die Bürger ahnen bzw. erleben auch, dass bestimmte Gruppen in Gesellschaft immer reicher werden und das unterste Drittel immer ärmer wird, dass vor allem der Wohlstand bei einer kleinen Gruppe, dem obersten 1 % der Gesellschaft orbitant und kontinuierlich zunimmt. Mittlerweile besitzt dieses oberste 1 % bereits 35 % des Nettovermögens und die obersten 10 % verfügen über 65 % des Nettovermögens (Hickel 2021).

Weil das so ist, werden vonseiten der Regierung und der politischen Parteien rasch Behauptungen in die Welt gesetzt, die besagen, dass unsere Wirtschaft und unsere Gesellschaft insgesamt nur so für alle gut funktioniert: Es ist dennoch das beste, gerechteste System und an dieser Weise des Wirtschaftens darf nicht gerüttelt werden, z. B. durch steuerliche Maßnahmen der Umverteilung oder auch eine deutliche Besteuerung von großen Vermögen. Wohl aber wird es hingenommen, dass Millionen nach und nach in Altersarmut geraten. Bereits bei einer Erhöhung des Mindestlohns auf 12 € beginne das System zu wanken usw.

Aus dieser kollektiven sozialen und psychologischen Situation, in der alle Bürger sich befinden, einer zunehmenden Abstiegsgesellschaft (Nachtwey 2016), entsteht in der Bevölkerung ein mehr oder weniger unbewusster Prozess des Ärgers und der Wut auf die Regierung und die sie tragenden Parteien, die sich anstaut und bei bestimmten, gesellschaftsweit erlebbaren Ereignissen in Kollektiv- und massenpsychologischen Ausbrüchen mündet. Ein solcher Ausbruch ist die Entstehung der Querdenker-Bewegung, die in dem Sammelband von Reichardt als „Misstrauensgemeinschaft" bezeichnet wird (Reichardt 2021):

Aufgrund vielfältiger politischer Bestimmungen, die als ungerecht betrachtet oder „erahnt" werden und mit Recht den bestehenden realen politischen Parteien zugeschrieben werden, entsteht kollektivpsychologisches Misstrauen, das sich zunächst lediglich diffus als solches zeigt, aber unter bestimmten sozialen Umständen direkt massenpsychologisch wirksam werden kann. In der „kollektivpsychologischen" Gruppe der schon länger vorhandenen „Misstrauensgemeinschaft", entstand in der kollektiven Situation der Pandemie und den entsprechenden staatlichen Einschränkungen, ist es erst anfänglich zu aggressiven, massenpsychologischen Prozessen gekommen. Aber mittlerweile zeigen sich bereits „heftigere" aggressive Tendenzen: wenn z. B. bei den Demonstrationen der Querdenker aggressive Angriffe auf Journalisten, die Polizei, Sanitäter und auf Politiker entstehen. Oder auch, wenn jeder dritte Bürgermeister bedroht wird und viele Politiker, die zum „Establishment", vor allem zu denen im Staat dominierenden Parteien gehören.

Zu welchen wirklich bedrohlichen massenpsychologischen Prozessen und Ausbrüchen eine sich zunehmend verschlechternde soziale Situation des Großteils einer Gesellschaft kommen kann und kommt, zeigen die massenpsychologischen Konstellationen bei der Wahl von Donald Trump zum Präsidenten in USA: Mit seiner zentralen Behauptung, das politische Establishment in Washington, insbesondere die Politiker der Demokratischen Partei seien an den misslichen sozialen Bedingungen der Bevölkerung schuld und es gebe nur eine realistische Möglichkeit für die Menschen, diesen „politischen Saustall" auszumisten, und das könne nur durch Donald Trump geschehen (Sandner 2022b, Singer 2018). Hierbei war es völlig unerheblich, ob Trump bei seiner Politik unzählige „Fake News" erschaffen hatte. Seine Wähler, die auch bei seiner Abwahl noch fast die Hälfte der amerikanischen Wähler zählte, glauben immer noch, dass ihm die Wahl von den Demokraten gestohlen worden sei. Sie sind der Überzeugung, nur Trump sage die Wahrheit. Das ist kollektiv- und massenpsychologische Dynamik in extremer und bedrohlicher Form.

Die Querdenker wenden sich durchgehend gegen die Massenmedien, die sie „Lügenpresse" nennen. Das scheint zunächst völlig übertrieben und aus der Welt gegriffen zu sein. Wir haben ja völlige Freiheit der Information im Gegensatz zu autoritär geführten Ländern wie in Russland, China oder Weißrussland. Aber viele Bürger misstrauen mittlerweile wirklich den Massenmedien. 2018 hat Rainer Mausfeld in seinem Buch mit dem Titel „Warum schweigen die Lämmer?" im Einzelnen dargelegt, wie in unserer Gesellschaft, vor allem durch die Medien, eine „massenmediale Indoktrination" stattfindet: Dies geschieht durch „die Einschränkung des öffentlichen Debattenraumes", „die Ächtung von Dissens" und weitere vielfältige Maßnahmen, um eine angeblich „verwirrte Herde" der deutschen Wahlbevölkerung „auf Kurs zu halten" (Mausfeld 2008, S. 153 ff.). Der Kurs heißt: So wie die politischen, wirtschaftlichen und finanziellen Machtverhältnisse in Deutschland real strukturiert sind und weiter gestaltet werden, ist es gut. Änderungen verschlimmern die Situation für die Menschen nur und werden auch nicht geduldet (Sandner 2022a). Damit werden, wie Mausfeld in einem weiteren Buch darlegt, „Herrschaftstechniken der Angsterzeugung" installiert (Mausfeld 2019).

Ein Blick auf die aktuellen politischen Auseinandersetzungen vor der Bundestagswahl zeigt dies deutlich: Wenn sicher nichtrevolutionäre Vorstellungen über die Gestaltung des Sozialsystems, wie die Erhöhung des Mindestlohns auf 12 €, die Besteuerung riesiger Vermögen, eine leichte Erhöhung der Einkommensteuer für gut Verdienende ab 1 Mio., oder die Abschaffung des Splitting-Systems für Paare ohne Kinder o. Ä. zu einer Zerstörung unseres Wohlstands, zumindest in der Wirtschaft oder gar zu einer Vergesellschaftung, Sozialismus wie in der ehemaligen DDR führen soll. Schon gar nicht darf über eine Veränderung unseres Rentensystems gesprochen werden, z. B. eine Erweiterung der Beitragszahler auf alle Bürger, was – empirisch erwiesen – z. B. in Österreich durchschnittlich zu 50 % (!) mehr Rente für jeden Bürger führen würde (Sandner 2022a).

Die Bevölkerung, insbesondere die besser gebildeten Schichten, spürt natürlich die realen Einschränkungen bzw. Verzerrungen bis zu wirklichen Lügen in der öffentlichen, massenmedialen, politischen aber auch wissenschaftlichen Diskussion. Viele Menschen spüren, z. B., dass durch eine Förderung der privaten Bautätigkeit die Wohnungsknappheit generell und bezahlbarer Wohnraum im Besonderen nicht zustande kommt. Wenn nun in der politischen Diskussion quer durch fast alle Parteien dies als alternativlose Lösung des Problems dargestellt wird und mögliche Alternativen als gefährlich für Mietsuchende hingestellt werden, entsteht Unmut bis latente Aggression gegen die Medien und die Parteien, die keine Alternativen zulassen.

Zu einer Verringerung der aufgestauten Wut kommt es, wenn eine politische Partei bereit ist, Alternativen anzustreben, wie z. B. in Berlin die regierende SPD gemeinsam mit Den Linken, einen zeitweiligen Mietendeckel verbindlich einzuführen. Wenn nicht alles trügt, führen solche und vergleichbare politische Zielsetzungen, wie z. B. einen Mindestlohn von 12 € rasch zu einer fast wundersam erscheinenden Zunahme potenzieller SPD-Wähler in einem Zeitraum von 4 Wochen bei den Wählerprognosen zur Bundestagswahl von 16 auf 25 % im August diesen Jahres. Solche politischen Zielsetzungen führen in untergründig aufgestauten kollektivpsychologischen Konstellationen der Bevölkerung zu einer Mobilisierung der Wähler, wie dies in der Pandemie bei der kollektivpsychologischen Gruppe der Querdenker gewesen ist.

Eine wichtige psychologische Frage ist: Wieso führt gerade die Coronapandemie zu einer starken Mobilisierung, die allerdings diffus hauptsächlich gegen die staatlichen Einschränkungen gerichtet ist, nicht aber z. B. die zunehmend entstehende Altersarmut, die Mietenfrage oder unzureichendes Einkommen bei Vollerwerbstätigkeit? Die Antwort könnte sein: Direkt erlebbare staatliche Maßnahmen, die beschlossen werden, um bei plötzlich auftretenden sozialen Problemen, Lösungen zu erzielen, führen rasch zu einer Solidarisierung des Teils der Bevölkerung, der gegen diese Lösungen ist. Dies zeigte sich bei der Aufnahme von über 1 Mio. Asylanten im Jahr 2015. Es zeigt sich eben auch in der Coronapandemie.

In diesen Fällen werden auch nichtgrundlegende ideologische Vorstellungen innerhalb der Gesellschaft und politische, als ungerecht erscheinende, rechtlich verankerte Strukturen angegangen, sondern lediglich kollektive Wut entwickelt auf Asylanten, die politischen Parteien, welche die Million Asylanten zulassen oder auch die Einschränkungen in der Coronapandemie. Aber auch in den Fällen kollektivpsychologischer Mobilisierung scheint durch, dass für die Menschen viel mehr im Argen liegt bei den politischen Parteien, der Regierung, den bisherigen rechtlichen Bestimmungen, generell den Ungerechtigkeiten, die in dem neoliberal dominierten politischen System entstehen. Ungerechtigkeiten, die zunehmend größer werden, als dies in der ehemals propagierten und politisch realisierten sozialen Marktwirtschaft war, wie sie noch zu Beginn der Amtszeit des Bundeskanzlers Kohl dominant war (Sandner 2022c).

Immerhin ist kollektivpsychologisch sichtbar, wie diffuser kollektiver Unmut in der Gesellschaft sich völlig unerwartet und rasant in kollektives Engagement verwandeln kann, wie bei der zunächst unverständlichen Zunahme der Wählerprognosen für die SPD von 16 auf 25 % im August diesen Jahres. Es ist unwahrscheinlich, dass dies dem „laschen Wahlkampf" des CDU-Bewerbers geschuldet ist. Auch mit diesem Kandidaten erzielten CDU/CSU im Juli noch 30 % der Wählerstimmen. Zu vermuten ist, dass die Devise der CDU/CSU, weiter so, keine sozialen und steuerlichen Reformen, sonst entsteht wirtschaftlicher Niedergang, Arbeitslosigkeit und Abwanderung von Investoren, dass diese Devise nicht mehr ohne Weiteres verfängt. Und dies, obwohl die genannte Vorstellung in 16 Jahren Regierungszeit von Kanzlerin Merkel ständig dazu geführt hat, dass eine Mehrheit der Wähler ihrer Politik zugestimmt hat. Allerdings geschah dies auch, weil die SPD unter dem Kanzler Schröder genau den neoliberalen Vorstellungen zugestimmt hat, ja sie sogar erst richtig realisiert und gesetzlich verankert hat (Hartz IV, Programm 2010). Seitdem galt die neoliberale Wirtschaft Sozialpolitik als alternativlos. Die Wähler konnten nur mehr diese Politik wählen oder nicht mehr zur Wahl gehen (Sandner 2022a).

In dem gerade zu Ende gehenden Bundestagswahlkampf hat sich offenbar für viele Bürger ein Hoffnungsschimmer ergeben. Vielleicht haben dabei auch die „Querdenker" mitgeholfen, vieles im öffentlichen und politischen Raum infrage zu stellen. So kann vielleicht eine wirr oder gar abstrus erscheinende Bewegung, eine in der unbewussten Basis der Gesellschaft vorhandene kollektivpsychologische „Misstrauensgemeinschaft" dazu beitragen, dass ein Teil des kollektiv vorhandenen Unmuts politisch konstruktiv kanalisiert wird.

Leider findet das realiter nur wenig statt, weil die möglichen Anliegen der Querdenker als solche schwer aufgegriffen werden können. Aufgegriffen werden lediglich ihre Angriffe auf die Regierung und die Massenmedien sowie die deutlich sichtbaren rechtsradikalen Tendenzen, denen man schlicht entgegentreten müsste. Darin besteht natürlich auch eine Gefahr, weil die Querdenker eher einem irrationalen Aufschrei mit ebenso irrationalen Verschwörungstheorien huldigen mit der Zielrichtung „der permanente Unrechtsstaat legitimiere ihre systemablehnende Dissidenz "(Linden 2021, S. 104).

Wenn die den Querdenkern oft zugrunde liegende Kritik in irrationaler Weise auf unser politisches System generell geht, mit der untergründigen Devise, eine Kritik an den realen politischen Verhältnissen sei unter den Bedingungen dieses Systems unsinnig, das System müsse umgestürzt und durch ein anderes, durchaus auch autoritäres System ersetzt werden, dass zur guten alten Zeit vor allem für alle Deutschen zurückführt, wie es z. B. die AFD vertritt, wird die politische Entwicklung der Querdenker auch politisch gefährlich. Es würde sich dann eine Ideologie durchsetzen, die Markus Linden in seiner Analyse der geistigen Väter der Querdenker feststellt, die durchwegs rechtsradikale Tendenzen vertreten und quasi zu einer umfassenden „Partisanentätigkeit aufrufen, um die bestehende gesellschaftliche Ordnung zu zerstören" (Linden 2021).

Literatur

Koos S (2021) Konturen einer heterogenen Misstrauensgemeinschaft. In: Reichardt (Hrsg) die Misstrauensgemeinschaft der Querdenker (S 67–90). Campus, Frankfurt/M.

Linden M (2021) Im Bürgerkrieg. Die neuen Querdenkerpartisanen. Bl dtsch int Polit 2921(11):95–104

Mausfeld R (2018) Warum schweigen die Lämmer? Wie Elitendemokratie und Neoliberalismus unsere Gesellschaft unsere Lebensgrundlagen zerstören. Westend, Frankfurt/M.

Mausfeld R (2019) Angst und Macht. Herrschaftstechniken der Angsterzeugung in kapitalistischen Demokratien. Westend, Frankfurt

Nachtwey O (2016) Die Abstiegsgesellschaft. Über das Aufbegehren in der regressiven Moderne. Suhrkamp, Berlin

Nachtwey O, Schäfer R, Frei N (2020) Politische Soziologie der Corona-Proteste, Universität Basel, Institut für Soziologie, Grundauswertung 17. 12,2020.

Pantenburg J, Reichardt S, Sepp B (2021) Wissensparallelwelten der Querdenker. In: Reichardt S (Hrsg) Die Misstrauensgemeinschaft der Querdenker. Campus, Frankfurt/M, S 29–66

Reichardt S (Hrsg) die Misstrauensgemeinschaft der Querdenker. Campus, Frankfurt/M

Sandner D (2022a) Kulturpsychologie der Gesellschaft, unveröffentlichtes Manuskript. In diesem Band, Kap 6

Sandner D (2022b) Kultur-und Kollektivpsychologie des Trumpismus – der sozialpsychologische Ansatz von Thomas Singer, unveröffentlichtes Manuskript. In diesem Band, Kap, München, S 7

Sandner D (2022c) das kollektive psychologische Kraftfeld politischer Handlungsfähigkeit, unveröffentlichtes Manuskript. In diesem Band, Kap, München, S 8

Kulturpsychoanalytische Überlegungen zur Finanzkrise von 2008

15

▶ Die Grundkonzeption der psychoanalytischen Kulturpsychologie von Freud, die sogenannte „patriarchale Horden-Theorie" bzw. das patriarchale Gesellschaftsmodell, wird herausgearbeitet. Diese Freudsche Vorstellung von der grundsätzlichen Gestaltung menschlichen Zusammenlebens stellt aller Wahrscheinlichkeit nach das Grundmodell der Gestaltung und Entwicklung der Gesellschaft dar, wie sie bis heute als patriarchalisches Gesellschaftsmodell weiterbesteht. In diesem Beitrag wird die heutige Gestalt der patriarchalen Gesellschaftsstruktur als finanzkapitalistisches, patriarchalisches Modell am Beispiel der Finanzkrise von 2008 exemplifiziert. Gefragt wird auch, inwiefern dieses Modell dem Konzept einer „Bordell-Ökonomie" nach Sedlacek und Tanzer entspricht.

Vor 100 Jahren hat Freud seine erste und grundlegende Arbeit zur psychoanalytischen Kulturtheorie veröffentlicht, die den etwas exotisch wirkenden Titel „Totem und Tabu" trägt. In dieser Arbeit von etwa 100 Seiten erzählt Freud eine Geschichte, eine Art Mythos darüber, wie die menschliche Kultur in grauer Vorzeit entstanden sein könnte:

Zu Beginn des menschlichen Zusammenlebens lebten die Menschen in Horden, die von einem allmächtigen Hordenvater beherrscht wurden. Er gebot über alle Männer und Frauen, in besonderer Weise aber über alle Frauen. Denn er war der einzige, der sexuellen Zugang zu ihnen hatte. Dieser Zustand der Dominanz und Unterdrückung durch den Hordenvater hat nach einiger Zeit dazu geführt, dass die übrigen Männer des Clans sich zusammenschlossen, eine „Brüderhorde" bildeten – wie Freud sagt – und den Hordenvater töteten. Jetzt wäre eigentlich der Weg frei gewesen eine auf Gleichberechtigung gegründete Beziehungsstruktur zwischen den Männern und zwischen Männern und Frauen im Clan zu entwickeln. Aber das fand nicht statt. Freud betont:

Da jeder der Brüderhorde sich an die Stelle des Hordenvaters hätte setzen wollen und die Position des Hordenvaters für sich beanspruchen wollte, hätte dies zu ständigem

Krieg sowie zu Mord und Totschlag geführt. Es habe in dieser Situation nur die Möglichkeit gegeben, die Autorität des toten Vaters wieder aufzurichten und dass sich alle Mitglieder des Clans dem ursprünglichen Gesetz des Vaters unterordneten: Die Männer wie
die Frauen erkennen das Gesetz des Vaters an, die Männer indem sie sich seiner Autorität unterordnen und ein Inzesttabu allen Frauen des eigenen Clans gegenüber errichten.
Keiner der Männer darf dann mit Frauen des eigenen Clans sexuell verkehren. Beides,
die Unterordnung unter die Autorität des toten Vaters und die Einhaltung des Inzesttabus
gewährleistet die freiwillige Anerkennung des Gesetzes des Vaters durch die Männer.
Frauen haben in dieser Geschichte von Freud keinerlei Bedeutung.

Durch die gerade geschilderte Unterordnung der Brüderhorde unter das Gesetz des
Vaters entstand und entsteht – so Freud – die menschliche Kultur. Hierdurch entstanden
die sogenannten primitiven Stammeskulturen, die Kulturen kleiner Fürstentümer, aber
auch die Großreiche wie die der Perser, der Ägypter, der Römer sowie die Vaterreligion
der Juden, der Christen und des Islams.

15.1   Das hordenväterliche kulturpsychoanalytische Modell von Freud

Eine nähere Analyse des Modells von Freud unter dem Gesichtspunkt, welche grundlegenden Beziehungen es als soziostrukturelles Beziehungsgeflecht beinhaltet, sowie
eine Analyse der weiteren kulturpsychologischen Schriften Freuds, in denen er sein
ursprüngliches „Ordnungsmodell" erläutert und präzisiert (Freud 1921, 1930), ergibt als
Grundmodell der Freudschen Kulturtheorie und Kulturpsychologie ein gesellschaftliches
Beziehungsgeflecht, das im Schema in Abb. 15.1 veranschaulicht werden kann (Sandner
2006, 2013).

Wie aus Abb. 15.1 ersichtlich ist, handelt es sich um ein hierarchisiertes und
militarisiertes System der Herrschaft von Männern über alle Frauen.

Obwohl dieses „Hordenmodell" von der Wissenschaft als „Faselei" und wissenschaftlich unhaltbar eingestuft wurde und wird, scheint es eine geradezu „verblüffende"
wissenschaftliche Wahrheit zu enthalten: Interessant an diesem Modell ist, *dass es
sehr wahrscheinlich das Beziehungsmodell zwischen Männern und Frauen darstellt,
das unserer gesamten gesellschaftlichen und kulturellen Entwicklung als wieder-
kehrendes Grundmodell zugrunde liegt.* Nicht nur unsere abendländische Geschichte
ist charakterisiert durch dieses patriarchalische Modell, wobei ständig ein bestehendes
patriarchalisches Gesellschaftsmodell durch kriegerische Auseinandersetzungen durch
ein anderes mit allerdings identischer Struktur ersetzt wurde. Sowohl die Entstehung
kleinerer Königreiche vor der Herausbildung der Großreiche der Ägypter, der Perser,
der Griechen unter Alexander dem Großen, der Römer usw. bis zur Herausbildung
der amerikanischen Hegemonie heute war eine einzige Abfolge der Etablierung, der
revolutionären oder militärischen Vernichtung und Wiedererrichtung des oben genannten
patriarchalen Beziehungssystems. In der Neuzeit hat sich allerdings die ursprünglich

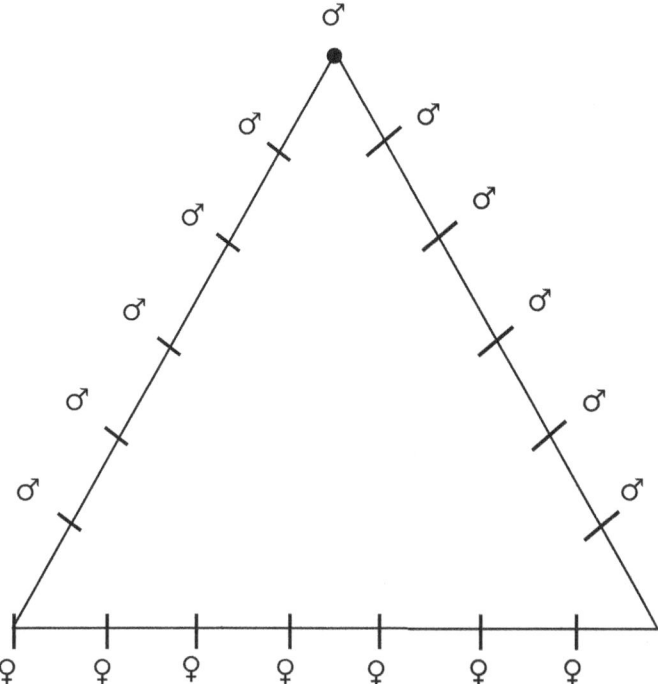

Abb. 15.1 Gesellschaftliches Beziehungsgeflecht

primär militärische Struktur verändert: Es entstand eine militärisch-ökonomische Mischstruktur und schließlich gerade im letzten Jahrhundert zunehmend eine militärisch-ökonomisch-finanzkapitalistische Machtstruktur. Heute wird das System zunehmend von finanzpolitischen Kräfteverhältnissen bestimmt, die Struktur scheint aber identisch geblieben zu sein:

Herrschaft von hierarchisierten und militarisierten männlichen Kollektiven über alle Frauen und *die Belange von Frauen und Kindern*. Dominanz und Herrschaft von Männern mit ihren Machtbedürfnissen über die zentralen Lebensbedürfnisse der Mitglieder einer Gesellschaft, was seit jeher Frauen in besonderer Weise zugeschrieben wurde. Von ausschlaggebender Bedeutung sind in den patriarchalen Gesellschaftsmodellen die Macht- und Herrschaftsbedürfnisse von Männern, deren *Machterringung* und *Machterhalt*. Bestimmt werden diese Gesellschaften von der Dynamik des „hordenväterlichen Modells" von Freud (Sandner 2006, 2013).

Das eigentlich geniale an der Kulturpsychologie Freuds scheint mir zu sein, dass er wirklich die wesentlichen psycho- und soziostrukturellen Bestandteile des Funktionierens unserer Kultur und unserer Gesellschaft erfasst hat. Die Frage ist natürlich, wieso hat sich die patriarchale Kultur so lange gehalten und über die ganze Erde ausgebreitet und wieso wird sie immer wieder neu etabliert, auch wenn vielfältige Versuche, wie z. B. im Buddhismus oder Christentum oder bei den verschiedenen sozialistischen Bestrebungen, entstanden sind, eine menschlichere und friedlichere Kultur zu etablieren.

Die Antwort von Freud und unserer gesamten Kulturphilosophie, Kulturpsychologie und Kultursoziologie ist: Das ist eben die menschliche Natur. Wenn wir uns damit nicht zufrieden geben, so fällt zunächst auf, dass die patriarchalische Kultur durchgängig daran interessiert ist, sich selbst zu erhalten, und **dass es in ihr offensichtlich um Herrschaft schlechthin geht:** Um Herrschaft in einem hierarchisierten und militarisierten Machtsystem, dem sich Männer wie Frauen gleichermaßen unterordnen müssen. Zwar hatten Männer in diesem System immer schon die oberen und bestimmenden Machtpositionen inne, aber die oberen Ränge können gleichermaßen von Frauen bekleidet werden, soweit sie den Erfordernissen des Machtsystems genügen, dem Machterhalt und der Herrschaft über alle wesentlichen Belange der jeweiligen Gesellschaft bzw. des jeweiligen Staates. *Männer wie Frauen sind in diesem System gleichermaßen spezifischen Systemzwängen ausgesetzt:* Männer, indem sie bestimmte Arbeitsleistungen und militärische Leistungen für das System erbringen müssen und den ideologischen Überbau des Systems durch Wissenschaft, Technik, Philosophie und Religion erhalten, Frauen, indem sie primär für die Aufrechterhaltung der Art durch Gebären von Kindern, Sorgen für die Kinder und das Funktionieren der Familie als grundlegende Versorgungseinheit zuständig sind, inzwischen aber auch immer mehr für die finanzielle Basis der Familie und für die von der Gesellschaft geforderte berufliche Leistung. Beide, Männer wie Frauen dienen den spezifischen Erfordernissen des patriarchalen Herrschaftsmodells, wie ich es oben als Schema aus den Freudschen kulturpsychologischen Schriften entwickelt habe.

Bei meinen weiteren kulturpsychologischen Studien ist mir deutlich geworden, dass es in der patriarchalen Kultur nicht nur um die Kontrolle sexuell-erotischer oder kultureller Macht von Frauen geht, wie sie vermutlich in matrizentrischen Gesellschaften bestand, sondern viel umfassender um die Beherrschung des gesamten Bereichs der „gesellschaftlichen Reproduktion": Die Männer entscheiden und strukturieren „aus ihrem freien Willen", was die Bedürfnisse der Menschen sind und auf welche Weise sie befriedigt werden sollen und können. Nicht, wie in einem solidarischen, gemeinsamen Bemühungen von Männern und Frauen, „gutes Leben" möglich wird, sondern wie durch patriarchale männliche Macht, **männliches Handeln,** eine bestimmte „männlich-patriarchale" Vorstellung vom „guten Leben" realisiert wird, wie dieses „gute Leben" durch **männliche Herrschaft und militärische Macht hergestellt und aufrechterhalten** werden kann.

Dies zeigt sich in der Geschichte, indem es zunächst um militärische Macht, dann um ökonomisch-militärische Macht ging und schließlich heute um die Macht der großen Finanzagenturen. In allen diesen Varianten patriarchaler Herrschaft ging es und geht es darum, die Gesellschaft zu beherrschen, die eigene Machtposition aufrechtzuerhalten und gesellschaftsweit durchzusetzen. Welche Bedürfnisse und Anliegen die Menschen in diesen Gesellschaften haben, interessiert nicht. Wie dies heute aussieht, möchte ich am Beispiel der „ Finanzkrise" darlegen, die seit 2008 die ganze Weltwirtschaft bedroht, indem ich eine Art „Geschichte" über die Finanzkrise in den USA erzähle (vgl. hierzu besonders Stieglitz 2011, 2012).

15.2 Anwendung des Freudschen „Hordenmodells" auf den amerikanischen Finanzkapitalismus

Die wirtschaftliche Situation unter dem Präsidenten Ronald Reagan (1981–1989) war Folgende: Die amerikanische Wirtschaft war in einer schweren Überproduktionskrise und wurde unter Reagan angekurbelt durch massive Steuersenkungen, billiges Geld der Zentralbank und hohe Staatsausgaben. Das hat in der Tat die amerikanische Wirtschaft wieder angekurbelt und dem gesamten Bankensystem große Gewinne gebracht, aber auch den Konsum der Amerikaner sehr verstärkt und die Löhne gesteigert. Es kam zu höheren Steuereinnahmen, die damals schon hohe Staatsverschuldung konnte zeitweilig zurückgefahren werden, die Wirtschaft boomte, besonders aber der Konsum und der „Häusermarkt". Das billige Geld der Zentralbank hat zusammen mit der steigenden Konsumnachfrage zu einer ungeheuren Vergabe von Krediten von Banken an die Konsumenten, vor allem aber an die sogenannten „Häuslebauer", geführt. Die weitere Vergrößerung des Kreditvolumens wurde von den Banken dadurch erreicht, dass sie die Schuldverschreibungen der Kreditnehmer bündelten und an sogenannte „Hedgefonds" weiterverkauften. Spekulanten weltweit und vor allem die großen „Hedgefonds" waren jetzt die Besitzer der Schuldverschreibungen, die Banken konnten mit dem gewonnenen Geld aus dem Verkauf der Schuldverschreibungen neue Kredite ausgeben und so ihre Gewinne weiter erhöhen. Außerdem haben die Banken sich viel Geld untereinander oder von der Zentralbank geliehen, um weitere Kredite ausgeben zu können. Viele Amerikaner haben sich hierbei hoch verschuldet, bei niedrigen Tilgungszinsen für die Hypothekendarlehen und sonstigen Kredite und vielfach fast ohne eigene Mittel 2 und mehr Häuser erworben. Bezahlt sollten die Häuser werden durch die erwartete und lange Zeit auch vorhandene ungeheure Steigerung des Werts ihrer Immobilien.

Solange der Boom am Immobilienmarkt und die niedrigen Zinsen anhielten, hat das System gut funktioniert. Als aber die Zinsen wegen der übermäßigen Nachfrage nach staatlichen und privaten Krediten stiegen und die Arbeitsmarktsituation durch wirtschaftliche Stagnation in den USA erneut schwierig wurde, wurden die meisten Immobilienkredite „faul", die Schuldner konnten die Zinsen und Rückzahlungen nicht mehr leisten und die Banken mussten Hunderte von Milliarden Dollar als „faul" abschreiben. Das brachte die Banken in Konkursnähe und – nur staatliche hohe Bürgschaften konnten sie über Wasser halten. Genau diese Situation entstand, nachdem in der Zeit von Präsident Clinton (1993–2001) das System noch relativ gut funktionierte und die Staatsverschuldung sogar zu einem ausgeglichenen Staatshaushalt führte:

Die gegen Ende der Amtszeit von Clinton schon sich anbahnende Wirtschaftskrise verschärfte sich in der Zeit von George Bush Jr. (2001–2009): Er senkte als Maßnahme gegen die drohende Wirtschaftskrise erneut die Steuern, die Staatsausgaben stiegen durch den Krieg im Irak und in Afghanistan ins ungeheuerliche und die Zinsen stiegen wegen der hohen Kreditnachfrage weltweit. Dies führte zu Beginn der Präsidentschaft Obamas (2009) dazu, dass die amerikanische Wirtschaft massiv zurückging die Arbeitslosigkeit sehr stieg und das amerikanische Finanzsystem, besser das Bankensystem, zu kollabieren drohte. Es wäre auch zusammengebrochen, wenn nicht sowohl die Banken als auch riesige Konzerne, wie z. B. „General Motors" oder riesige Versicherungs- und Pensionskonzerne, vom Staat gestützt oder gar zeitweilig vom Staat übernommen worden wären. Außerdem legte Obama ein riesiges Investitionsprogramm auf – wiederum auf Kredit –, mit dem er versuchte, die Wirtschaft anzukurbeln.

Wie konnte diese Finanzkrise entstehen, bei der bis heute die Gefahr besteht, dass die gesamte Weltwirtschaft zusammenbricht? Es konnte dazu kommen, weil der amerikanische Staat den Finanzmarkt vor allem in der Zeit von Ronald Reagan **vollständig liberalisiert** hatte und die Finanzindustrie riskante uferlose Finanzgeschäfte tätigen konnte, ohne hinreichende eigene finanzielle Rücklagen. Dies war auch deshalb möglich, weil die amerikanischen Ökonomen und Politiker der Überzeugung waren, nur so könnte die ursprüngliche ökonomische Stagnation überwunden werden. Es sei doch eine gerade dem US-amerikanischen Kapitalismus besonders innewohnende Möglichkeit: Ein wunderbares Wachstum und eine wunderbare Geldvermehrung über die „kreativen" neuen Finanzinstrumente zu erreichen. Liberalisierung der Finanzmärkte hatte zunächst ganz augenscheinlich großen Erfolg: Der Konsum gerade in den USA mit einer extremen konsumorientierten Bevölkerung stieg, die Wirtschaft belebte sich dadurch, die Steuereinnahmen des Staates stiegen. Die Staatsverschuldung konnte besonders unter Clinton vollständig heruntergefahren werden.

Was hat diese Geschichte über den amerikanischen Finanzkapitalismus zu tun mit der Freudschen Kulturpsychologie? Wenn ich richtig sehe, entspricht der gerade geschilderte ökonomische und finanzkapitalistische Prozess genau dem „Hordenmodell" von Freud:

Wenn man die Dynamik des Finanzkapitalismus entgrenzt, grenzenlos werden lässt, geschieht das, was geschehen ist: Er wird übermächtig, zur einzig und allein dominierenden Macht, die nicht nur die wirtschaftlichen und politischen Prozesse bestimmt, sondern schlicht das gesamte Leben der Menschen auf der ganzen Welt mit der Gefahr der Zerstörung der wirtschaftlichen und gesellschaftlichen Grundlagen der Staaten und der in ihnen lebenden Menschen.

Obwohl das „hordenväterliche Modell" in der Finanzkrise massiv diskreditiert wurde, wurde von politischer Seite fast nichts unternommen, was den extremen Spekulationen Einhalt gebieten würde. Die Finanzinstitute wurden lediglich mit Steuermitteln gestützt oder vor dem Untergang bewahrt und es wurde mit den bereits früher unter Ronald Reagan angewandten Maßnahmen versucht, die Wirtschaft anzukurbeln: Mit niedrigen, praktisch keinen Zinsen für die die Banken sich von der Zentralbank Geld leihen können, freies Feld für weitere Spekulationen der Banken, damit sie sich wieder stabilisieren konnten. Die Zeche für die Finanzkrise und ihre Ausläufer zahlen die Menschen, die durch normale Arbeit Steuern zahlen, nicht diejenigen die diese Krise verursacht haben und davon profitieren. Hierfür ist es aber erforderlich, dass die Menschen davon überzeugt werden, dass sie an der Krise schuld sind, sie allein über ihre Verhältnisse gelebt haben und nur durch eigene besondere berufliche Anstrengungen und Abstriche, was ihr Einkommen angeht, die Krise „behebbar" ist. Es geht darum, die geistige Hegemonie dieses Erklärungsmodells in den Köpfen der Menschen herzustellen und gegen andere Erklärungsmodelle abzuschotten.

Inwiefern lässt sich die erzählte Geschichte über den amerikanischen Finanz-kapitalismus *als Exemplifizierung des Gestaltwandels des „hordenväterlichen Modells"* verstehen? War es früher der militärisch mächtigste Fürst, dann die mächtigste Industrie-gruppe, so ist es heute die mächtigste Finanzgruppe oder die Finanzwirtschaft ins-gesamt, welche die Position des Hordenvaters innehaben, wenn es ihnen gestattet ist, die Macht zu gewinnen und auszuüben. Immer gibt es in dieser hierarchisch organisierten, militärisch im Zweifelsfall abgesicherten, wirtschaftlich oder finanziell mächtigen Gruppe eine ganz erkleckliche Anzahl von Menschen, die von dem System und ihre Position in ihm profitieren und es deshalb aufrechterhalten. Und es gibt die Vielen, die überwältigende Mehrheit der Menschen, die es durch ihre Arbeit und ihren Verzicht auf angemessene Beteiligung am „Gewinn" oder besser am „Profit" tragen.

Die Profiteure des Systems sind nicht wenige: Laut Zahlen des statistischen Bundes-amtes hat sich allein von 1998–2008 das Vermögen der obersten 10 % unserer Gesell-schaft von 47 auf 53 % des gesamten Vermögens der Deutschen erhöht, während die unteren 50 % der Bevölkerung nach wie vor über lediglich 1 % des Gesamtvermögens verfügen. Wieso ist das so und was hält diese Dynamik in Gang?

Ich bin der Meinung, dass die Freudsche Kulturpsychologie es gut gestattet, die Dynamik unseres heutigen Gesellschaftssystems zu verstehen, nicht nur die destruktive Dynamik unseres Finanzsystems. Das ist es, was das Freudsche „Hordenmodell" uns heute noch und wieder ermöglicht, das ist es auch, was die geniale kulturpsychologische Entdeckung Freuds ist.

Diese kulturpsychologische Theorie erlaubt es uns, als Bezugssystem, sonst wenig verständlicher und für alle Mitglieder unserer Gesellschaft lebenswichtiger Verhältnisse und Entwicklungen zu verstehen und vielleicht über dieses Verständnis zu beeinflussen. Sie erlaubt uns, zu verstehen, wieso die Beziehungen zwischen den Geschlechtern sich verkompliziert haben, die Altersversorgung so asymmetrisch ist, die berufliche Zukunft junger Menschen unsicher, der Euro instabil ist, die Krankenversorgung mangelhaft werden könnte, der Absturz in Hartz IV fast jeden treffen kann, wieso es durch unser Wirtschaften zu Umweltkatastrophen kommen wird, ein Großteil der Bevölkerung und auch ein Gutteil unserer Bevölkerung in Armut, spätestens in Altersarmut absinken wird usw. Es sind allesamt Bereiche, die für die Lebensqualität aller Mitglieder einer Gesell-schaft von zentraler Bedeutung sind und die unter der Chiffre „gutes Leben" gefasst werden können und im hordenväterlichen Modell überhaupt nicht vorkommen Für die Analyse dieser gesellschaftlichen und politischen Dynamik scheint mir die Freudsche

Kulturpsychologie, wie sie in „Totem und Tabu" entwickelt wurde, auch nach 100 Jahren der wissenschaftliche und kulturpsychologische **Schlüssel** zu sein. Deshalb ist die seltsame „Geschichte", die Freud damals erzählt hat, hochaktuell.

15.3 Weitere Entwicklungen der finanzkapitalistischen Dynamik

Seit der ersten Abfassung dieses Beitrags (2012) wurde die Analyse der finanzpolitischen Situation in den Vereinigten Staaten, aber auch in Europa weiter bestätigt: Wie der ehemalige Arbeitsminister unter Clinton, Robert B. Reich, in seiner neuesten Einschätzung ausführt (Reich 2016), ist die Konzentration der Macht bei den Banken noch weiter fortgeschritten:

> „Die Regulierung des Finanzsektors in den Vereinigten Staaten der 1980er und 1990er Jahre zum Beispiel wäre mit Deregulierung weit treffender bezeichnet. Sie bedeutete keinesfalls weniger Staat; sie bedeutet einen anderen Katalog von Regeln, die es zunächst einmal der Wall Street erlaubte, auf eine ganze Bandbreite riskanter, aber lukrativer Wetten zu spekulieren – so, wie er es den Banken ermöglichte, Leuten Hypotheken auf zu schwatzen, die sie sich gar nicht leisten konnten. Als die so geschaffene Blase dann 2008 platzte, sorgte der Staat für Regeln, die die Aktiva der größten Banken schützen und die sie stützen sollten, um sie vor dem Untergang zu bewahren und zum Aufkauf schwächerer Bank zu bewegen. Gleichzeitig setzte der Staat Regeln durch, die Millionen von Menschen um ihr Zuhause brachten." (ebd., S. 55)

Und weiter unten fährt Reich fort:

> „der Bail-out (Rettungsschirm) der Wall Street sorgte für eine implizite Garantie, dass der Staat den größten Banken auch das nächste Mal wieder aus der Patsche helfen würde. Das wiederum gab den größten Banken einen finanziellen Vorteil gegenüber kleineren Banken und förderte ihr anschließendes Wachstum wie ihre Dominanz über den ganzen Finanzsektor – was wiederum die politische Macht förderte, um genau die Regeln zu bekommen, die sie brauchten, alle anderen zu umgehen." (ebd., S. 55)

Diese Machtkonzentration im Finanzsektor ist nicht nur höchst gefährlich für die Stabilität des gesamten Systems der Weltwirtschaft, wie es der Nobelpreisträger Joseph Stieglitz ebenso in seiner Analyse von 2012 darlegt (Stieglitz 2012). Noch gefährlicher ist, dass inzwischen alle Einrichtungen der staatlichen Administration weitgehend unter Kontrolle der Bankenlobby sind und diese deswegen die staatlichen Rahmenbedingungen für die weitere Ausweitung der gesellschaftlichen und finanziellen Macht der Banken bestimmt. Bei finanzpolitischen Krisen wie in 2008 besitzt der Staat in Zukunft fast keine Möglichkeiten mehr, gegen die Interessen der Banken zu intervenieren. Das hordenväterliche Prinzip von Freud in Gestalt der Bankenmacht feiert hier „fröhliche Urstände" (Reich 2016).

In Europa zeigt sich ein ähnliches Bild: Die Großbanken, denen wegen übermäßiger Kreditvergabe 2008 Insolvenz drohte, wurden durch eine fortwährende staatliche Stützung am Leben erhalten und können weiterhin ihre staatlichen Kreditnehmer zur Kasse bitten. Speziell durch die deutsche Politik wurde in der Eurozone durchgesetzt, dass alle staatlichen Kreditnehmer trotz eigentlicher Insolvenz weiter ihre nicht mehr rückzahlbaren Kredite bedienen müssen und die anderen Euro-Länder über Notkredite den verschuldeten Staaten dies ermöglichen. Die Banken als eigentlich insolvente Kreditgeber erhalten weiterhin den Großteil ihrer faulen Kredite zurück auf Kosten der verschuldeten Staaten, die gezwungen werden durch rigorose Sparmaßnahmen vor allem im sozialen und Gesundheitsbereich die vorhandenen Schulden zu tilgen: Die angeblich sie unterstützenden Euro-Geberländer bürgen lediglich für die zurückzuzahlenden Kredite an die Banken. Die Banken werden nicht nur nicht für ihre Spekulationen zur Verantwortung gezogen, sie bekommen einen Gutteil ihrer faulen, ausgegebenen Kredite zurück und erhalten kostenlos neues Geld von der Europäischen Zentralbank für mögliche weitere Spekulationen. Sollten die hoch verschuldeten europäischen Staaten ihre Kredite wegen staatlicher Insolvenz nicht mehr bedienen können, so zahlen die Euro-Geberländer mit ihren Bürgschaften: Sie sitzen auf den faulen Krediten, das heißt sie müssen ihre Notkredite für die Länder wie Griechenland, Portugal, Spanien abschreiben, bezahlen.

Für die europäische Wirtschaft wie auch für die US-amerikanische und die Weltwirtschaft generell bedeutet die ungeheure Dominanz des Bankensektors nicht nur eine Gefährdung des Währungssystems, sondern eine bedrohliche Beeinträchtigung des Weltwirtschaftssystems insgesamt, durch Verlagerung des Schwerpunkts von der Güterproduktion auf Spekulationen im Finanzsystem: Investitionen in die Produktion, die ja immer mit besonderen Risiken verbunden sind, und nicht sehr hohe Renditeerwartungen werden verlagert auf Finanzspekulationen, die vielfach profitabler sind.

15.4 Das patriarchalische Modell eine Bordell-Ökonomie?

2015 ist eine psychoanalytische Kulturanalyse besonderer Art erschienen. Die beiden Autoren Tomas Sedlacek (ein Ökonom) und Oliver Panzer (ein psychoanalytisch geschulter Journalist) unternehmen den Versuch, „die Ökonomie auf Freuds Couch" zu legen (Sedlacek und Panzer 2015). Sie stellen eine Vielzahl von Parallelen zwischen ökonomischen Prozessen des Kapitalismus besonders des Finanzkapitalismus und klinischen Beobachtungen Freuds her. Besonders verblüffend ist hierbei ihr Fazit: Der moderne Finanzkapitalismus wird als „Bordell-Ökonomie" charakterisiert. Versucht wird aber nicht nur eine Zusammenfassung der Befunde des Buches unter diesem Terminus. Wenn nicht alles trügt, bringen diese Autoren das Wesen der kulturpsychologischen und kultursoziologischen Entwicklung der patriarchalen Kultur auf den Begriff: Wie im Bordell wird im patriarchalen Modell alles, was mit Frau und Muttersein verbunden ist, als jederzeit für Männer käuflich vorhanden und zu erwerben betrachtet bzw. als vollständig der patriarchalen Macht von Männern untergeordnet. Frau- und Muttersein ist kein Wert an sich, sondern lediglich etwas, was der männlichen Lustgewinnung und Kontrolle unterliegt. Wenn es zutrifft, dass allen patriarchalen Gesellschaften matrizentrische Gesellschaften vorausgegangen sind (Sandner 2006), in denen die gesamte gesellschaftliche Dynamik gruppiert war um die gute Versorgung von Frauen als Mütter von Kindern, könnte der sehr wahrscheinlich gewaltsam erfolgten Ablösung bzw. Unterwerfung mutterzentrierter Kultur von Anfang an dem Modell der „Bordell-Ökonomie" gedient haben: Alles was frauen- und mutterzentriert war, der gesamte Reproduktionsprozess unter dem Primat der Mütterlichkeit wurde vollständig der militärischen Dominanz und Kontrolle von Männern unterworfen, insbesondere auch die gesamte weibliche Sexualität. Es entstand die patriarchale Kultur des Beherrschens aller gesellschaftlichen Bereiche unter dem Primat männlich-militärischer Macht. Dabei **bildete sich erst die spezifisch männliche Kultur des Patriarchats heraus,** wobei die Anliegen von Frauen und von Kindern vollständig der patriarchalen Dynamik und Herrschaft unterworfen wurden.

Es ging um patriarchale Macht und Herrschaft, nicht um die Bedürfnisse von Müttern mit Kindern bzw. die Bedürfnisse aller Mitglieder der Gesellschaft. Untergeordnet wurden nicht nur die Bedürfnisse von Müttern und Kindern, sondern alles, was mit den spezifischen Möglichkeiten von Frauen verbunden war: Die Sexualität von Frauen, die Schwangerschaften und die Fähigkeit zu gebären und schließlich **jedwede matrizentrische Kultur.** Freud stellt 1933 in *Neue Folgen der Vorlesungen zur Einführung in die Psychoanalyse* fest:

> „Man meint, dass die Frauen zu den Entdeckungen und Erfindungen der Kulturgeschichte wenig Beiträge geleistet haben, aber vielleicht haben sie doch eine Technik erfunden, die des Flechtens und Webens." (Freud 1933, S. 562)

Männer sind in patriarchalen Gesellschaften nicht auf die Bedürfnisse und Zustimmung von Frauen angewiesen, Frauen mit ihren spezifischen Möglichkeiten sollen vollständig unter Kontrolle bleiben: Eine Bordell-Gesellschaft, wie Sedlacek und Turner die Ökonomie in unserer patriarchalen Gesellschaft bezeichnen. Die patriarchale Dynamik wird im heutigen Finanzkapitalismus zu dem, was immer schon als destruktive Tendenz wesentlich enthalten war: Angestrebt wird mit allen Machtmitteln, was immer durch Anwendung von Macht den Mächtigen möglich wird. Wie die Alten sagten „Der Krieg ist der Vater aller Dinge." Unter die Räder kommen in dieser Kultur die Bedürfnisse aller Menschen. Es führt zu einer Ausplünderung aller Ressourcen der Erde, zu einer weltweiten Vergiftung (unter anderem durch die Chemie- und Atomindustrie) und zu einer zunehmenden Verelendung der Menschen weltweit. Wie es den Menschen geht, was Mütter sich mit ihren Kindern als gedeihlich wünschen, was für die Menschen gedeihlich ist und auch von den realen Ressourcen her möglich ist, „interessiert" in der patriarchalischen Gesellschaft nicht. In diesem Sinne ist die zunächst verwunderlich erscheinende Bezeichnung „Bordell-Ökonomie" wohl eine gute begriffliche Verdichtung des Wesens patriarchaler Kultur. Weibliche matrizentrische Kultur, die kulturellen Werte und Ziele von Frauen und Müttern werden zur Bordell-Kultur von Männern degradiert und soziostrukturell verankert.

Frauen und Mütter werden in ihren spezifischen Möglichkeiten nicht nur degradiert, ihre für jede Gesellschaft überlebensnotwendige reproduktive Arbeit wird schamlos ausgenutzt im Interesse männlich-patriarchaler macht und zur Aufrechterhaltung dieser Macht. Ein beredtes Beispiel stellen die USA im Irak-Krieg dar: Laut Berechnungen des Nobelpreisträgers für Wirtschaft Joseph Steglitz hat dieser Krieg die USA 3000 Mrd. Dollar gekostet (Stieglitz 2008). Gleichzeitig leben in diesem Land viele Millionen Menschen unter der Armutsgrenze, die Infrastruktur des Landes verrottet, die Mittelklasse ist in den letzten 40 Jahren zunehmend in prekäre soziale und finanzielle Lebenslagen abgesunken, Millionen von Amerikanern können sich keine Krankenversicherung leisten, das höhere Bildungswesen ist für normal Sterbliche unerschwinglich, ebenso wie bezahlbarer Wohnraum in den größeren Städten usw. Die Bedürfnisse von Frauen und Kindern und der Bevölkerung insgesamt werden überherrscht von patriarchalem finanzkapitalistischem Interesse von Banken und willigen staatlichen Organen, welche die Interessen wirtschaftlicher Konzerne, in den USA vor allem der Ölindustrie und des militärisch-industriellen Sektors vertreten.

Ehedem auf der Basis kriegerischer Stammeskulturen, später in religiös untermauerten Königreichen, dann in Nationalstaaten auf der Basis wirtschaftlicher Interessen und heute schließlich sind die Anliegen von Müttern und Kindern finanzkapitalistischen Machtkonzentrationen und ebensolcher Machtdynamik unterworfen. Das ist in den USA und auch bei uns in Deutschland immer mehr der Fall, was sich in der zunehmend desolaten Situation im gesamten Reproduktionsbereich zeigt, dem Bereich in dem es darum geht, das Überleben von Familien vor allem mit Kindern zu gewährleisten und nicht gesellschaftsweit die Menschen in prekäre soziale und finanzielle Verhältnisse absinken zu lassen (Sandner 2016). Nicht ohne Grund fordert Winker in ihrer Analyse des gesamten Bereichs der familiären Reproduktion für unsere Gesellschaft eine „Care Revolution", eine Revolution im gesamten Bereich familiärer Sorge bzw. der Versorgung der Familienmitglieder und die Ermöglichung der Reproduktion aller Beteiligten (Winker 2015).

15.5 Kulturpsychologischer Ausblick

Kulturpsychologie scheint auf den ersten Blick wenig bewirken zu können, angesichts übermäßiger finanzkapitalistischer, wirtschaftlicher und staatlicher Machtstrukturen. Sicherlich eröffnet die Analyse der Hintergründe des gesellschaftlichen Geschehens eine Sicht, dieses Geschehen nicht als „naturgegeben" oder unabänderlich zu betrachten. Aber vielleicht vermag unsere kulturpsychoanalytische Analyse doch noch mehr: Sie zeigt ja nicht nur, dass die aktuelle Gestalt patriarchaler Beziehungsgestaltung und gesellschaftlicher Machtstruktur das Finanzsystem ist. Es eröffnet auch eine Sichtweise darauf, dass das patriarchale System nur ein mögliches ist und es auch matrizentrische Systeme gegeben hat und vielleicht heute wieder geben kann, in denen die Gestaltung der gesellschaftlichen Beziehungen auf solidarischer Basis mit dem Ziel guten Lebens für alle möglich wird. In diesem Sinne ist unsere Kulturpsychologie des Finanz-kapitalismus zwar richtig, aber einseitig und vielleicht unnötig beunruhigend: Es ist eine Analyse des dominanten Machtsystems aus der Sicht eben dieses Systems.

Es könnte ja sein und vielleicht ist es so, dass die Zusammenballung von Banken-macht in diesem System zukünftig immer mehr an Bedeutung verliert durch die gesellschaftliche Entwicklung, durch technologische und kommunikationstechnische Erfindungen, durch welche die wirtschaftlich und finanziell mächtigen gesellschaft-lichen Agenturen ihre Macht einbüßen und es von der gesellschaftlichen Entwicklung her zu einer solidarischen Gesellschaft kommt. In dieser Hinsicht stellt die Zukunfts-vision, besser Prognose von Jeremy Rifkin (2016) zur „Null-Grenzkosten-Gesell-schaft" vielleicht mehr als nur eine Vision war:

Wenn es zutrifft, dass die Menschen ihre Bedürfnisse weitgehend selbst und im Aus-tausch in überschaubaren kleinen Einheiten befriedigen können und die Produktions-kosten für fast alle benötigten Güter gegen Null gehen, wie es Rifkin beschreibt und als gesellschaftlich unaufhaltsamen Prozess charakterisiert, würden sich wirtschaft-liche und finanzielle Machtkonzentrationen weitgehend erübrigen, überflüssig, machtlos werden. Es wäre dann auch unsinnig, weiterhin die letzten Profite aus der Ausplünderung der Natur und der Ausbeutung menschlicher Arbeitskraft zu pressen. Das würde sich schlicht nicht mehr lohnen. Diese Vision, aber vielleicht auch realistische Prognose unserer gesellschaftlichen Entwicklung bedeutet, dass das patriarchale System sich ad absurdum führen könnte und ein solidarisches System gesellschaftlicher Beziehungen entsteht. Wahrscheinlich ist dies der bedeutendste Beitrag, den die Kulturpsychologie als realistische Möglichkeit eröffnet, eine Denkweise, die ein neues kulturelles Bezugs-system für die Einschätzung neuer gesellschaftlicher Entwicklungsmöglichkeiten beinhaltet.

Literatur

Freud S (1912/13) Totem und Tabu. GW IX, (Studienausgabe V, Sexualleben, S 287–444)

Freud S (1921) Massenpsychologie und Ich-Analyse. GW XIII, S 71–161

Freud S (1930) Das Unbehagen in der Kultur. GW XIV, S 421–506

Freud S (1933) Neue Folgen der Vorlesungen zur Einführung in die Psychoanalyse. GW XV

Reich RB (2016) USA: Teufelskreis aus Geld und Macht. Bl dtsch int Polit 61(9):51–62

Rifkin J (2016) Die Null Grenzkosten Gesellschaft. Fischer, Frankfurt

Sandner D (2005) Das psychologische Gehäuse unserer Kultur. Z. psychoanal. Psychotherapie 28:30–38

Sandner D (2006) Psychoanalytische Überlegungen zum Grundtrauma unserer Kultur. Gegenrede Sondernummer VIII, S 1–18

Sandner D (2013) 100 Jahre Totem und Tabu – psychoanalytische Kulturtheorie heute. Vortrag auf dem Jahreskongress der Deutschen Gesellschaft für Psychoanalyse, Psychotherapie, Psychosomatik und Tiefenpsychologie (DGPT) vom 27–29.9.2013 in Berlin

Sandner D (2016) Sozio-strukturelle Grundlagen des kollektiven Unbewussten in unserer Gesellschaft. In: Sandner D (2017a) Die Gesellschaft und das Unbewußte. Springer, Berlin

Sedlacek T, Tanzer O (2015) Lilith und die Dämonen des Kapitals. Die Ökonomie auf Freuds Couch. Hanser, München

Stieglitz J (2008) The Three Trilion Dollar War. The True Cost of the Iraq Conflikt. W.W.Norton, New York

Stieglitz J (2011) Im freien Fall. Vom Versagen der Märkte zur Neuordnung der Weltwirtschaft. Pantheon, München

Stieglitz J (2012) Der Preis der Ungleichheit. Wie die Spaltung der Gesellschaft unsere Zukunft bedroht. Siedler, München

Winker G (2015) Care Revolution. Schritte in eine solidarische Gesellschaft. Transcript, Bielefeld

The manufacturer's authorised representative in the EU is Springer
Nature Customer Service Centre GmbH, Europaplatz 3, 69115 Heidelberg,
Germany. If you have any concerns regarding our products, please
contact ProductSafety@springernature.com

Printed and bound by CPI Group (UK) Ltd, Croydon, CR0 4YY
28/04/2026
02098491-0020